石油权力

Oil Power

二战以后美国、沙特和阿美（沙特阿美）石油公司"三角关系"透析

An analysis of the "triangular relationship"
between the United States, Saudi Arabia
and Aramco (Saudi Aramco) oil
company after World War II

陆如泉◎著

石油工业出版社

图书在版编目（CIP）数据

石油权力：二战以后美国、沙特和阿美（沙特阿美）石油公司"三角关系"
透析 / 陆如泉著. —北京：石油工业出版社，2021. 3
ISBN 978-7-5183-4350-8

Ⅰ.①石… Ⅱ.①陆… Ⅲ.①石油问题–研究–世界 Ⅳ.①F416.22

中国版本图书馆CIP数据核字（2020）第224728号

石油权力：二战以后美国、沙特和阿美（沙特阿美）石油公司"三角关系"透析
陆如泉　著

出版发行：石油工业出版社
　　　　　（北京市朝阳区安华里二区 1 号楼 100011）
网　　址：http://www.petropub.com
编 辑 部：(010) 64523609　　图书营销中心：(010) 64523633
经　　销：全国新华书店
印　　刷：北京中石油彩色印刷有限责任公司

2021年3月第1版　2021年3月第1次印刷
710毫米×1000 毫米　开本：1/16　印张：15
字数：214千字

定　价：60.00元

献给我的父母、妻子、女儿，以及我的博士生导师——

著名中东问题专家牛新春研究员

推荐序
PREFACE

产油国、消费国和跨国公司，到底谁更脆弱？

过去二十多年，中国的跨国石油公司持续布局海外，持续加大在全球重点油气富集区的投资与贸易。中东在过去十年一直是中国企业油气投资和贸易的"高地"。特别是 2008 年伊拉克再次启动对外合作招标后，以及 2015 年美国和欧洲放松对伊朗的制裁后，中国石油企业在中东地区的投资和运营可谓举世瞩目。比如中国石油在伊拉克、伊朗和阿联酋，中国石化在沙特和伊朗，中国海油在伊拉克等，都是"教科书"级的跨国经营案例。

那么问题来了，中东石油政治对中国跨国企业在当地的投资有影响吗？这两者之间是如何互动的？历史上，美国和欧洲跨国石油企业在中东的投资与石油政治之间有着怎样的关联？

一种说法是跨国石油公司是国家政治的一个工具，比如，美国的阿美石油公司（Aramco）自 20 世纪 40 年代以来在沙特阿拉伯（以下简称沙特）的投资与运行，实际上是为了维系美国和沙特之间的"特殊关系"。其背后的逻辑是，美国与沙特达成了一种默契和联盟，而阿美石油公司只不过是去践行、维持这种联盟，即国家在先、企业在后。

而另一种说法是，因为企业在某一重要产油区有重大利益，所以国家力量要跟进，去保护企业的利益。比如当年 BP 石油公司在伊朗，先是 BP 在伊朗有大量的投资与石油利益，而该利益逐步上升为英国的国家利益，使得英国在 20 世纪 50 年代不断出面保护 BP 的利益免遭伊朗国有化运动的影响（尽管后来未成功），这是企业在先、国家在后。

那么问题来了，在石油政治中，国家与企业的利益是如何互动的？到底谁在前谁在后？如果没有固定的范式，那么什么情况下国家在前，什么情况下国家在后？

从经济学理论来说，对于沙特、伊拉克、委内瑞拉、俄罗斯、伊朗此类石油生产和出口大国而言，其财政收入的 50% 左右（有的甚至高达 90% 以上）要依赖石油出口，只有按照经济规律来管理石油，石油收入才会确保该国的长期发展和稳定。而我们看到的是，产油国也会（甚至常常会）把石油当作政治工具和"武器"，比如 1973 年阿拉伯石油生产国对美国和欧洲一些国家实施的"石油禁运"。

照此情况，产油国把石油作为一种政治工具是一种常态吗？有一种观点认为，越是依赖石油出口的国家，越要避免把石油作为一种政治工具，一旦石油被"政治化"，其实对该国的经济是很不利的，相当于产油国"自废武功"。那么问题来了，于产油国而言，石油与政治挂钩的边界在哪里？什么情况下挂钩？什么情况下脱钩？

在石油政治（制裁与反制裁，禁运与反禁运）里面，到底是产油国更脆弱，还是消费国更脆弱？大部分业内人士认为，消费国更脆弱，因此总是担心能源安全的问题，特别是在油气储量较少的亚洲地区，"能源安全"问题被有意无意放大了。

因此在过去至少 20 年，东亚国家（特别是中国、日本、韩国）总是为"亚洲溢价"所困，付出了更多代价去进口油气。然而，从历史上看，真实的情况是，产油国更脆弱，因为历史上大多数石油制裁，都是发达的消费国对产油国施加的。看一看美国对产油国发起的制裁就知道了。过去 20 年，美国维持了对伊朗的制裁，发起或重新发起了对伊拉克、俄罗斯、委内瑞拉、苏丹、缅甸等产油（气）国的制裁。那么，到底谁更脆弱？

以上问题实际上均跟一个关键词有关，那就是"石油权力"。

作为我的博士研究生，陆如泉在过去数年投入大量精力来研究我上文提到的诸多问题，特别是关于石油权力的问题。通读本书后，我欣喜地发现，陆如泉在上述关键问题上，均有了清晰的答案。这是一部高质量的研究论著，具有较高的理论价值和现实意义。

理论方面，围绕石油权力，二战以后近八十年来，产油国（资源国）、消费国和石油公司之间的关系在不断演变，对其进行理论总结和提升非常有意义，而本书正是这方面工作的先驱。

现实方面，美国、沙特作为全球重要的石油生产国、消费国，阿美石油公司（及后来的沙特阿美）作为全球关键的石油公司，它们的行为模式影响美国、沙特甚至全球，很有必要探寻这种"三角关系"的内在逻辑及其演变。

本书构建了非常合理的理论框架，以石油权力特别是结构性权力为理论基础，以美沙石油关系史上的关键事件为分析对象，实际上是不同时期美国、沙特和阿美（沙特阿美）石油公司"三角关系"组成的一系列案例。通过案例的对比分析，验证和修正结构性权力理论，并对三角关系的演变做出了更合理的解释。

本书还对石油权力的因果关系进行了量化分析，使逻辑推理更为简洁、结论更直观形象，巩固和加深了定性分析的结论。

最后，值得一提的是，本书虽然是学术著作，但读起来更像通俗的畅销书，这主要得益于陆如泉本人的文字功底和深入浅出的解读。

牛新春

中国现代国际关系研究院中东所所长、研究员

自 序
PREFACE

　　有关石油与地缘政治、石油与权力、石油与战争、石油与经济等方面的研究一直是国际关系学和国际政治经济学（英文缩写为 IPE）的热点，这方面的书籍和文章可谓浩如烟海。

　　本书主要讨论"石油权力"这个话题，而载体是美国、沙特和阿美（沙特阿美）石油公司。为什么会选择这三者？美国是当今世界的超级大国，一直是全球最大的石油天然气消费国，也曾一度是全球最大的石油生产国，现在又重新成为全球第一大石油和天然气生产国。沙特更不用说，中东长期以来是全球石油政治的"高端竞技场"，沙特曾一直是全球最大的石油生产国和出口国，其最大产油国地位只是近两年才被美国超越，沙特还是石油输出国组织（OPEC）的领头羊。那么，阿美石油公司和后来的沙特阿美石油公司呢？阿美石油公司（Aramco）一直是二战以来美国最大的单个对外投资和运营实体，而且背景雄厚，其四家母公司都是超级石油巨头——雪佛龙公司、德士古公司（2000 年与雪佛龙公司合并）、埃克森公司和美孚石油公司（1999 年和埃克森公司合并）。1988 年，阿美石油公司转型为沙特阿美(Saudi Aramco)，后者是全球最大的国家石油公司。甚至可以说，美国是发达消费国的代表，沙特是产油国的代表，沙特阿美石油公司是跨国石油巨头的代表，他们之间有一种剪不断、理还乱的"三角关系"。如果谈石油权力，它们三者是无论如何绕不过去的。

　　本书主要基于 IPE 的理论视角，特别是运用已故的知名 IPE 学者苏珊·斯特兰奇的《国际与市场》一书中提出的"结构性权力"理论，梳理和评估二战以来美国、沙特、阿美（沙特阿美）石油公司三个行为体形成的"三角关系"中，其结构性权力是怎样的，以及在不同阶段结构性权力是怎样变化的。本书的核心是运用 IPE 理论解释世界石油体系及中东石油政治下，沙特、美国和阿美（沙特阿美）石油公司的石油权力关系。本书主要有以下八大亮点。

亮点之一，描述了世界石油体系及构成该体系的三类主要行为体。重点指出世界石油体系是国际体系的子体系，构成世界石油体系的三个主要行为体分别是石油消费国、石油生产国（出口国）和国际石油公司。

亮点之二，强调了世界石油体系的核心是石油权力，以及构成石油权力的六种子权力。石油之所以具有"权力"，是因为石油是一种战略性的、不可再生的资源，是一个国家实现工业化的"血液"，是国家可以利用并实现国家权力最大化的一种"工具"。石油具有"权力"是现实主义的视角。具体而言，石油权力至少包括六种子权力，即资源（生产供应）权力、市场（需求）权力、输送（通道）权力、定价权力、技术与管理（知识）权力、金融权力。

亮点之三，解释了石油消费国、石油生产国（出口国）和国际石油公司之间能够形成"三角关系"的原因，预示着美国、沙特、阿美（沙特阿美）石油公司之间形成了某种"三角关系"，这是分析结构性权力的前提和基础。"三角关系"包括三组关系，其一是产油国与消费国之间的关系，实际上就是全球油气市场上供应方和需求方之间的关系；其二是消费国与国际石油公司之间的关系，实际上就是母国政府（host country）与本国跨国公司的关系；其三是产油国与国际石油公司之间的关系，实际上就是东道国政府与跨国公司（外国投资者）之间的关系。

亮点之四，介绍了中东石油政治及其特点，中东石油政治是分析美国、沙特、阿美（沙特阿美）石油公司"三角关系"的基础背景。在中东地区，石油的政治属性尤为明显，其标志性案例就是 1973 年 10 月至 1974 年 3 月，以沙特为代表的阿拉伯产油国联合发起了对美国、欧洲和日本的"石油禁运"，使得石油政治声名大噪。最近几十年，中东石油政治呈现出了"五化"特征，即家族化、组织化、集团化、碎片化、金融化。

亮点之五，逐一定性分析了"三角关系"中的三组关系，即美国与沙特的关系、沙特与阿美石油（沙特阿美）公司的关系、美国与阿美石油公司的关系。这一部分是本书的一大重点。美国与沙特关系的核心是"石油换安全"；沙特与阿美石油公司之间关系的核心是相互博弈、竞争与合作，以及沙特政府对阿美石油公司采取的"渐进式国有化"政策，确保阿美石油公司撤出后，沙特阿美几乎"完美地"传承了阿美石油公司的衣钵；美国与阿美石油公司的关系实际上是母国政府与跨国公司之间的关系，是既相互支持又相互独立的一种特殊关系。

亮点之六，重点介绍了斯特兰奇的"结构性权力"理论，以及本书基于该理论的方法论——界定了用于评价结构性石油权力的七个因子及其权重，特别是提出了"结构性权力指数"这一概念。本书还提出采用安全，生产，金融，知识，市场，运输和定价这七个因子估值的加权平均，来量化评估结构性石油权力和结构性权力指数。

亮点之七，按照时间顺序把美国、沙特、阿美（沙特阿美）石油公司的"三角关系"划分为四个主要阶段、九个次级阶段，逐一量化分析了各个次级阶段美国、沙特、阿美（沙特阿美）石油公司结构性权力评估情况。这是本书的又一大重点，主要是围绕七个因子，邀请八位长期研究沙特和石油政治的中东问题专家，对每一阶段、每一行为体的结构性权力进行量化评估，突出每一阶段的外部影响因素，以及评估每一因子打分的理由和依据。

亮点之八，基于九个次级阶段三个行为体结构性权力指数的变化，通过绘制折线图，找到美国、沙特、阿美（沙特阿美）石油公司三个行为体石油权力演变的规律，总结了几点规律性认识，指出了结构性权力指数的使用价值，并对中国及中国跨国石油公司如何提升结构性权力提出了建议。

本人利用周末和晚上熬夜，断断续续，大约用了三年时间写成本书。回眸过往，有不得其解的迷茫，有抓耳挠腮的惆怅，也有拨云见日的开朗和柳暗花明的喜悦，但更多的是老师、同学、家人、朋友的鼓励和支持。

首先，要特别感谢著名中东问题专家、中国现代国际关系研究院牛新春研究员，在本书的写作过程中，一直悉心指导笔者。

其次，要感谢我的上司——中国石油天然气集团有限公司总经理助理李越强先生，感谢他的理解与支持。在本书撰写的过程中，李越强先生利用他的工作经验、卓越才能和全球战略思维，给笔者进行指导和拓展思路。

再次，还要感谢我的爱人王楠、女儿陆韵谙和我的父母，是他们无微不至的关心，给予我在生活上最大的支持，才使我保持乐观积极的心态完成全稿。他们无私的爱始终是我前进的动力。

最后，郑重地感谢中国现代国际关系研究院、中国社科院、中国人民大学等机构的老师、同事和朋友们三年来的悉心指导和帮助。他们是李绍先研究员、廖百智研究员、唐志超研究员和许勤华教授，秦天、唐恬波、李亚男、龚正、王文峰、达巍等老师，以及学校、智库和企业的陈沫、陈杰、尚艳丽、任重远、吴康、宋磊等老师和同事。你们的帮助让我受益匪浅，谢谢你们。

2020 年 7 月 12 日于北京太阳宫金星园

目 录
CONTENTS

第一章　世界石油体系与石油权力

第二章　中东石油政治中的沙特、阿美石油公司与沙特阿美

第六章 结构性权力指数的分析及其价值

附　录

参考文献

第一章

世界石油体系与石油权力

石油是这个世界上最重要的一种具有全球性、战略性的大宗商品，也是一种充满矛盾的资源。石油的存储和消费在空间上的错位，石油的供应和需求在数量上的失衡，石油的开发和利用在资金和技术上的不匹配，石油对国家安全、军事实力、经济实力的特殊作用，导致石油工业成为天然的、既能体现国家性又能体现世界性的产业。21世纪以来，尽管各种新能源和非化石能源的消费量及其占一次能源消费的比例在上升，但石油依然是全球第一大能源[①]。

石油的"流动性"使其作为一种极为重要的全球性产业，受到几乎所有主权国家和权力机构的重视和介入，这使得石油具备了"政治"和"国际政治"属性。世界石油体系的形成正是石油这种商品的国际政治经济特点的体现。石油权力则是世界石油体系的核心。

第一节　世界石油体系

一、国际体系与世界石油体系

于经典的国际关系学而言，国际体系是由诸多相互作用的国际行为体组合而成的整体，或者说，国际体系是由互动的国家行为体和非国家行为体，按照一定的原则或规则构成的整体。肯尼思·华尔兹将国际体系界定为"一组互动的单元，由结构和互动的单元构成"，其中包含了体系和体系单元两个因素。也就是说，一个完整的国际体系包括国际体系的单元（行为体）、规则（国际秩序）、功能、结构等。自1648年在西欧建立基于民族国家的"威斯特伐利亚体系"后的近四百年来，民族国家（主权国家）是国际体系的主

[①] 21世纪以来，石油在全球一次能源消费中的占比维持在35%左右，若包括天然气，这一比例将达到60%左右。

要行为体，曾经是唯一的行为体，也叫"国家行为体"。截至目前，尚没有超越主权国家的权力行为体存在。二战以后，特别是随着人类进入全球化时代，跨国公司（如 GE、通用汽车、埃克森美孚等）、国际组织（如世界银行、WTO 等）、非政府组织（如绿色和平组织等）因对国际政治经济和人类社会的影响力越来越大，也逐步成为国际体系中的"非国家行为体"。国家行为体、非国家行为体共同构成了当今国际体系。

按照孙溯源在《国际石油公司研究》中的界定，世界石油体系是指在特定环境下，围绕石油（天然气）勘探、生产、分配和消费，国家行为体和非国家体以某种方式互动所构成的整体。其基本要素包括行为体成员、组织原则（规则）、体系的结构和外部环境。由于石油产业的国际化程度较高，世界石油体系本身就是一个小型的"国际体系"，或者可以说，世界石油体系是国际体系的子体系。

二、构成世界石油体系的单元

理论上讲，世界石油体系中有很多单元，其中"国家行为体"一般包括产油国（出口国）、消费国和过境国。产油国还可以细分为强势产油国（如沙特和俄罗斯）和相对弱势的产油国（如伊拉克、委内瑞拉、尼日利亚等）。消费国也可以细分为发达消费国（如美国和日本等）和发展中的消费国（如中国和印度等）。过境国在世界石油体系中的地位远不如消费国和产油国，典型的过境国有土耳其、乌克兰等连接不同地理板块的"中间国家"。

世界石油体系中的非国家行为体一般包括两类：国际石油公司（International Oil Companies，IOC）和国际石油组织。原先的"石油七姊妹"和现在的"全球五巨头"都属于国际石油公司[①]，石油输出国组织（OPEC）、

---

① "石油七姊妹"包括新泽西标准石油公司（后来的埃克森公司）、纽约标准石油公司（后来的美孚石油公司）、加州标准石油公司（后来的雪佛龙公司）、德士古石油公司（即得克萨斯石油公司）、海湾石油公司（Gulf Oil）、英荷壳牌石油公司和英国石油公司，即五家美国公司和两家欧洲公司；"全球五巨头"包括埃克森美孚、BP、壳牌、雪佛龙和道达尔公司，即两家美国巨头和三家欧洲石油巨头。

国际能源署（IEA）及国际能源论坛（IEF）等都属于国际石油组织。

三、世界石油体系的三个重要行为体：消费国、产油国和国际石油公司

根据路易斯·特纳（Louis Turner）和孙溯源的分析，真正意义上的世界石油体系只有消费国、产油国和国际石油公司三类行为体。过境国不算真正意义上的行为体的原因，一是此类行为体数量较少，不具普遍意义；二是只要供需主体（主要是企业）达成商业合作意愿，中间的过境国往往是乐见其成的，因为过境国可以获得一笔不菲的过境费[①]；三是过境国往往是既与消费国又与产油国友好的国家，特殊个案如乌克兰、格鲁吉亚等地缘政治敏感的国家除外。这就使得大多数过境国无须上升至国际政治的层面。有关消费国、产油国和国际石油公司是世界石油体系三大行为体的较早的判断源自1976年瑞典石油专家博·黑恩贝克在《石油与安全》一书中的相关论述。他指出，国际石油业实际上是一场"三个角色"演出的戏，那就是石油生产和输出国、石油输入和消费国及多国公司，第三个集团在前两者之间起着缓冲或中间人作用。

国家石油公司不算真正意义上行为体的原因是，此类行为体往往不具有独立性，公司的运作基本上是国家意志的体现，可以与产油国合二为一，作为国家行为体出现。本书收尾部分谈到国际化的国家石油公司，此类石油公司的性质是国家石油公司，虽然其在全球的投资、贸易与运营与国际石油公司类似，也拥有资金、技术、管理等方面的比较优势，还在世界石油体系中发挥着与国际石油公司类似的作用，但依然不具备国际石油公司的独立特性。

OPEC、IEA等国际石油组织不算真正意义上行为体，因为它们也缺乏独立性。严格来说，OPEC不是影响世界石油体系的独立行为体和独立变量，

[①] 关于过境国乐见其成的最新案例是2019年9月20日中国石油和尼日尔、贝宁三方正式签订的"尼日尔-贝宁"跨境原油输送管道，将尼日尔的原油经贝宁输送至贝宁在西非海岸的港口，实现原油"下海"。贝宁政府对该项目表示高度欢迎和积极配合。

它充其量只是一个干预性变量，而且这种干预性作用的发挥取决于核心产油国的意愿与能力，就像 OPEC 与沙特的关系那样。IEA 也不是完全独立的国际组织，而是经济合作与发展组织（OECD）框架内的自治组织，IEA 的成员仅限于发达消费国，其中起领导作用的国家是美国。

国际石油公司能够作为唯一的非国家行为体留在体系中，一方面在于国际石油公司作为跨国公司中最有实力的群体之一，拥有强大力量。20 世纪 70 年代以来，一大批学者从不同立场、观点和方法出发，就跨国公司的角色、作用和影响及其与国家主权和霸权的关系提出了自己的看法。较为一致的看法是，跨国公司已经成长为能够自我独立的行为体，在与民族国家的较量中，跨国公司处于上风，跨国公司可以随意地把资产从一个国家抽走，使这个国家因此而面临资金、失业、外贸赤字等一系列问题。而国际石油公司是跨国公司中最有实力的那个群体。一个有意思的现象是，20 世纪 70 年代以来的研究著作，比如罗伯特·吉尔平的《跨国公司与美国霸权》《国际关系政治经济学》、苏珊·斯特兰奇的《国家与市场》《全球化与国家的销蚀》、罗伯特·基欧汉的《霸权之后》及他和约瑟夫·奈合著的《权力与相互依赖》，还有约瑟夫·奈的《理解全球冲突与合作》等，在引用跨国公司作为案例进行分析时，均不约而同地拿国际石油公司作为跨国公司的代表进行论述和分析，而且是"排他性"地采用国际石油公司的案例，很少或几乎不采用其他类型的跨国公司进行分析。这足以证明国际石油公司力量的强大。比如斯特兰奇在其《国家与市场》一书中强调，"在石油业中，最重要的权威机构通常不是民族政府所代表的国家，而是有效地操纵着市场的石油公司或者石油公司集团"。最直观的例证就是，福布斯每年发布的世界 500 强企业名单，每年前十强里都有 4~5 家石油公司，而 2019 年度前十强中的石油公司多达 6 家[①]。

---

① 进入前十强的 6 家石油公司分别是中国石化、壳牌石油、中国石油、沙特阿美、英国石油和埃克森美孚。

另一方面在于国际石油公司本身的独立性。诚然，国际石油公司也是有母国（home country）的，比如埃克森美孚、雪佛龙之于美国，BP公司之于英国，道达尔公司之于法国。然而，这些国际石油公司与母国之间不存在完全意义上的"依附关系"。其背后的原因是，国际石油公司作为私有性质的跨国企业集团，其投资决策和生产经营的依据是是否符合公司发展战略、是否为股东创造更多的商业利益和回报，而不是国家利益和国家能源安全利益至上。历史上，无数次的事实已经证明，国际石油公司的战略取向和自己的母国可以不一致。比如，讲述埃克森美孚公司1989—2011年跨国经营的《石油即政治》一书，详细描写了该公司在印度尼西亚、赤道几内亚和乍得投资运营的案例，而且特别指出该公司在上述国家的投资运营战略策略与美国政府的政策并不一致。再如，在2018年以来美国和委内瑞拉关系持续恶化的情况下，美国第二大石油公司、全球石油五巨头之一的雪佛龙公司依然留在委内瑞拉开展业务。除了雪佛龙，GE–贝克休斯、威德福等美国知名的跨国石油工程技术服务公司也继续留在委内瑞拉开展石油作业和运营①。

这就是国际石油公司可以留在世界石油体系中，而且是重量级玩家的重要原因。当然，绝不能说，国际石油公司是完全独立的，它们也得遵从母国的外交政策和国际战略，关键时候也得听命于母国政府，但与国家石油公司相比，它们的独立性是显而易见的。

作为世界石油体系三类重要的行为体（见图1-1），消费国、产油国和国际石油公司之间既相互合作又相互竞争，既相互依赖又相互拆台，既有美国与沙特那样的"石油换安全"式的同盟关系，又有1973年沙特等阿拉伯国家拿起"石油武器"抗击西欧和美国的经典案例，既有伊朗在1951年通过国有化把BP公司赶走的极端情况，又有沙特与阿美石油公司"岁月静好"式的无缝合作。

---

① 雪佛龙曾要求美国"降低"对委内瑞拉的限制。截至2019年9月，雪佛龙公司继续在委内瑞拉开展业务，并得到美国政府的制裁豁免。

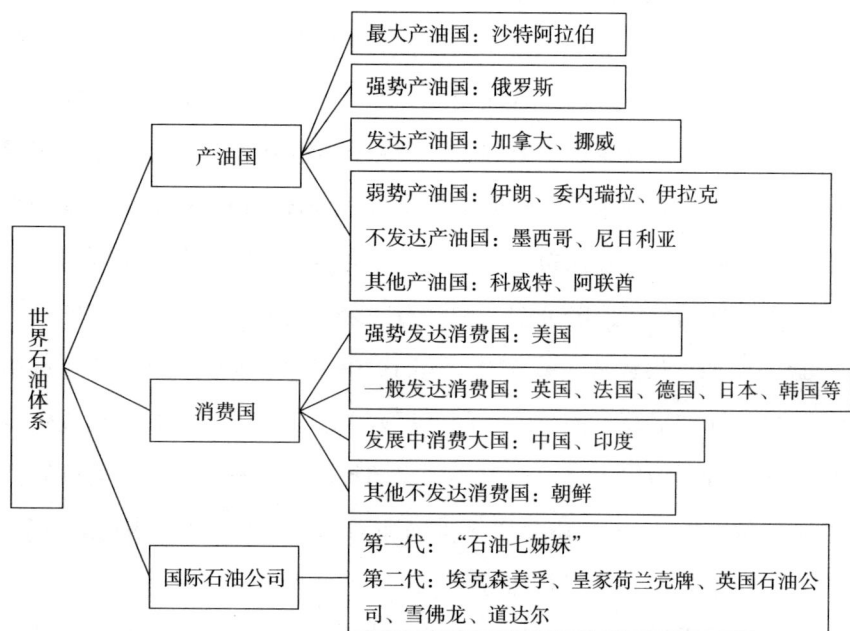

图 1-1　世界石油体系的主要行为体

四、世界石油体系中的"三角关系"

　　消费国、产油国和国际石油公司构成了世界石油体系的"三角关系"。这种"三角关系"在西方国际政治经济学书籍中有很多论述，路易斯·特纳早在 1976 年便发表了题为《世界政治中的石油巨人》的论文，以 20 世纪 70 年代和 1973 年第一次石油危机为断代节点，分别考察了石油巨头同母国、东道国的权力关系，认为在国际石油公司与产油国和包括母国在内的消费国之间形成了一种"三角形"的权力关系。这种"三角关系"如图 1-2 所示。

　　安东尼·桑普森也认为消费国、产油国和国际石油公司之间存在"三角关系"。他在 1976 年便指出，在石油世界永远不会有什么公正，因为在富国与穷国之间，没有一种商品在地理分布方面的差别是如此悬殊。但可能出现一种比较公平的控制方法，不是通过两个卡特尔（产油国卡特尔、国际石油公司之间的卡特尔）之间的冲突，而是通过建立某种关系。在三角关系——

产油国、消费国和国际石油公司——的主要成员的愿望之间开始生产出某种
综合物来。

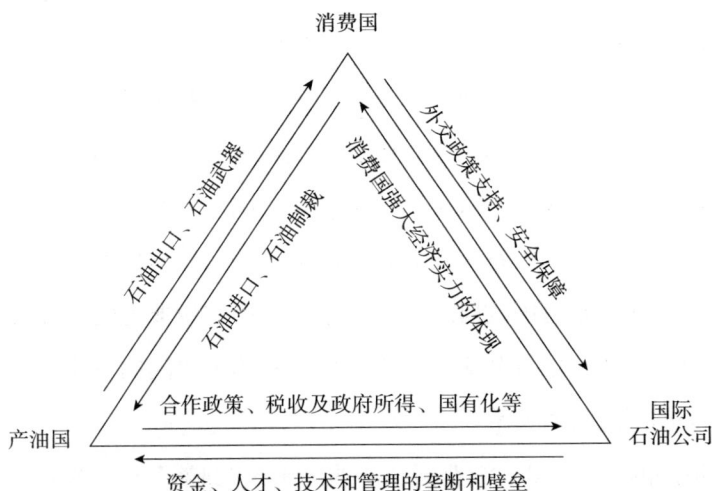

图 1-2 消费国、产油国、国际石油公司之间的"三角关系"

"三角关系"其一是产油国与消费国之间的关系，实际上是全球油气市
场上供应方和需求方之间的关系，这种关系体现在国与国双边关系上的典
型案例是二战以来沙特与美国的石油供需关系，以及 21 世纪以来的俄罗斯
和中国的石油天然气供需关系；体现在一个国家集团与另一个国家集团的
多边关系上的典型案例就是石油输出国组织（OPEC）与经济合作与发展组织
（OECD）之间的关系。需要强调的是，一般情况下，上述供需双方不会发生
直接的交易，都是通过中间者（通常是国际石油公司或国际化的国家石油公司）
或两国各自的代理企业进行商业性买卖。

其二是消费国与国际石油公司之间的关系，实际上是母国政府与本国跨
国公司的关系。二战以后至 20 世纪 70 年代，这种关系主要指"石油七姊妹"
与其母国的关系，比如英国石油公司（BP）与英国政府、埃克森美孚与美国
政府之间的关系；20 世纪 80 年代以来，随着国际石油公司之间发生的一系
列兼并收购，这种关系主要表现为"全球五巨头"和母国政府之间的关系，

比如雪佛龙（含德士古）公司与美国政府、道达尔公司与法国政府之间的关系；20世纪90年代以来，随着新兴市场的国家石油公司崛起及其国际化进程加快，这种关系也表现为国际化的国家石油公司与母国政府之间的关系，比如挪威石油（Statoil，现称Equinor）与挪威政府之间的关系。

其三是产油国与国际石油公司之间的关系，实际上是东道国政府与跨国公司（外国投资者）之间的关系，既有发达东道国与跨国公司之间的关系，又有发展中东道国（落后国家）与跨国公司之间的关系，这两者还是有所区别的。二战以来，这种关系主要表现为国际石油公司与中东、拉美、非洲及中亚、俄罗斯地区东道国政府之间的关系。其中比较典型的产油国与国际石油公司之间的案例是尼日利亚与壳牌石油（Shell）之间的关系、沙特与阿美石油（Aramco）之间的关系。

需要指出的是，这里的消费国和产油国不是"纯粹"和"绝对"的消费国、产油国，而是"进口消费"或"生产出口"占主导地位的国家。比如二战以来的美国，既是全球油气生产大国也是消费大国，但其长期居于全球第一大石油进口国（直到2017年才被中国超越）地位，故本书以消费国来界定美国，而且是"发达消费国"。以此类推，中国是"发展中消费大国"。同样，可以将巴西、俄罗斯、沙特等界定为产油大国，虽然它们自身油气消费量也不低。

关于跨国公司、东道国、母国之间的"三角关系"或"三角相互依赖"，斯托普福德提出了"三角外交"的概念，来解释跨国公司与国家之间在财富创造中存在的深层次伙伴关系。他与斯特兰奇有着共同的见解，认为一个国家的政治经济状况由国家之间、国家与公司之间及公司之间的三角外交形成，其中一些外交上的讨价还价发生在国家内部，因而被视为国内政治；其他则发生在政府之间，因而被视为国际政治。

中国学者也有类似的论述，其中分析得最为深刻的当属华东师范大学孙溯源教授。孙溯源指出，跨国经营导致跨国公司、东道国、母国形成一种三角形的不对称相互依赖关系；相互依赖链条是连贯还是断裂，在根本上取决于行为体的利益分配和权力对比，即体系结构。

　　世界石油体系的核心是石油政治，石油政治的核心是石油权力，对权力的争夺是世界石油体系发展演变的主题。本书的分析重点是国际石油公司这一非国家行为体在世界石油体系中的作用，特别是其在上述"三角关系"中所发挥的作用。主要通过世界石油体系中存在的"三角关系"，论述二战以来石油权力在美国、沙特和阿美石油（沙特阿美）公司的转换。

第二节　世界石油体系的核心——石油权力

由于石油的不可再生性、分布不均衡性、"现代工业血液"的燃料属性、全球最大宗商品属性，以及后来附加在它身上的金融属性等（石油既是大宗商品，又是战略物资，还是一种金融衍生品），过去的 100 多年中，几乎所有人类社会发生的重大危机、冲突、杀戮、革命等，均或多或少地有它的影子。最为典型的就是一战、二战和冷战期间，大国对石油的争夺，以及石油在实现国家权力和意志上所发挥的特殊作用。这就使得它与众不同，常常为拥有它的国家、群体和个人所利用，成为打击或拉拢对方的工具（而不管对方是不是愿意），成为个体或国家实现自身抱负或利益的工具，从而使它具备了"权力"。

石油权力是世界石油体系的核心。在跨国公司和主权国家构成的世界政治经济体系中，两者的权力对比决定了体系的结构，权力对比的变化导致体系结构的转变。在世界石油体系中，产油国、消费国和国际石油公司三者的互动决定了体系结构，三方实力的变化（如产油国加强对石油资源的控制、重要的消费国加强在产油区的军事存在或者某大型国际石油公司的兼并行为）引发权力对比的改变，从而导致体系结构发生转变，进而在重新建立的权力结构上确立新的利益分配关系。

一、石油权力：一种"结构性权力"

如何进一步理解石油权力？英国著名国际关系学者苏珊·斯特兰奇提供了一种独特而又令人信服的视角。斯特兰奇在其《国家与市场》（States and Markets）一书中指出，在国际体系里主要存在着两种权力，即联系性权力和结构性权力。所谓联系性权力，就是"传统权力"，是甲方靠权力迫使乙方去做或许他本来不想干的事，这种权力体现在对事情过程或结果的控制力上。

而结构性权力，斯特兰奇解释说，是形成和决定各种政治经济结构的权力，各国及其政治机构、经济企业、科学家和专业人士都不得不在这个结构里活动。通俗地说，结构性权力就是决定办事方式方法的权力。斯特兰奇指出，国际体系中的结构性权力分为两个层级，第一层级的结构性权力是安全、生产、金融和知识的权力，第二层级的结构性权力是运输体系（海运和空运）、贸易、能源（石油）和福利的权力。

斯特兰奇强调，石油政治中的权力（石油权力）属于结构性权力。在工业化的世界经济里，作为五种基本生产要素（即土地、劳动、资本、技术和石油）之一的石油，与煤炭相比更具流动性。石油可以通过管道运往大陆各地，也可借助于超级油轮漂洋过海，而且可流动性并不意味着石油的政治属性减少了，反而意味着石油政治具有国际性了。

斯特兰奇以石油公司和产油国为例对此进行了解释：西方大石油公司（国际石油公司）拥有油气勘探开发生产所需的技术、管理和资金，产油国拥有资源。只有产油国向外国石油公司提供开采特权（许可证）时，外国石油公司才能生产。作为回报，国际石油公司必须向产油国缴纳包括矿区使用费在内的各种税费[1]。产油国在获得各种税费（石油收入）的同时，其国家政治也就受到了国际石油公司的影响和制约。只有产油国也掌握了国际石油公司所拥有的技术和管理手段，才能对跨国公司在生产、金融（信贷）、技术、管理上的结构性权力提出挑战。反之，产油国就要吃大亏。

从斯特兰奇的视角来看，石油权力是一种体现国际关系现实主义理论的"硬权力"。

---

[1] 矿区使用费，即外国石油投资者（国际石油公司）按照合同约定，每年向东道国政府交纳的使用本矿区（开采区、区块）的"租金"。

二、石油权力的六种子权力

石油权力主要由资源(供应)权力、市场(需求)权力、输送(通道)权力、定价权力、技术与管理权力、金融权力这六种子权力(二级权力)构成。

第一,石油资源(供应)权力,指一个国家或组织因拥有油气资源,在世界石油市场中具有资源供应的权力。提到资源权力,人们首先想到的可能是石油输出国组织(OPEC),是沙特、俄罗斯、伊朗这样的油气资源大国。在权力的表现或运用上,参照历史上的事件或经验,石油资源权力首先表现为资源国(产油国)发起的、此起彼伏的"国有化"运动。比如 20 世纪 30年代墨西哥的石油国有化、60 年代前后伴随着民族解放运动而发生的资源国有化及 90 年代在委内瑞拉等拉美国家发生的国有化等,使得外国投资者(国际石油公司)深刻领教了资源国展现的石油权力。

其次就是沙特、俄罗斯这样的全球油气生产、出口大国,它们是全球油气市场"供给侧"的代表。自 2017 年以来,随着美国页岩革命获得成功,美国重回全球第一大油气生产国地位[1],再次加入油气生产、出口大国的行列。目前,原油日产量达到 1000 万桶[2] 的三大玩家分别是美国、沙特和俄罗斯,它们既是全球油气生产的"主力军",又是调解市场供需状况的"机动生产者",资源权力不可谓不大。

第三类资源权力的拥有者常常为人们所忽略,那就是拥有巨额油气资源的国际石油公司或国家石油公司。特别是后者,权力更大。2007 年英国金融时报的一篇文章《新一代"石油业七姐妹"》,反映了七家国有石油公司背后所掌控的巨量油气资源带来的"权力"。

第二,石油市场(需求)权力,指油气消费国(需求国)因巨大的石油消费量而具有的强大市场权力。提到市场权力,人们往往想到的是,长期以

---

① 美国上一次产量高峰出现在 1972 年,美国当年的石油产量水平是 1118.5 万桶 / 日,高于苏联的806.4 万桶 / 日和沙特的 607 万桶 / 日,居全球第一。

② 国际上衡量原油体积和重量,通常用"桶",中国通常采用"吨"和立方米。一般而言,1 吨约等于 7.3桶,1 万桶 / 日的产量水平相当于年产 50 万吨。

来，在中国一直强调的"市场换资源""市场换技术"等策略。实际上指的就是利用中国国内巨大的市场机遇来换取资源和技术。

实施"市场换资源"策略的典型案例就是中国与俄罗斯的合作，俄罗斯有资源，中国有市场，而且中俄是邻国，双方的互补性极强。最近十年的中俄油气合作重大工程，比如中俄原油管道、中俄天然气东线管道等，都是市场换资源的产物。也就是说，中国利用手里的市场权力与俄罗斯的资源权力进行"互换"。

2018 年，中国已经成为全球第一大石油进口国和第一大天然气进口国 [①]，除了日益高企的对外依存度引起人们对能源安全的担忧外，不可否认的是，中国的市场影响力和话语权也在相应提升。

第三，石油输送（通道）权力，主要是指拥有连接石油资源与市场的中间地带或中间水域的国家，获得的影响石油流向的权力。石油，特别是长距离跨国油气输送设施（管道），往往能够实质性改变区域性地缘政治格局，这就是石油的"通道权"。与此相关的还有陆上过境权和海上运输权。但过境国严格意义上不算是世界石油体系中的重要行为体，因而石油输送权力在本书中不作为重点论述和分析对象。

第四，石油金融权力，指凭借发达的金融体系和对全球金融的影响力，从而对油气交易、油气投融资、油气价格等拥有的话语权。石油金融权力的最突出表现就是"石油美元"。1945 年 2 月，美国时任总统罗斯福和沙特立国之父——伊本·沙特在埃及地中海的美国军舰上达成一项秘密协议，即美国为沙特提供安全保护，沙特则为美国源源不断提供巨量且廉价的石油。这就是美沙同盟关系的由来，也为后来"石油美元"奠定了根基。而"石油美元"释放其巨大的影响力是在 20 世纪 70 年代"布雷顿森林体系"解体后，美元与黄金脱钩，与石油挂钩，美元"锚定"了石油这个全球最大宗的战略性商

---

① 2018 年，中国进口原油 4.6 亿吨，进口天然气 1255 亿立方米，分别超过美国和日本，成为全球第一大石油进口国和天然气进口国。

品①。此后半个世纪，"石油美元"展示了其强大的权力。

此外，石油金融权力还表现在原油期货交易上，其背后是"发现"价格的能力，是确定石油"标杆价格"（交易基准价格）的权力。目前，全球有四大原油期货交易平台：纽约商业交易所（NYMEX）的轻质低硫原油即"西得克萨斯中质油"（WTI）期货，伦敦国际石油交易所（IPE）的布伦特（Brent）原油期货，迪拜商品交易所的高硫原油期货，以及新加坡交易所（SGX）的迪拜酸性原油期货。这四大交易平台决定着全球原油交易与贸易的基准价格，其背后分别是美国、英国、新加坡和阿联酋迪拜酋长国占领着全球石油金融权力的制高点。

长期以来，中国的石油金融权力十分有限。随着中国经济体量和能源消费量的持续增长，亟须培育一个基于中国市场的石油标杆价格。2018年3月26日，原油期货在上海期货交易所上海国际能源交易中心挂牌上市交易，中国的石油金融平台正式开始构建。

按照斯特兰奇对于结构性权力的分类，石油金融权力实际上已经超越了石油权力本身，上升至第一层级的结构性权力，属于四大结构性权力之一。1973年布雷顿森林体系瓦解后，"石油美元"开始替代"黄金美元"，石油便具备了金融属性。而且，自从1983年纽约商品期货交易所开设石油期货以来，石油的金融属性更进一步体现在国际石油价格上，体现在国际金融资本对石油价格的干预和控制上。

第五，石油技术与管理权力，系发达国家或国际石油公司凭借先进的石油科技和管理经验，而拥有的控制权和领导力。毫无疑问，石油技术与管

---

① 据美国政治家罗恩·保罗（Ron Paul）博士2006年发表的一篇题为"美元霸权的终结"（The end of Dollar Hegemony）的著名演讲透露，从1972年到1974年，经过漫长的谈判，美国与沙特政府终于就"石油美元"体系达成一致，美国承诺向沙特提供政治和军事支持以保卫沙特王室。作为回报，沙特政府同意：一是利用沙特在OPEC主导地位的影响来保证全球石油交易只用美元结算；二是把大量石油美元收入用来购买美国国债，并用这些国债的利息支付美国石油公司对沙特基础设施现代化工程的投资；三是保证把油价限制在美国能接受的范围之内，并防止OPEC其他成员发动另一场石油禁运。

理权力的拥有者主要是欧美一些大型国际石油公司。近三十年来，随着中国及亚洲其他地区的国家石油公司纷纷崛起，以中国石油天然气集团有限公司（CNPC）、马来西亚国家石油公司（Petronas）和印度石油天然气公司（ONGC）为代表的亚洲国际石油公司开始分享石油技术与管理权力。

业界和学界一种普遍的看法是，与强大的资源国政府相比，国际石油公司实际上就是"打工仔"，永远处于弱势地位。最直接的表现是，过去数十年，在中东和拉美地区一些产油国的"国有化运动"过程中，外国投资者表现得非常弱势。另一种声音则认为，由于国际石油公司在资金、技术、管理等方面拥有无与伦比的优势，那些把外国石油公司"鲁莽"赶走的资源国政府，不得不在数年后重新把这些外国公司请回来。说到底，产油国尚不具备单独开采和管理本地石油储量的能力。

这种争论并没有弱化国际石油公司的权力，恰恰反映了国际石油公司独特的竞争力和强大实力。特别是最近几十年在深水、超深水、非常规油气及LNG等新兴业务领域，国际石油公司的比较优势更为明显，权力更为强悍。

按照斯特兰奇的分类，此类石油权力实际上属于第一层级结构性权力的知识（技术与管理）权力。

第六，石油定价权力，是指由于拥有影响油气供需、技术和金融等方面的能力，而获得的决定石油价格走向的权力。定价权是一种综合性权力，是上述五种石油权力的"集大成者"，是石油权力的核心。换句话说，定价权是上述五种石油权力共同作用的结果，只是在不同阶段，这五种权力施加的影响有大有小而已。

从历史上看，石油定价权几经易手。从现代石油工业诞生到一战前夕，石油定价权基本上在美国政府和洛克菲勒创建的标准石油公司手里。一战之后到1960年OPEC成立40年间，主要是"石油七姊妹"操控国际油价，石油定价权主要掌握在美欧七家跨国石油巨头手中。20世纪60年代是一个"混乱"的时期，OPEC成立不久，力量不强，美苏争霸咄咄逼人，那一时期的石油定价权是分散的。20世纪70年代，特别是阿拉伯国家在1973年对美国、部分西欧国家和日本发起"石油禁运"，OPEC 的石油权力得到充分彰显，这一时期主要是资源权力决定着定价权。20 世纪 80 年代之后，石油期货开始展现其巨大影响力，石油具备了"金融衍生品"的属性，特别是在 2008 年 7 月 11 日，石油价格被华尔街的金融炒家们炒到了 147.27 美元 / 桶的历史高点。

三、发达消费国和国际石油公司往往拥有更大的石油权力

孙溯源的研究结果显示，发达消费国往往在世界石油体系中位居"金字塔顶端"，处于权力中心。这可能与人们平常的认知不一样。表面上看，二战以来，伊朗、沙特、委内瑞拉、墨西哥、俄罗斯等油气生产大国和出口大国在世界石油体系中一直表现很强势。过去几十年，它们动辄对国际石油公司和外国投资者发起国有化运动，时常对消费国展示强硬的"限制出口"甚至"断供"手段，这就是国际政治中经常提及的"石油武器"。

但实际情况是二战以来，除了 1973 年阿拉伯产油国发起对西欧、日本和美国的"石油禁运"，引发西方经济出现滞胀和危机，从而使得产油国在 20 世纪 70 年代中期处于世界石油体系的权力中心、凌驾于发达消费国和国际石油公司之上的短短几年外，绝大部分时间里，产油国（其中绝大多数是亚非拉的发展中产油国）一直处于世界石油体系的"外围"地带，而消费国（大多是发达消费体，最有代表性的就是美国）和国际石油公司（先是"石油七姊妹"，后是"全球五巨头"）则处于世界石油体系的"中心"地带。

也就是说，消费国、产油国、国际石油公司之间是一种不均衡的三角关系。消费国之所以长期处于"中心"地带，是因为发达消费国拥有第一层级结构性权力的四种权力，即安全、生产、金融和知识权力。发达消费国在军事实力方面的优势，使其在安全上拥有无与伦比的权力，甚至会动用军事力量来保护与其关系较好的产油国。1990 年海湾战争期间，美国和沙特就是这种关系的典型。另外，消费国石油安全权力还体现在消费国在石油运输通道安全上具有掌控力。发达消费国的石油金融权力也是产油国不可比拟的。

长期以来，国际石油公司因在石油生产（勘探开发、加工、销售）、石油技术和管理方面拥有比产油国更大的权力，特别在石油高端技术和先进管理方式的掌控上，国际石油公司相对于产油国，也拥有明显的优势。与发达消费国类似，国际石油公司也处于世界石油体系的中心或次中心地带，因为国际石油公司至少拥有斯特兰奇第一层级结构性权力的生产和知识权力。而产油国除了前述提到的"资源权力"，基本不具备第一层级权力结构中的其他权力，往往处于世界石油体系的"外围"地带。

还可以从其他角度来论证上述"中心"与"外围"问题。经典国际关系理论认为，权力的来源可以是物质的（硬权力），也可以是非物质的（软权力）。于世界石油体系而言，物质性权力一方面是经济、军事、工业、科技等方面的硬实力，这是国家层面；另一方面是资金、技术、管理、营销等方面的硬实力，这是行业或企业层面。非物质性权力是指与石油相关的国际政治经济规则和标准、世界石油市场（价格）、国际金融体系（货币）、国际贸易和分工（交易与物流）、人才与文化（专业化素养）等，也就是软实力。

于产油国而言，产油国除了拥有资源，掌握"资源权力"外，往往缺乏其他的物质性权力和非物质性权力。大多数发展中的产油国除了石油、天然气这样天然的资源，基本不具备高水平的经济、军事、工业和科技实力，在金融、市场、贸易和人才等软实力方面也没有优势，本国的企业更没有资金、技术、管理和营销上的优势。也就是说，大多数产油国缺乏将自然资源转化为更多、更强权力的能力。这就决定了产油国的权力来源非常单一，只有石油、天然气本身的"资源性权力"。

于消费国而言，大多数发达消费国石油资源普遍贫乏[1]，缺少"资源性权力"，但其拥有了几乎所有的物质性权力和非物质性权力。以美国为例，其既拥有强大的经济、军事、工业和科技实力，又在金融、市场、贸易和人才文化等方面拥有无与伦比的优势。也就是说，美国在世界石油体系中的权

---

[1] 美国是个例外，美国是全球产油大国，"页岩革命"成功以来，美国 2018 年的石油产量达到了 1531 万桶 / 日（折合 6.69 亿吨），位居世界第一，其资源权力得到了强化。

力来源非常多元。这就是一直以来美国和其他发达消费国可以动辄对伊朗、委内瑞拉、伊拉克、苏丹、俄罗斯等产油大国发起打击或制裁的根本原因。

于国际石油公司而言，国际石油公司的权力来源一方面是自身的资金（资本）、技术、管理和营销等方面的物质性权力，另一方面是依托发达消费国的母国而自然拥有的物质性、非物质性权力。尽管偶尔会遭遇产油国的惩罚甚至国有化，但从历史上看，在与产油国博弈的过程中，国际石油公司显得更有优势、更强势。斯特兰奇在论述国际石油公司与产油国的关系时强调，20 世纪 50—60 年代，伊朗、印度尼西亚赶走西方大石油公司，无不是付出了惊人的经济代价，而且时隔不久又不得不把被自己撵走的公司请回来……资源国政府，特别是那些发展中国家的政府，发现它们在与外国石油公司讨价还价时，不得不因为外国石油公司对技术（特别在勘探和开发方面）的控制而做出让步。

可以看出，在世界石油体系的权力结构中，消费国和国际石油公司往往处于中心地带，而产油国则长期处于外围地带。另外，对于中国和印度这样的发展中消费国而言，很长一段时期一直处于世界石油体系权力结构的 "最外围" 地带，其石油权力甚至比不上那些实力强大的产油国。这主要是因为中国和印度既没有资源性权力，也缺少发达消费国那样的物质性权力和非物质性权力。

第三节 二战以来世界石油体系的石油权力变迁

在大多数石油界人士、特别是石油企业人士看来，世界石油体系的演变主要是以"油价周期"来区分。因为企业界人士比较关心石油供需市场和油价给企业经营带来的影响。比如 2000 年至 2014 年高油价时代的"高景气周期"，2014 年下半年以后进入了"低景气周期"。这种周期性的变化，5 到 10 年出现一次。沙特前石油部长阿里·纳伊米 2016 年 3 月在休斯敦剑桥能源周论坛的主旨演讲中就曾宣称，自己已经历了世界石油市场的 6 轮周期起伏。需要指出的是，油价的涨跌只是世界石油体系结构变化的结果，而不是动因。

世界石油体系作为国际关系体系的一部分，其变化往往和国际政治经济的发展密切相关，其变化的阶段性标志一般是重大国际事件。比如 1973 年第四次中东战争和第一次石油危机、1990 年伊拉克入侵科威特、1991 年苏联解体等，这些重大事件往往是世界石油体系变化的拐点。

如前文所述，消费国、产油国和国际石油公司是世界石油体系的主要行为体，本书以这三个行为体为主线来观察世界石油体系的变迁。

一、发达消费国主线：国家安全和国际金融是影响世界石油体系变迁的主要因素

石油作为一种燃料、全球大宗商品和金融衍生品，实际上就是一种黑乎乎、黏稠的、略带臭味的液体，其本身不具有影响力。石油只有与国家安全和国际金融联系在一起后，上升为"石油安全"和"石油美元"，才成为影响世界石油体系变化的重要力量。因此，二战以来，那些对全球发达消费国的石油安全、石油金融产生重大影响的事件，往往是世界石油体系变化的"转

折点"。

美国自二战以后一直是超级大国，也一直是全球第一大石油生产国、消费国和进口国，且美国在国际体系中居主导地位，与美国挂钩的、影响其石油安全和石油金融的事件往往是影响世界石油体系的关键因素。按照这个逻辑，以下事件是世界石油体系变迁的分水岭。

一是 1945 年，美国与沙特阿拉伯达成"石油换安全"的秘密协议，自那以后，沙特源源不断地向美国提供石油，作为回报，美国的军事力量为沙特提供国家安全保障。后来 70 多年的发展证明，美国与沙特的联盟深深影响了世界石油体系的变迁。

二是 1973 年，美国政府决定放弃"布雷顿森林体系"，美元与黄金脱钩。但美元的稳定必须"锚定"一种商品，而当时能够承载美元价值的全球大宗商品就是石油。至此，"石油美元"成为美国金融霸权的象征，也是过去四十年世界石油体系的基石。另外，1973 年 10 月至次年 3 月爆发了世界石油史上第一次石油危机，阿拉伯国家发起对美国、西欧和日本的石油禁运。此次危机深深影响了世界石油体系，甚至影响了国际关系格局，使得产油国在世界石油体系中的地位和石油权力空前增长。

三是 1979 年和 1980 年，伊朗爆发伊斯兰革命，产油大国伊朗由美国的战略盟友转变为敌人，之后又爆发"两伊战争"，伊朗的石油产量大受影响，从每天 580 万桶骤降到 100 万桶以下，打破了当时全球原油市场上供求关系的脆弱平衡。油价在 1979 年开始暴涨，从每桶 13 美元猛增至 1981 年的 34美元，导致了第二次石油危机的出现。第二次石油危机是世界石油体系变迁的又一转折点，最终导致美国在中东的战略由沙特、伊朗的"双轮驱动"演变为沙特的"一家独大"，沙特在世界石油体系中的地位空前提升。

四是 1990 年伊拉克入侵科威特，引发第三次石油危机。美国出兵中东，不仅打击了伊拉克，而且深度插手中东地区事务，此举不仅影响了世界石油体系，巩固了美国在世界石油体系中的领导地位，还改变了中东地区乃至全球的地缘政治格局。

五是 1991 年 12 月发生的苏联解体事件。此前，世界石油体系实际上是把苏联及其势力范围排除在外的"西方石油体系"，苏联控制的社会主义石油市场体系和美国领导的西方石油体系并行。苏联解体后，俄罗斯迅速融入西方世界。作为世界生产和出口石油的第一梯队，俄罗斯的加入使两个体系合二为一，也深深改变了世界石油体系的结构。

六是 2008 年发生的全球金融危机，一定程度上改变了美国，改变了全球经济和金融格局，也对世界石油体系产生了深刻影响。主要是中国、印度等一批石油消费进口大国在世界石油体系中崛起。所以说，现在的世界石油体系是"后全球经济金融危机的石油体系"。

不能否认的是，这些重大事件对世界石油体系产生影响的一个最重要的标志就是国际油价的变化。所以，用油价周期来衡量世界石油体系的变化有其合理性。当然，还有一些其他重大事件也对二战后世界石油体系的变迁产生了重大影响，比如 1983 年美国纽约商品交易所启动原油期货交易，2003 年美国攻打伊拉克，2015 年美国和伊朗达成《伊核协议（JCPOA）》等。

二、国际石油公司主线：资本、技术和管理的重大突破是世界石油体系变迁的关键

驱动世界石油工业发展的资金、技术和管理"三驾马车"的动力一直掌握在石油公司，特别是国际石油公司手里。长期以来，国际石油公司在石油投资、资本运作、石油生产（勘探开发、加工、销售）和石油技术及管理方面拥有控制力，是其长期在世界石油体系的权力结构中处于重要位置的根本原因。因此，石油业的重大兼并收购、重大技术和管理的突破，往往也是影响世界石油体系变迁的关键要素。

二战以后世界石油体系变迁的第一阶段是 1945 年至 1973 年。这一阶段，"石油七姊妹"掌控着全球油气供需市场、进而控制全球石油价格的走向。这一阶段也是国际大石油公司投资陆上常规油田勘探开发的"黄金期"。1973 年是分水岭，1973 以后随着阿拉伯产油国和 OPEC 其他成员国在世界

石油体系中的崛起，"石油七姊妹"风光不再。

第二阶段是 1973 年至 20 世纪 90 年代末，这是世界石油工业进军海洋的重要时期。国际石油公司这一时期由于陆上作业受限，开始大力发展海上，特别是深水超深水①的油气勘探开发业务，并取得突破，大大拓展了它们的生存空间，也在相当程度上影响了世界石油体系。技术突破是关键。深水超深水石油勘探开发技术的突破使得挪威、英国（北海）、墨西哥湾地区、巴西海域、西非海域及南中国海域诸国加入世界石油体系，并发挥重要作用。

第三阶段是 20 世纪 90 年代末至 2010 年前后。20 世纪末世界石油业的"世纪大并购"深深影响和改变了世界石油格局。典型的是 BP 公司先后收购美国阿莫科公司和阿科公司、埃克森公司与美孚石油公司合并，以及法国道达尔公司与 Elf 公司合并等。至此，世界石油业进入"全球五巨头"时代。这次是资本运作和兼并收购驱动了世界石油体系的变迁。大重组、大兼并、大整合使得国际石油公司的实力进一步增强，一定程度上改变了世界石油体系及其权力结构。

第四阶段是 2010 年以来，由于技术和商业模式的突破，美国页岩革命取得全面成功。美国页岩革命的"一枝独秀"使得美国重返全球第一大石油和天然气生产国位置，深深改变了全球油气地缘政治格局，也实质性改变了世界石油体系，使得石油权力进一步向美国倾斜。这一次石油技术和管理的突破，中小型石油公司的创新意识起到了主导作用。美国页岩革命的成功使得美国有望完全实现"能源独立"，这对全球政治经济格局、地缘政治和世界石油体系的影响十分巨大。美国在世界石油体系中的石油权力显著提升，"石油霸权"显著增强。从最近几年美国动辄发起对俄罗斯、伊朗、委内瑞拉等传统石油大国的制裁，就可看出端倪。

---

① 一般将海上石油勘探开发作业在水深 300 米以上、1500 米以下的区域称为深水区，将水深 1500 以上的区域称为超深水区。

三、发展中产油国（出口国）主线：历次影响世界的国有化运动才是关键

于产油国而言，其拥有的油气储量、产量和背后的资源权力是世界石油体系变迁的动因之一。资源是产油国能够影响世界石油体系的唯一"王牌"。这意味着，产油国除了运用手中的"资源权力"来影响世界石油体系外，几乎没有其他手段可以使用。

回顾过去 70 多年，产油国影响世界石油体系的事件主要有：

第一，20 世纪 50 年代初发生在伊朗的石油国有化运动。伊朗石油国有化运动的一个直接结果就是，英国作为"日不落帝国"和此前中东石油市场的控制者，开始让位于美国政府及美国石油公司，美国代替英国成为中东石油市场的主要玩家。毫无疑问，此举深刻影响了世界石油体系。20 世纪 50 年代发生国有化运动的还有伊拉克等产油国。1951 年，伊拉克宣布对石油实行国有化，收回石油资源的所有权；1964 年成立伊拉克国家石油公司；到 1975 年，伊拉克石油工业已完全实现国有化。

第二，20 世纪 80 年代后期发生的沙特将阿美石油公司（Aramco）逐步收归国有，并于 1988 年成功转变为沙特阿美（SaudiAramco）。沙特阿美至今仍是全球最大的国有石油公司。与普遍意义上产油国"粗暴"没收外国投资者的资产、实现快速国有化不同，沙特政府是通过数次"赎买"的方式逐步完成对阿美石油公司的国有化的。只要看看沙特及沙特阿美如今在世界石油体系中的分量，就知道此举对世界石油体系的作用和影响力了。

第三，20 世纪 90 年代发生在拉美地区的国有化运动。其中最为典型的就是委内瑞拉和玻利维亚，特别是委内瑞拉的石油国有化，导致一大批国际石油公司撤离该国市场。令人意想不到的是，委内瑞拉的石油国有化的结果是该国从世界石油体系的重要玩家之一，沦落为今天可有可无的角色。2019 年上半年，委内瑞拉的石油日均出口量不到 80 万桶，于世界石油市场而言，基本可以忽略不计。

第四，2016 年 12 月以来，沙特和俄罗斯两个全球最大石油出口国达成"维也纳联盟"（OPEC+），联合减产，降低国际市场供给，稳定并适度提升国际油价，对世界石油体系产生了重大影响。维也纳联盟是近几年世界石油体系的新生事物，对稳定和重塑国际石油价格发挥了关键作用，也在一定程度上提升了沙特和俄罗斯在世界石油体系中的话语权。

以上是从消费国、国际石油公司、产油国三个维度，梳理了影响世界石油体系变迁的重大事件或重要驱动。需要指出的是，这三条主线不是平行的，往往是交织在一起的，这就决定了世界石油体系的走向是多种因素混合作用的结果。

在世界石油体系中，消费国的分量最大，其次是国际石油公司，再次是产油国。因此，影响发达石油消费国（特别是大国）的石油安全和石油金融因素，往往是决定世界石油体系走向的关键要素。

第二章

中东石油政治中的沙特、阿美石油公司与沙特阿美

第一节　中东石油政治

一、中东石油政治的表现形式

中东地区有着全世界最为复杂的宗教关系和民族矛盾，有着全球最为严重的地缘政治冲突，域外大国长期盘踞中东地区。中东地区极其复杂的民族、宗教、政治和文化关系，加上其全球最重要油气富集地的特点，使得中东地区成为全球石油政治特征最普遍、最显著的地区。中东地区的石油政治主要表现为：

一是石油往往与地区冲突联系在一起。有国际政治学者对中东地区国家间冲突和战争研究过后发现这样一个现象，拥有油气资源的国家往往容易发起战争或者成为战争受害者。比如伊拉克在 20 世纪 80 年代初对伊朗的入侵（两伊战争）及在 90 年代初对科威特的入侵，油气储量世界第一的伊朗近 40 年来一直遭受美国等西方国家的制裁；2003 年美国对伊拉克发动的第二次战争。这些冲突无不与石油有密切的关联。就全球范围而言，半个世纪以来，资源型国家的战争爆发率是常态国家战略爆发率的 2.5 倍，富油国家极易成为别国攻击的靶子。

二是中东地区几个主要的产油国发起成立了石油输出国组织（OPEC），成为由本地区主导并能够影响全球政治经济格局的为数不多的国际组织之一。1960 年在巴格达由沙特阿拉伯、委内瑞拉、伊拉克、科威特等几个中东和拉美地区重点产油国石油部长们发起成立的石油输出国组织，是继 20 世纪初美国得克萨斯铁路局后，全球最具影响力的石油卡特尔。OPEC 的成立和运行打破了此前长期以来由"石油七姊妹"控制全球石油市场和价格走势的局面。近半个世纪以来，OPEC 一直是全球最重要的能源国际组织之一，对全球油气市场乃至世界政治经济格局发挥着重要作用。特别是 21 世纪以来，沙特成为 OPEC 的领头羊，OPEC 的 "中东化" 倾向不断加强。

三是中东地区此起彼伏的石油国有化运动。国有化运动使得石油成为国家主权的象征，因而具备了浓厚的政治色彩。石油国有化运动背后是资源国政府和外国投资者（其背后是投资者所代表的母国及其政府）之间的博弈，很容易上升为国家间的矛盾乃至冲突。中东地区石油国有化运动集中发生在 20 世纪 50—70 年代，伴随着全球的政治觉醒和民族解放运动。其中以摩萨台时期的伊朗石油国有化运动最为著名。二战结束后，美国、苏联、英国的争斗使伊朗卷入国际政治的漩涡之中，并成为战后美苏冷战的前沿阵地。随着伊朗政府财政收入对石油分红的依赖，英伊石油公司便通过石油控制了伊朗的经济命脉。伊朗人民不堪忍受英伊石油公司的掠夺，要求废除其租让权。1949 年，伊朗民族民主运动领导人穆罕默德·摩萨台在议会中提出《石油国有化法案》，得到伊朗各界的广泛支持。1951 年 3 月 14 日，伊朗议会通过该项法案，宣布对石油资源实行国有化，取消外国公司在伊朗石油领域的特许权。同年，伊朗国家石油公司（NOIC）成立。为了对抗伊朗的石油国有化法令，英伊石油公司背后的英国政府对伊朗实行经济封锁，西方国家也拒绝购买伊朗石油。伊朗失去大量的石油收入和外汇，国家财政因此陷入危机，政局出现动荡，经济形势的恶化使摩萨台失去了民众的支持。1953 年，美国中央情报局趁机策划并推翻了摩萨台政府，帮助穆罕默德·礼萨·巴列维国王巩固了王权，并取代了英国和苏联在伊朗的主导性地位，由此获得政治和经济利益的双丰收。

四是中东石油政治一直受到域外因素的影响，使其更具有国际政治的特征。中东石油政治中的 "大国博弈因素" 主要表现为英法集团、美国和苏联（现在的俄罗斯）等域外大国对中东石油的争夺。历史上，中东石油的第一波域外控制者是英国和法国，尤其是 20 世纪 50 年代之前英国对伊朗石油的控制。第二波域外控制者或介入者是美国，主要表现为美国和沙特在二战以后建立起来的同盟关系，沙特的石油产量是美国维系其 "石油美元" 霸主地位的根基。第三波域外控制者是苏联和后来的俄罗斯，主要表现为苏联在 20 世纪 70 年代末入侵阿富汗，与美国争夺中东地区的油气资源和地区主导权。

中东石油政治的"欧美因素"主要表现为欧美国际石油公司对中东地区的石油投资和贸易。第一阶段主要表现为20世纪60年代前，"石油七姊妹"对中东地区的石油投资，美欧跨国石油巨头和中东地区各产油国政府之间的博弈是中东石油政治的重要组成部分。第二阶段是20世纪50—80年代，美国阿美石油公司在沙特的投资，阿美石油公司基本上控制了沙特的石油工业。第三阶段是自20世纪90年代以来，美欧及亚洲的石油企业在中东地区的石油投资。特别是2008年伊拉克战后对外开放其石油市场以来，欧美石油企业联合亚洲国家石油公司在伊拉克大规模投资与建设，一定程度上推动了中东石油政治的多元化。

中东石油政治的"亚洲因素"主要表现为中国、日本、韩国和印度等亚洲石油消费大国对中东石油的需求，以及上述四国的石油企业在中东地区的石油投资，促使亚洲各重要消费国与中东各大产油国保持着良好的多双边关系，成为中东石油政治的"稳定器"。亚洲石油企业在中东的投资一定程度上提升了中东石油的产量，提升了中东国家石油工业的现代化水平，提振了中东石油在全球石油市场上的地位，相应巩固和加强了中东各大产油国的石油权力。

二、中东石油政治的特点分析

不难看出，中东地区是世界地理和文明的"十字路口"，是全球石油生产、贸易和运输的重心，是大国博弈和纵横捭阖的"擂台"。近半个世纪以来，中东石油政治主要有如下五个特点。

一是石油政治的"家族化"。其中最为典型的就是沙特。众所周知，近半个世纪以来，沙特一直是全球最大的石油储量国、生产国和出口国，直到2017年，沙特的石油产量才被美国超越。沙特石油权力和财富属于伊本·沙特王室及其家族集团。沙特石油圈的其他人，包括石油大臣和沙特阿美——全球最大石油公司的总裁和高官们，都是为沙特王室"打工"而已。

沙特石油政治对内主要表现为王室成员对石油权力和财富的争夺，以及由此产生的对沙特政治经济社会的影响。最典型的就是沙特"苏德里七兄弟"①和其他王室成员的争斗，往往是互有胜负，轮流坐庄。最近的争斗是，王储穆罕默德·萨勒曼在 2017 年 11 月借"反腐"之名，拘捕包括沙特已故国王阿卜杜拉的儿子、前国民卫队司令米特阿卜和有"中东首富"之称的阿勒瓦利德等重量级王子在内的 11 名王子。沙特石油政治对内还表现为王室与管理这个王国石油财富的专业人士之间的较量，其中最常见的就是王室与石油大臣之间的互动。沙特石油大臣可谓全球最有权势的石油部长，一般而言，石油大臣必须听命于王室，但偶尔也会出现石油大臣不听话的情况。比如，被称为"石油智多星"的前石油大臣亚马尼，由于表现得过于"亲西方"，被前国王法赫德解除职务，不得已出走美国。

沙特石油政治对外主要表现为与美国的关系。在 2010 年之前的半个世纪，沙特和美国是在石油供需领域最具互补性的两个国家，"石油美元"和"全天候"的盟友等均是两国石油政治演绎的产物。2010 年以后，随着美国页岩革命的成功和页岩油产量爆发式增长，沙美石油政治动向的不确定性加剧，美国显得更加独立和主动，沙特则愈加被动，"石油牌"越打越少。

二是石油政治的"组织化"。其中最为典型的就是 OPEC。1960 年 OPEC 的成立使得中东地区石油政治达到空前的一致，国际石油组织由此开始在世界石油体系中发挥作用。中东石油政治的"黄金时代"出现在 20 世纪 70 年代。1973 年，在第四次中东战争（阿以战争）期间及后续一段时间，阿拉伯产油国因不满以美国为首的西方国家对以色列的偏袒，由沙特挑头，联合其他产油国，集体对西方实施了半年左右的石油禁运。此举直接导致美国经济陷入严重的滞胀，数以千计的加油站门前排起了长龙等待加油。正是那一时期，美国卡特政府首次提出了"能源独立"的政策主张。这也是中东"石

---

① "苏德里七兄弟"是沙特阿拉伯开国国王伊本·沙特（Ibn Saud）最宠爱的妻子之一西萨·苏德里（Hissah Al Sudeiri）生的七个儿子的统称。沙特王室权力斗争史主要是围绕着以"苏德里七兄弟"为一派，所有其他王子为另一派的派系斗争展开的。

油权力""石油政治"最淋漓尽致的一次发挥，"石油武器"由此名声大噪。

OPEC 作为颇具全球影响力的国际组织，其治理机制是"秘书处 + 配额制 + 定期或不定期会议"。OPEC 秘书处设在维也纳，每次 OPEC 大会的轮值主席由 OPEC 某个成员国的石油部长担任。OPEC 通过增加或减少产量"配额"来影响全球石油的供应，从而影响石油市场和石油价格。在 20 世纪七八十年代，OPEC 是全球石油市场上的"主导供应者"，石油政治影响力空前。此后，随着苏联地区的石油全面进入全球市场，加上 21 世纪以来，特别是近十年来，美国石油供应的持续增加，OPEC 的石油政治影响力不断下降。

三是石油政治的"碎片化"。最为典型的就是，2011 年阿拉伯之春以来，中东政治乱象导致石油政治的碎片化。"我们都说，敌人的敌人是朋友，可是在中东，敌人的敌人还是敌人。伊朗是沙特的敌人，沙特的敌人是以色列，但伊朗和以色列依然互为敌人。"

一方面，阿拉伯产油国互不团结乃至"互殴"的情况十分严重，最为典型的是 2017 年发生的沙特联手海湾地区其他几个国家（包括苏丹），打击卡塔尔这一全球最大的天然气出口国，至今与卡塔尔的外交关系仍未恢复；还有 2018 年 12 月 5 日，卡塔尔正式宣布将于 2019 年 1 月 1 日起正式退出 OPEC，导致看似铁板一块的 OPEC 有"破碎"的危险。

另一方面，叙利亚、伊拉克地区石油政治态势的恶化。叙利亚内战和外部势力干预导致战争长期化，对该国的石油工业造成致命的打击，石油产量已经从 2010 年的 1850 万吨掉至最近三年的年均 110 万吨左右；叙利亚东部和伊拉克西部的一些油区曾一度被伊斯兰国（IS）占据；伊拉克战争导致伊拉克中央政府和北部库尔德自治政府在石油收益分配上的矛盾持续加剧。

四是石油政治的"集团化"。最为典型的是，由伊朗主导的伊斯兰什叶派石油国家集团和以沙特为主的伊斯兰逊尼派集团之间的矛盾加剧。中东什叶派集团和逊尼派集团的"结构性"矛盾加剧，影响着中东石油地缘政治的走向，大有代替美国、俄罗斯等域外大国长期主导中东政治格局的态势。

　　什叶派集团的核心成员是伊朗和伊拉克，这两个国家 2018 年的石油产量分别达到 2.20 亿吨和 2.26 亿吨，占全球石油总产量的 4.9% 和 5.1%，整体影响力不容小觑。"两伊"由 20 世纪八九十年代的"死敌"，演变成为现在的"亲兄弟"，其"石油政治联盟"看似牢不可破。特别在 2018 年 5 月特朗普政府退出《伊核协议》，恢复并加强对伊朗的制裁，威胁要将伊朗石油出口打压至零时，当时有专家分析认为，美国的目的不可能达到，即便美国有这样的决心，伊朗完全可以通过和伊拉克原油"串换出口"的方式，变相达到出口石油的目的。事实证明，在美国的严密监控和严苛制裁下，所谓的"串换出口"并没有发生，2019 年 5 月以来，伊朗的石油出口量已降至 30 万桶 / 日以下。

　　逊尼派集团的核心成员是沙特、科威特，外加一位当前"很不听话"的小兄弟卡塔尔。沙特和科威特 2018 年的石油产量分别达到 5.78 亿吨和 1.47 亿吨，占全球石油总产量的 12.9% 和 3.3%，整体影响力比什叶派集团更强。

　　目前这两大集团正为争夺中东石油政治的主导权打得不可开交，但各自又有"硬伤"。于伊朗而言，最大的挑战是重新恢复的石油制裁，2019 年 5 月以来，美国已禁止伊朗对外出口石油；对于沙特而言，最为悲催的是，随着美国的能源独立，以及全球向新能源和可再生能源转向的步伐加快，沙特的原油卖向何方。

　　五是石油政治的"金融化"。除了为外界熟知的中东"石油美元"，在中东，石油政治金融化的典型案例就是阿联酋在中东地区的崛起。可以说，阿联酋是中东地区唯一的已经将石油权力、石油政治影响力成功转化为国家经济和金融实力的"典范"国家，也是中东地区唯一实现"良治"且充分开放的国家。无论是迪拜，还是阿布扎比，目前均已发展成为具有世界影响力的金融中心。

　　迪拜已经由一个传统的石油出口贸易型城市，转变为中东地区的经济金融中心，目前也是中东地区旅客和货物的主要运输枢纽。石油收入虽然促进了迪拜的早期发展，但 2010 年以后，石油产业只占迪拜国民生产总值的 5% 以下。继石油之后，迪拜的经济主要依靠金融服务、旅游业、航空业、房地产。

　　阿布扎比目前大有后来居上的趋势。阿布扎比拥有阿联酋首都的政治优势，但略显传统。其石油储量和产量占整个阿联酋的 90% 以上，石油收入依然是阿布扎比经济的主要来源。但阿布扎比当前的开放程度并不亚于迪拜，特别是在金融领域，阿布扎比国际金融中心（ADGM）于 2015 年 10 月 21 日正式开放，该中心致力于提供金融服务，助力阿布扎比经济多元化和可持续发展。

第二节　沙特石油工业基本情况

一、上游油气勘探开发

（1）油气资源。沙特石油储量极为丰富，天然气储量快速增长。2018年，沙特石油剩余探明可采储量 409 亿吨，占世界石油探明储量的 17.2%，居全球第 2 位（委内瑞拉居第 1 位，储量 480 亿吨），在中东地区居第 1 位，储采比 66.4；天然气探明储量 5.9 万亿立方米，占世界天然气探明储量的 3.0%，居全球第 6 位，在中东地区居第 3 位（仅次于伊朗、卡塔尔），储采比 52.6。

21 世纪以来，沙特的勘探活动主要在陆上，但沙特有意加强海上勘探。沙特阿美将寻找外国石油公司共同开发红海和波斯湾的油气资源，未来海上勘探开发力度将不断加大。

除了常规油气资源，沙特还拥有丰富的非常规天然气资源，估计技术可采储量达 18 万亿立方米。近年，沙特多次表示将向非常规天然气领域进军。沙特已确定在西北部的塔布克省海域和鲁卜哈利沙漠进行非常规天然气资源开发，已经开始钻探工作。随着天然气工业的发展和外资进入天然气上游领域，沙特的天然气勘探将更加活跃，成为支撑沙特油气勘探领域的重要力量。

（2）油气产量。作为世界第一大产油国，沙特的石油产量稳步增长，未来增产潜力较大。2018 年，沙特石油产量达 5.78 亿吨，同比上年增长 3.4%，占世界的 12.9%，居全球第 2 位（第 1 位是美国）。沙特自 1999 年加大天然气开发力度后，天然气产量步入快速增长阶段，2018 年天然气产量达到 1121 亿立方米，较上年增长 2.6%，占世界的 2.9%，居全球第 8 位，在中东地区居第 3 位。

　　未来沙特油气产量有望继续保持增长。在石油方面，"沙特 2030 愿景"提出"保持 1250 万桶 / 日的原油生产能力"。沙特有 16 个在产油田，除了位于中立区的油田外，其余油田均未采用提高采收率技术，保持原油稳产具有可行性。在天然气方面，"沙特 2030 愿景"提出"天然气产量翻番"的计划。近年来，沙特制订计划大力发展天然气工业，希望利用天然气资源取代石油发电，以增加石油出口创汇。沙特增加天然气产量的途径包括提高在产油气田的商品天然气比例，以及加快新油气田开发进程。在产油气田的天然气增产计划包括南加瓦尔气田和 Zuluf 气田增产项目，以及胡尔塞尼亚和哈斯巴赫油气田的增产项目。随着沙特天然气产量的增长，其凝析油和 NGL（天然气凝析液）产量也将有所增长。

　　如表 2-1 所示，2020 年沙特石油产量预计将达 6 亿吨，2030 年预计将达到 6.7 亿吨上下；天然气产量将由 2016 年的 1053 亿立方米增加到 2020 年的 1400 亿立方米左右和 2030 年的 2400 亿立方米。

　　如果增加"一带一路"投资，2020 年和 2030 年沙特石油产量最高可达 6.58 亿吨和 7.31 亿吨，天然气产量最高可达 1833 亿立方米和 3092 亿立方米。

表 2-1　2000—2030 年沙特油气产量

年份	2000	2005	2010	2015	2016	2017	2018	2019	2020	2030
石油（亿吨）	4.56	5.21	4.74	5.68	5.86	5.59	5.78	5.91	6.00	6.70
天然气（亿立方米）	498	712	877	992	1053	1093	1121	1250	1400	2400

二、中游油气管道及相关基础设施

　　（1）油气管道。沙特境内有超过 300 条原油和天然气管线，总长超过 2 万千米。其中，最主要的输油管线为东西输油管线，管线全长 1202 千米（与后文提及的 1720 千米的跨阿拉伯管道（Tapline）是同一条管道，不同文献之所以会出现管道长度衡量上的差异，主要是因为管道起点位置选择不同），横贯沙特，将石油运至红海延布港供出口。该管线由两条管径分别为56英寸和48英寸的平行管道组成，总的额定输油能力为500万桶/日。其中56英寸管道额定输油能力为300万桶/日，48英寸管道输油能力为200万桶/日。东西输油管线主要用于运输东部生产的阿拉伯轻质原油，另有支线连接拉比格的炼厂和出口终端。如表2-2所示，沙特国内较大的管线还有谢拜–布盖格石油管线，连接谢拜（Shaybah）和布盖格（Abqaiq），设计输油能力为66万桶/日。

沙特有3条国际输油管线。一是连接巴林的原油管线，将原油从布盖格输往巴林，1945年建成，输油能力为23万桶/日，2013年两国决定修建新石油管线，全长112千米，投资3.5亿美元，新管线2017年底完成并投运，输油能力将达到35万桶/日（最高可达40万桶/日）；二是至黎巴嫩的泛阿拉伯管线，是一条备用管道，已被封闭；三是至伊拉克的管线，海湾战争后关闭。

表 2-2　沙特主要油气管道

管道名称	起点	终点	管道长度（千米）	管输能力（万桶/日）
东西输油管线	布盖格	红海沿岸炼厂及出口终端	1202	500
谢拜—布盖格输油管线	谢拜油田	布盖格	638	66
沙特—巴林管线	布盖格	巴林	112	35

（2）油气码头。沙特原油主要通过油轮出口，油港分别位于波斯湾和红海，沙特的大部分石油通过位于布盖格油田的设施处理后经波斯湾出口。共有7个主要的石油出口港口，其中3个位于波斯湾，分别是拉斯塔努拉（Ras Tanura）港、朱艾马赫（Juaymah）港和祖卢夫（Zuluf）港；4个位于红海，分别是延布（Yanbu）港、吉达（Jeddah）港、吉赞（Gizan）港和拉比格（Rabigh）港。拉斯塔努拉港是沙特最大的石油出口港，也是全球最大的石油出口港。如表2-3所示，拉斯塔努拉港拥有18个泊位，年吞吐能力2.5亿吨，储油能力达

到 450 万吨；朱艾马赫港位于拉斯塔努拉以北 33 千米处，原油出口能力可达 400 万吨 / 日（年吞吐能力达 1.5 亿吨），LPG 出口能力 20 万立方米 / 日，主要出口祖鲁夫和马简（Majian）油田的原油；延布港年吞吐能力达 2 亿吨，储油能力超过 50 万吨；拉比格港有 9 个泊位，年吞吐能力达 1.1 亿吨。

表 2-3　沙特主要原油出口港口

港口名称	位置	吞吐能力（亿吨 / 年）	备注
拉斯塔努拉港	波斯湾	2.5	18 个泊位，储油能力达到 450 万吨
朱艾马赫港	波斯湾	1.5	主要出口祖鲁夫和马简油田的原油
延布港	红海	2	储油能力超过 50 万吨
拉比格港	红海	1.1	9 个泊位

三、下游炼油工业

沙特炼油工业具有相当规模，水平较高。截至 2018 年底，沙特共有 9 座炼厂，总炼油能力达 1.42 亿吨（个别炼厂已关闭，其产能不计入），居世界第 7 位，在中东地区居首位。如表 2-4 所示，有 3 座 2000 万吨级的炼厂是近 10 年新建成的；年炼油能力在 2000 万吨以上的炼厂有 5 座，1000 万 ~2000 万吨的有 2 座，1000 万吨以下的 2 座。沙特炼油工业主要由沙特阿美控制，9 座炼厂中 4 座由沙特阿美独资，5 座合资的炼厂沙特阿美均为最大股东。拉斯塔努拉（Ras Tanura）炼厂是沙特第一个炼厂，也是波斯湾地区的第一个炼厂，1945 年 9 月由当时的阿美石油公司建成投产，成为沙特石油工业和阿美石油公司投资沙特的标志性工程。该炼厂位于朱拜勒工业城附近，初期炼油能力为 6 万桶 / 日，目前炼油能力为 55 万桶 / 日，其中原油加工能力 32.5 万桶 / 日，凝析油加工能力 22.5 万桶 / 日，还拥有 5 万桶 / 日的加氢裂化能力和 27 万桶 / 日的催化重整装置能力。最新投产的炼厂是中国石化集团和沙特阿美共同投资建设的沙特延布炼厂，加工能力达 2000 万吨 / 年，中国石化集团拥有 37.5% 的股份，该炼厂于 2016 年 1 月正式投产运营。

表 2-4　沙特主要炼厂

序号	炼厂名称	投产年份	炼油能力（万吨/年）	股份构成	备注
1	拉斯塔努拉	1945	2750	沙特阿美 100%	催化重整和加氢裂化能力分别为 10.7 万桶/日和 5 万桶/日，柴油加氢处理能力为 10.5 万桶/日，可通过管道和船运接收原油；油品质量达国五标准；计划扩建
2	延布	1983	1225	沙特阿美 100%	2014 年完成油品质量升级，油品质量达到国五标准
3	利雅得	1981	630	沙特阿美 100%	加氢裂化和催化重整能力各 3 万桶/日；东西输油管道为其供油；油品达国五标准
4	吉达	1967	390	沙特阿美 100%	2017 年关闭
5	Samrif	1984	2000	沙特阿美 50%，埃克森美孚 50%	加工阿拉伯轻质油，产品结构：汽油 35%、航煤 15%、柴油 30%、燃料油 17%、其他 3%；产品质量达国五标准
6	Sasref	1985	1500	沙特阿美 50%，壳牌 50%	柴油脱硫 10 万桶/日，加工阿拉伯轻质油，油品质量可达国五标准
7	Satorp	2013	2000	沙特阿美 62.5%，道达尔 37.5%	加工阿拉伯重油，产品主要用于出口，油品质量达国五标准
8	Yasref	2015	2000	沙特阿美 62.5%，中国石化 37.5%	加工阿拉伯重质油，计划扩建二期石化厂，油品质量达国五标准
9	拉比格	2009	2000	沙特阿美 37.5%，住友商事 37.5%，私人 25%	炼化一体化项目，石脑油是主要产品之一；加氢处理能力 12 万桶/日；制氢 73 百万立方英尺/日

沙特计划新建和扩建两座炼厂（表 2-5）。其中，沙特阿美正在吉赞建设一座炼厂，如表 2-5 所示，加工能力为 2000 万吨 / 年，计划投资 70 亿美元，产品主要满足沙特国内需求，预计 2020 年投产。该炼厂主要加工阿拉伯重质和中质原油，预计主要产品包括 7.5 万桶 / 日的汽油、10 万 ~16 万桶 / 日的超低硫柴油、16 万 ~22 万桶 / 日的燃料油。沙特阿美计划将拉斯塔努拉炼厂的加工能力再扩大 2000 万 ~ 2200 万吨 / 年，但预计 2020 年前难以建成投产。这些项目投产后，沙特的原油加工能力将接近 1.9 亿吨。

表 2-5　沙特炼油项目计划

项目名称	计划	年加工能力（万吨）	地点	备注
拉斯塔努拉炼厂	扩建	2000 → 4750	沙特	前期计划，2020 年前难以建成投产
吉赞炼厂	新建	2000	沙特	2020 年建成投产

四、下游石化工业

沙特石化工业具有相当规模，在中东地区居领先水平。2016 年乙烯产能达 1586 万吨，占世界乙烯总产能的 9.8%，居全球第三位，仅次于美国和中国。

沙特石化工业基础领域较强，未来计划重点发展高附加值领域。"沙特 2030 愿景"提出新建能源城，利用上游优势，吸引外资，扩大全产业链布局，更加注重下游高附加值产业的发展。发展石化工业是沙特的国家战略之一，目的是降低经济对石油出口的依赖和推进经济多元化发展。沙特政府在政策和资金上大力支持石化工业发展，允许外资投资本国的石化工业、参与石化基础建设，允许在沙特投资的国内外公司以极具竞争力的价格使用沙特生产的甲烷、乙烷、丙烷、丁烷等原料。壳牌、埃克森美孚、三菱化学等公司均在沙特建立合资公司，沙特基础工业公司（沙比克，SABIC）更是全球领先的石化公司。沙特在基础化学品、聚烯烃、聚氯乙烯、聚酯、合成树脂、合成纤维、化肥等领域实力较强，在下游高端衍生物产品方面有待加强。

沙特在波斯湾的朱拜勒和红海的延布设有两大石化中心。主要的石化公司有朱拜勒石油化工公司（KEMYA，由沙特基础工业公司和埃克森美孚各出资 50%）、沙特石化公司（SADAF，由沙特基础工业公司和壳牌各出资 50%）、延布石化公司（YANPET，由沙特基础工业公司和埃克森美孚各出资 50%）和阿拉伯石化公司（PETROKEMYA，沙特基础工业公司的全资子公司）。

沙特基础工业公司（沙比克）是沙特最大的化工企业。截至 2016 年底，它在全球共有乙烯生产装置 15 座，总产能达 1489 万吨，权益产能 1177 万吨，均居世界第二位，仅次于埃克森美孚。2019 年 3 月 27 日，沙特阿美宣布达成协议，收购沙特基础工业公司 70% 的股权，交易规模达 691 亿美元。这部分股权目前由主权财富基金沙特公共投资基金（PIF）持有。

沙特阿美化工业务快速发展。近年来，沙特阿美借助炼油优势，通过合资大力发展化工产业。与住友商事合作的拉比格炼厂二期 2016 年投产，耗资 85 亿美元，每年可生产 120 万吨乙烯、60 万吨聚乙烯、40 万吨苯、85 万吨对二甲苯等；与陶氏化学公司合作的萨达拉石化项目 2016 年投产，耗资 200 亿美元，每年可生产 150 万吨乙烯、40 万吨丙烯、35 万吨低密度聚乙烯、40 万吨 MDI 和 20 万吨 TDI 等。

沙特与中国在化工领域合作不断加深。沙比克与中国石化集团在天津有炼化一体化合作项目，乙烯产能达 100 万吨，聚碳酸酯产能达 26 万吨。沙特基础工业公司还计划在中国宁夏参与煤化工项目。中国石化集团与沙特阿美合资建设的延布炼厂，计划建设百万吨级乙烯的二期项目。

沙特天然气化工发展滞后。沙特天然气资源丰富，但开发利用不足，当前供不应求，未来随着天然气产量倍增计划的实施，其天然气化工也有望得到发展。

五、油气工程服务

沙特工程技术服务市场容量大且稳定。在 2014 年以来这一轮低油价下，沙特工程技术服务工作量并未减少。2015—2016 年，在各国普遍削减勘探开发投资的大背景下，沙特动用钻机数仍与 2014 年持平；在全球完井总量大幅下降超过 1/4 的背景下，沙特完井数不降反增，2015 年和 2016 年较 2014 年增幅均超过 10%。

沙特油气田工程技术服务主要靠外国公司，本国也有数家工程技术服务承包商，可与欧美知名油田技术服务公司同台竞争。由于沙特阿美对工程技术服务方的要求高、管理严，市场准入和退出体系完善，注重 HSE 管理，当地工程技术服务公司也具有较高水平。

　　沙特油气田工程技术服务各领域均需要与外国公司合作，但目前其国家政策要求提高本地化率。王储穆罕默德·本·萨勒曼非常崇尚科学技术，智能化、自动化的技术装备有较大的市场潜力。高度自动化的设备所需人力较少，对操作的要求也可通过培训达到。采用高度自动化的设备，既可以有效提高沙特员工的本土化比率，又可以解决沙特本国劳动力懒惰、散漫的问题。

第三节　阿美石油公司与沙特阿美

于沙特石油工业而言，1988 年是个分水岭。1988 年之前，是阿美石油公司的时代，实际上是美国石油公司掌控沙特石油工业的时期；1988 年，沙特政府（准确地说是沙特王室）通过分步骤的赎买，实现了对阿美石油公司100% 的国有化。自那以后，阿美石油公司转变为沙特阿美，成就了世界上最大的国家石油公司。

1933 年 5 月，美国加利福尼亚标准石油公司（后来的雪佛龙公司）与沙特政府签订石油租让协定后，当年 11 月它在美国特拉华州成立子公司——加利福尼亚阿拉伯标准石油公司，负责开发沙特石油资源。1936 年，得克萨斯石油公司（后来的德士古石油）入股并参与经营该子公司。1938 年，加利福尼亚阿拉伯标准石油公司在沙特发现商业油流。1944 年 1 月 31 日，加利福尼亚阿拉伯标准石油公司正式改称阿拉伯美国石油公司，简称阿美石油公司（Aramco）。1948 年，新泽西标准石油公司（后来的埃克森）和纽约标准石油（后来的美孚石油）相继入股。自此，阿美石油公司成为一家由四家石油公司组成的联合财团，总部设在沙特东部、波斯湾沿岸的达兰。1988 年，阿美石油公司被沙特政府国有化，公司名称改为沙特阿美石油公司（SaudiAramco）。

埃克森、美孚、雪佛龙、德士古，这些均是全世界响当当的石油巨头，直到现在，它们依然是美国的第一大（埃克森美孚）和第二大（雪佛龙德士古）石油公司。由这四家公司组成的联合体，其背后是四家超级石油巨头在支撑，这就是现在我们所说的"联合作业体"和多合作伙伴"公司治理架构"。可以说，阿美石油公司从一开始便具备了超级实力。例如，1966 年 6 月 21 日，当时的沙特国王费萨尔访问美国，在与时任美国总统林登·约翰逊会谈时，费萨尔告诉约翰逊，美国当时在海外最大的私有投资企业就是位于沙特的阿拉伯美国石油公司，其投资额已高达 12 亿美元。12 亿美元，若算上其时间价值，不考虑通货膨胀因素的话，相当于现在的 400 亿美元。

一、阿美石油公司发展大事记

自 1933 年美国加利福尼亚标准石油公司进入沙特找油开始，直到 21 世纪，这前后大约 70 年中，阿美石油公司和沙特阿美经历了如下大事记。

1933 年，加利福尼亚标准石油公司（Socal）获得了石油国王颁发的"特许权"，可以勘探沙特的东部地区。Socal 为此特地注册成立了加利福尼亚阿拉伯标准石油公司（Casoc）。

1936 年，美国得克萨斯石油公司（即后来的德士古石油，Texaco）获得了 Casoc 50%的所有权。

1938 年，在今天沙特东部省达兰（Dhahran）附近的达曼圆顶（Dammam Dome）上发现了石油，拉开了沙特石油工业大发展的序幕。至今，达曼依然是全球最著名的石油城市之一，堪比休斯敦。

1944 年，Casoc 的名称更改为阿拉伯美国石油公司（Aramco），简称阿美石油公司。

1945 年，沙特境内第一座大型炼厂——拉斯塔努拉（Ras Tanura）炼厂开工建设。

1948 年，新泽西州标准石油公司（后来的埃克森公司）和 Socony-Vacuum 公司（真空石油公司，又叫纽约标准石油公司，后来的美孚公司）获得了阿美石油公司的部分所有权。至此，阿美石油公司的股份由四家美国石油巨头持有，分别是雪佛龙（30%）、德士古（30%）、埃克森（30%）和美孚（10%）。

1949 年，阿美石油公司的原油日产量达到 50 万桶。

20 世纪 50 年代：1950 年，阿美公司完成了当时世界上最长的 1720 千米的跨阿拉伯管道（Tapline）。该管道将沙特东部与地中海连接起来，从而大大减少了向欧洲出口石油的时间和成本。另外，在阿拉伯海湾浅水区进行了两年的勘探之后，阿美石油公司于1951年发现了萨法尼亚油田（Safaniyah），该油田被证明是当时世界上最大的海上油田。1958年，阿美石油公司的原油日产量突破100万桶。

20世纪60年代：截至1962年底，阿美石油公司累计生产原油突破50亿桶（约7亿吨）的大关。

20世纪70年代：1971年，从拉斯塔努拉炼厂海上终端外运的原油和成品油首次超过10亿桶大关。1973年，沙特政府收购（按资产的账面价值）了阿美石油公司25%的股份。1974年，沙特政府将其在阿美石油公司的股份增加到60%。

20世纪80年代：1980年，沙特政府获得了阿美石油公司100%的所有权。1988年，阿美石油公司成为沙特国有公司，并更名为沙特阿拉伯阿美石油公司（Saudi Aramco）。阿里·纳伊米于1984年成为第一任沙特阿美总裁，系担任此职位的第一位沙特人。1989年，沙特阿美开始从一家石油生产和出口公司转变为一家综合性石油企业，并于当年成立了"星空企业"（Star Enterprises），这是与美国德士古石油公司的合资企业。

20世纪90年代：沙特阿美加快实施"走出去"和国际化步伐，逐步在世界范围内寻找合作伙伴，进行了几项国际投资。1991年购买韩国大韩民国双龙炼油公司（2000年更名为S-Oil）35%权益开始；1993年，沙特阿美接管了沙特阿拉伯营销和精炼公司（Samarec）。至此，沙特阿美成为一家特大型的上下游综合一体化石油公司。1994年，沙特阿美收购了菲律宾最大的原油提炼商和市场商Petron Corporation 40%的股份，继续其国际扩张。1996年，沙特阿美收购希腊一家私人炼油公司及其营销分支50%的股权，同时在欧洲进行了几项小型投资。1997年，沙特阿美成功开发了"POWERS"（油—气—水油藏"三相"模拟器）。POWERS是一种能够建模和预测超大型储层性能的高分辨率储层模拟器，在油田开发和提高采收率上大获成功。另外，沙特阿美与德士古合资成立的"星空企业"，在1998年转变为由沙特阿美、德士古和壳牌三方合资的企业，称为Motiva。2017年沙特阿美成为该公司唯一所有者，该公司的核心资产是得克萨斯州亚瑟港的一座大型炼厂。

21 世纪最初十年：沙特阿美于 2000 年在达兰建立了一家全球领先的研发中心。以该中心为基础，沙特阿美逐步建立了遍布全球的研究中心网络。迄今为止，这些研究中心正在努力取得突破，以扩大油气发现和快速回收投资、降低成本，同时增强安全性和保护环境。同期，为实现"世界领先综合能源和化工企业"的战略愿景，沙特阿美进一步推进多元化战略，包括加大天然气勘探开发利用和加强国际合作。

21 世纪第二个十年：沙特阿美实施"桶油价值最大化"策略，通过多种方式从一桶石油中发掘更多价值。沙特阿美的做法超越了传统市场和石油天然气用途；同时，沙特阿美还投资于新技术，以实现更清洁、更有效的生产和消费。

二、20 世纪 30 年代：与沙特王室签署"特许经营权"合同

1932 年，美国加利福尼亚标准石油公司（Socal）利用沙特国王伊本·沙特的密友——哈里·圣·约翰·菲尔比的关系，获得了在沙特东部进行地质调查的许可。尽管将开发沙特自然资源的权利授予外国公司违反了伊本·沙特国王的"底线"，但伊本·沙特国王及他的子民对金钱的需求使他别无选择。经过谈判，1933 年 5 月 29 日，国王的财政大臣苏莱曼（Abd Allah al Sulaiman）和 Socal 代表 Lloyd N. Hamilton 在吉达的王宫签署了特许协议。现在回头看，苏莱曼堪称沙特历史上最著名的财政部部长，彼时沙特石油对外政策制定和合同谈判签署均由他负责。

1933 年 11 月，Socal 专门成立了加利福尼亚阿拉伯标准石油公司（Casoc），代表其管理沙特境内特许权的运营。最初的特许权从波斯湾一直延伸到西部的达纳省。1939 年，特许权进一步扩大到约 44 万平方英里。

其实，在获得沙特的特许权之前，Socal 已经在中东巴林有所斩获，发现了少量石油，并进行了商业开采和销售。彼时，Socal 在销售其产量不断增长的巴林石油时遇到了一些棘手问题。Socal 选择了与当时在中东地区投

资和运营的美国兄弟公司抱团取暖，以解决面临的问题。1936 年，Socal 与得克萨斯石油公司（Texaco）达成了交易，成立合资公司。新的合资公司名为 Caltex，负责管理德士古从中东到太平洋的所有营销资产。作为交易的一部分，德士古获得了 Casoc50% 的所有权。

达曼圆顶是沙特东部省的一个特殊的地质构造，实际上是 Dhahran 附近的一组著名的石灰岩山丘，在这一地区艰难探索三年后，Casoc 得到了"奖赏"，发现了"大象"[1]。1938 年 3 月，在达曼圆顶上开钻的第七口勘探井喷出了高产流油，标志着沙特石油时代的开始。

三、二战期间：战时受挫 + 战时辉煌

第二次世界大战的来临，打断了 Casoc 在沙特的行动，新建的 Ras Tanura 炼厂，仅生产了六个月，便于 1941 年 6 月关闭。

然而，正是在 1940 年至 1944 年的战争年代，在新任总裁戴维斯的领导下，Casoc 逐步实现管理结构合理化。戴维斯于 1930 年以 Socal 代表的身份访问沙特，并于 1940 年 8 月当选为 Casoc 总裁，标志着该公司迈出了独立于 Socal 的第一步。Casoc 在旧金山布什街 200 号设立了总部。1944 年 1 月 31 日，Casoc 更名为阿拉伯美国石油公司，即阿美石油公司（Aramco）。

20 世纪 40 年代后期，见证了阿美石油公司特许权扩大生产并建立"丰功伟绩"的辉煌。这主要是通过以下"三板斧"实现的。

第一板斧：1944 年至 1949 年，阿美石油公司通过为美国军方提供油料，其战略地位和政治地位迅速蹿升。正是二战证明了石油这种"战略物资"的重要性。希特勒的失败，部分原因是石油短缺。美国政府为了从中东获得充足的石油供应，砝码不断向沙特和阿美石油公司倾斜。阿美石油公司获得了千载难逢的发展机会，其原油供应量从 1944 年的 2 万桶 / 日增加到 1949 年的 50 万桶 / 日，增长了 25 倍。拉斯塔努拉炼厂的加工能力从 5 万桶 / 日提

---

[1] 石油界，经常将石油公司通过勘探发现大型油田、找到巨额储量称为"发现大象"。

升至 12.7 万桶 / 日，主要目的是满足美国海军日益增长的需求。

第二板斧：建设跨阿拉伯管道，打通通往欧洲市场的便捷通道。彼时，美国和苏联均往欧洲出口石油产品。为了提升沙特原油相对于苏联和美国出口产品的竞争力，阿美石油公司决定建设一条向西穿越阿拉伯半岛的管道，这样既可以节省运输时间，还可以降低从波斯湾海上运输原油的成本。1946年，跨阿拉伯管道（Tapline）开始动工，这条全长 1720 千米的管道将布盖格（Abqaiq）油田（直到现在依然是沙特的第二大油田，2019 年 9 月遭受无人机袭击的就是布盖格附近的油田地面处理设施）的原油输送到了黎巴嫩的 Sidon 地中海港。

第三板斧：阿美石油公司将其业务与新泽西州标准石油公司（埃克森公司）和真空石油公司（美孚公司）合并。一方面，当时埃克森公司和美孚公司在远东地区投资运营的实力强大；另一方面，选择与这两家巨头"联姻"，符合伊本·沙特国王的期望，因为国王想通过壮大阿美石油公司的实力，达到抵消英国在该地区影响力的目的。1948 年 12 月，达成合并和新的股权分配协议。四方在阿美石油公司和 Tapline 管道中的股份划分为：Socal（雪佛龙）、Texaco（德士古）和 Exxon（埃克森）分别拥有 30% 的股份，美孚公司获得其余 10% 的股份。

此外，1948 年，委内瑞拉政府决定将政府与外国投资者利润所得的比例从原先的 30:70 调整至"对半分"（即 50∶50）。1950 年 12 月 30 日，沙特政府向委内瑞拉看齐，将政府的份额提高至阿美石油公司利润（扣除勘探、开发和生产成本后）的 50%。尽管阿美石油公司对此非常抵触，但这是大势所趋，还是按照"对半分"的原则与沙特政府签订协议。

四、20 世纪五六十年代：围绕产量与标价，与沙特政府的博弈

阿美石油公司的业务扩张一直持续到 20 世纪 50 年代，此后，步伐有所放缓。原油产量仅从 1950 年的 76.1 万桶 / 日增加到 1959 年的 120 万桶 / 日，同期沙特探明可采储量增加了 380 亿桶，增加到 500 亿桶。

石油储量的增加主要归功于阿美石油公司 1951 年在陆上发现并建成加瓦尔（Ghawar）油田（截至目前仍是沙特和全球最大的油田）和在海上发现萨法尼亚（Safaniya）油田。这两个发现分别是沙特有史以来最大的陆上和海上发现。

1951 年也是 Tapline 管道建成后运营的第一年。到 1965 年，阿美石油公司通过 Tapline 管道向欧洲市场出口的原油量占其对欧出口总量的 44%，而且对欧出口总量超过了距离较近的亚洲市场份额。

与此同时，阿美石油公司充分吸取其在开采美国油田时，因采油速度过快而造成油藏亏空的教训。20 世纪 50 年代初，阿美石油公司开始实施沙特油田"压力维护"计划。1954 年 3 月，阿美石油公司率先在布盖格（Abqaiq）油田使用天然气回注技术，并于 1956 年 2 月开始了类似的注水计划，以保持油藏的压力。天然气回注的另一个好处是，不仅能够利用伴生气，而且伴生气也可以存储，而不是放空燃烧掉。

20 世纪 60 年代，由于原油出口量增加和油价上涨，阿美石油公司和沙特的收入均急剧增加。这期间，沙特加大了对其国内基础设施的开发，由于沙特对石油收入的绝对依赖，稳定增长的石油收入对其长期发展至关重要。但是，与阿美石油公司及其背后的母公司不同，沙特政府对决定其收入的两大因素——产量和价格均没有影响力。于是，20 世纪 60 年代，双方围绕石油生产和销售的控制权、"参与度"的斗争开始出现。

尽管阿美石油公司的总部已移至达兰，而且公司董事会中有两名成员由沙特政府指派，但阿美石油公司的实际控制权仍在四个母公司手中。1960 年 8 月 9 日，新泽西标准石油公司董事长蒙罗·拉斯伯恩（Munroe Rathbone）单方面决定将原油标价缩减 14%、降幅约 7%，以提高其在欧洲相对于苏联原油的竞争力。其他国际石油公司也纷纷跟进，采取降价措施，这进一步加剧了沙特、委内瑞拉等产油国的愤怒。

时任沙特石油和矿产事务总干事（相当于石油部长）、阿美石油公司董事会成员阿卜杜拉·塔里基无比愤怒，随即着手安排与其他产油国的秘密谈判。事实证明，筹备谈判对 OPEC 的建立起了重要作用。1960 年 10 月，在塔里基和委内瑞拉石油部长胡安·佩雷斯·阿方索的推动下，OPEC 在巴格达成立。后来的事实也证明，OPEC 的成立对沙特控制阿美石油公司的斗争发挥了决定性作用。

五、20 世纪七八十年代：沙特王室开始启动"国有化"

20 世纪 70 年代初，全球原油市场的供应状况明显趋紧。1972 年，阿美石油公司不仅成功地将日产量从 120 万桶前所未有地增加到 600 万桶，而且成功地提高了标价。"量价齐升"使得沙特政府处于更有利的地位，可以就沙特"参与度"问题与阿美石油公司的四家母公司进行谈判。

1972 年 3 月，在采取一切可能的拖延战术而收效甚微后，阿美石油公司不得不接受沙特政府提出的"20% 的国家参与度"原则，以换取政府停止单方面采取行动。该原则于 1972 年 10 月进一步细化，阿美石油公司同意将沙特政府的参与度从 1973 年 1 月 1 日的 25% 逐步提高到 1982 年 1 月 1 日的 51%，并同意沙特政府以"资产的账面价值"支付转让费用。

但在 1973 年，因沙特等阿拉伯国家对美国、西欧和日本等发达经济体发动的"石油禁运"获得成功，这使得沙特对阿美石油公司的议价能力大大增强。"参与度"谈判随即重新开始，一直持续到 1980 年。1974 年，沙特对阿美石油公司的控股要求增加到 60%，并在 1976 年至 1980 年间，达成了沙特对阿美石油公司 100% 的收购协议，财务条款追溯至 1976 年 1 月 1 日。根据协议条款，阿美石油公司的四家母公司此后继续为沙特"服务"，每桶收取 18 至 19 美分的服务费。

1988 年，沙特国王法赫德·伊本·阿卜杜勒阿齐兹颁布皇家法令，宣布正式成立沙特阿拉伯阿美石油公司（Saudi Aramco）。该法令设立了由国王担任主席的最高委员会，由该国石油和矿产资源部长领导董事会，并担任沙特阿美董事长。除国内政府官员和沙特阿美高级管理人员外，董事会还包括埃克森、美孚和雪佛龙公司的董事长，直到 20 世纪 90 年代初。

六、20世纪90年代至21世纪第一个十年：在海湾战争中挺了过来，迈向21世纪

由于1990年海湾危机，沙特阿美成为全球石油行业最具影响力的参与者之一。在伊拉克入侵科威特的短短几周内，沙特阿美的日产量增加了250万桶。这场冲突摧毁了科威特的石油生产设施，国际制裁使伊拉克无法出口石油，全球石油交易市场上一下子"蒸发"掉了450万桶/日的石油产量。美国《油气杂志》称之为"世界石油工业有史以来全球最严重的石油危机之一，仅次于第二次世界大战"。实际上，正如《石油经济学家》杂志所判断的，由于海湾战争，沙特阿美的产量迈上了1000万桶/日的"超级水平"，从石油供应危机中拯救了世界。

海湾战争之后，沙特阿美开始实施垂直一体化战略，并于1993年6月合并了沙特销售与精炼公司（Samarec），变成一家上下游一体化的公司。

在1986年接替亚马尼担任石油和矿产资源部部长9年后，希沙姆·纳扎尔于1995年被时任沙特阿美总裁兼首席执行官的纳伊米接任。在纳伊米晋升后，负责沙特阿美国际运营的副总裁朱马赫升任沙特阿美代理总裁兼首席执行官。

于产油国而言，1998年是动荡的一年，沙特也不例外。亚洲金融危机加上温暖的冬季，大大降低了全球对石油的需求。结果，完全依赖石油出口的沙特经济遭受严重打击。彼时，阿卜杜拉王储约谈能矿部和沙特阿美，结果是该国的石油和天然气行业重新向外国公司开放。

石油价格在1999年有所反弹，但在"911事件"之后，油价再次大幅下跌。沙特经济"过山车"式的发展使得该国对经济多元化的需求持续增加。此外，沙特决定放开天然气领域的管控。2001年5月，沙特宣布三个主要的天然气项目对外开放，计划吸引总额达250亿美元的外国投资，但合作的前提是，沙特阿美必须是控股方。后来，包括埃克森美孚公司在内的八家外国公司陆续对上述天然气项目表示兴趣。

2001 年，《石油情报周刊》（PIW）连续第 13 年将沙特阿美评为全球顶级石油公司。公司总裁兼首席执行官朱马赫表示："日益激烈的竞争将鼓励我们在各方面保持最佳状态，并与石油行业的主要参与者保持高水平的合作。"

第四节　21世纪以来的沙特阿美

自 1988 年成为沙特国家石油公司以来，沙特阿美的发展战略是国家经济发展战略和国家能源战略的体现。终极目标是增加国家收入，推动沙特经济可持续地稳步增长和发展。沙特阿美明确指出，其经营发展战略遵循 6 项原则，即把握时机，实现收入最大化；维护和把握未来的石油市场；油气并举，推动国家经济发展；公司业务组合最优化；改善公司业绩；储备人才。

一、21 世纪以来的沙特阿美

2001 年 5 月，沙特宣布了"天然气倡议"，提议与 8 家国际石油公司成立 3 家合资企业，在上游区域进行天然气勘探。2003 年，荷兰皇家壳牌公司和道达尔公司与沙特阿美在 3 号天然气项目区块上建立了合作关系。2004 年，沙特阿美与另外三家外国投资者分别成立了合资企业，其中一家是俄罗斯卢克石油公司，另一家是中国石化集团，第三家是西班牙雷普索尔公司。

2004 年，沙特阿美的日产量计划为 860 万桶，实际日产量则为 1000 万桶。2005 年，沙特阿美启动了一项 5 年计划，计划投资 500 亿美元，通过增加产量和炼油能力，以及增加钻井平台数量，将日产量提高至 1250 万桶。

2005 年，沙特阿美成为世界上最大的公司，估计市值为 7810 亿美元。

2008 年 6 月，为应对原油价格突破每桶 130 美元，沙特阿美宣布将日产量提高至 970 万桶。随后，全球金融危机爆发，油价暴跌。沙特阿美在 2009 年 1 月表示，将把日产量削减至 770 万桶。

2011 年，沙特阿美开始在卡兰气田进行生产，日产量超过 4 亿立方英尺（40 亿立方米/年）。

2016 年 1 月，沙特副王储穆罕默德·本·萨勒曼宣布，他正在考虑将沙特阿美上市，并出售约5%的股份，所募集的资金用于建立一只大型主权基金。2019年12月11日，沙特阿美成功在利雅得交易所上市，可公开发售的股份占比只有1.5%，募集资金额高达294亿美元，创造了全球能源界最大募资规模和全球最高市值公司两项世界纪录。

2019年9月，沙特王室任命卢迈延为沙特阿美公司董事长。卢迈延取代法立赫成为该国主权财富基金的负责人，后者自2015年以来一直担任该职位。

二、沙特阿美总体发展策略

沙特阿美的发展策略包括以下四个方面：

一是提高总体原油供应能力和运输灵活性。沙特石油工业建立在成功勘探的基础之上。1986年起，沙特阿美开始实施全国勘探计划，勘探范围不断扩大，除中立区外，至今共发现了19处油气田，石油探明储量超过360亿吨，天然气探明储量达8.2万亿立方米。同时，为了保证公司能够通过沙特东西两岸的港口出口原油，建设了东西原油输送管道系统及延布等多个原油出口转运站。

二是加强与国外公司在炼油领域的投资合作。近年来，沙特阿美积极与国外伙伴建立下游联盟关系。美国、法国、日本、加拿大、德国、英国、印度、中国等国家的公司在沙特均有炼厂投资。中国石化集团与沙特阿美合资的延布炼厂于2015年正式投产。此外，沙特阿美还与外国公司在海外合资建设炼厂，在美国、希腊、韩国、菲律宾、印度尼西亚、中国、印度等国已拥有或正在建设合资炼厂。

三是重视勘探开发技术研发。沙特阿美勘探和石油工程中心是世界上最大、最先进的地球科学设施之一，在中东地区更是首屈一指。该中心的技术实力和创新能力，使得沙特阿美在上游（勘探和开采）技术后援方面基本不依靠其他石油公司。该中心拥有巨型计算机网络，采用最新技术硬件和应用软件，处理和解析所有地震勘探钻井数据。

四是重视人员培训及人力资源开发。沙特阿美在其成立初期就已认识到，持续进步的关键是要有一支受过良好教育和训练、能够担当重任的员工队伍。多年来，公司设计了差异化、分层次的培训计划，包括从入行培训到有学位的专业人士高级管理计划，满足每个雇员的需要，提高其工作技能，使雇员跟上新技术的发展，并培养世界级的专家。沙特阿美拥有几千名全职内训师、培训人员和后援人员。每年有几千名公司雇员全日制或利用部分工作时间参加职业、学术及管理人员培训课程。沙特阿美的这一策略取得了巨大的成果，多年来沙特籍雇员担任了公司几乎所有管理职务，承担了整个生产设施的全部作业。

三、沙特阿美寻求合作的重点

沙特阿美寻求合作的重点领域是工程技术、天然气、炼化、石油贸易四个方面。建设新的油气产能，巩固在世界石油市场的地位是沙特阿美的长期战略。沙特阿美计划2020年前将石油产能从目前的1250万桶/日提高到1500万桶/日，这使得在油气田工程技术和工程建设领域存在大量合作机会。

发展天然气业务是沙特阿美近年来的战略重点：一是增加天然气产量，供应国内消费，利用天然气代替石油满足国内发电和海水淡化需求，保证石油出口；二是发展天然气化工业务，提升产品价值。为此，沙特阿美正大力引进外资，加速天然气特别是页岩气的勘探开发步伐，同时计划加快建设天然气处理装置。

发展炼化行业是沙特阿美未来几年的重点。由于沙特发展炼化业务具有很强的资源和价格优势，沙特阿美提出了宏伟的发展规划，计划在不远的将来超过埃克森美孚，成为全球最大的炼油商，大量出口成品油，获取更多的附加值。目前，沙特阿美已开始了一系列海外新建炼厂和收购并购炼化公司的活动。在化工方面，沙特计划大力延伸石化和天然气化工产业链，提高增加值，计划2020年前实现每吨原油生产的化工产品出口盈利较直接出口原油高1500美元。

　　原油出口贸易是沙特阿美和沙特政府获利的根本所在。沙特是世界第一大原油出口国，在美国逐步降低对中东石油进口依赖的情况下，必将寻求其他稳定的原油出口市场，未来将更多地转向亚太市场。同时，在当前低油价背景下，沙特通过低价策略不断扩大出口量，力保市场份额。

第三章

美国、沙特和阿美（沙特阿美）石油公司"三角关系"综述

在上一章阐述世界石油体系中的中东石油政治、沙特石油工业、阿美石油公司与沙特阿美的基础上，本章着重阐述和分析本书的核心：美国、沙特、阿美（沙特阿美）石油公司之间的"三角关系"。该"三角关系"，主要包含三组关系：美国和沙特的关系，美国和阿美石油公司（后来的沙特阿美）的关系，沙特和阿美石油公司的关系。

由于美沙关系属于两个主权国家之间的关系，是"规制性"和"决定性"的，美沙关系相当程度上决定着"三角关系"中的其他两组关系。本书在论述美沙关系时，侧重于美沙之间的石油关系。

本章主要论述美国和沙特是如何确立"石油换安全"这一双边关系的支柱性战略的；阿美石油公司是如何与沙特政府进行互动的，沙特政府是如何推动阿美石油公司资产"国有化"的；美国作为母国，是如何与阿美石油公司——美国最大的海外单一投资与运营实体进行互动的。

第一节　美国与沙特的关系：
"石油换安全"是支柱

一、美沙"石油换安全"特殊关系的建立

数十年来，左右美沙两国关系的一直是石油和安全两大要素，特别是沙特王室的安全。美国和沙特两国的社会制度完全不同，几乎没有共同点，尽管存在巨大的分歧，但实际上自二战结束（1945年）以来，美国与沙特阿拉伯王国就有长达70多年的"特殊关系"。

二战后，两国建立了一个以沙特石油为基础的"契约"，以换取美国对沙特的安全保护，这就是所谓的"石油换安全"（如图3-1所示）。美沙这种特殊关系是建立在国家利益之上的，而不是共同的意识形态、政治或社会

制度之间，美沙两国在很多领域仍存在极大的矛盾和分歧。

沙特不是像美国那样的"公民社会"，实际上，该国由沙特王室与一个高度保守的宗教团体"合作经营"，拥护一种被称为"瓦哈比主义"的宗教激进主义神学。沙特家族与瓦哈比教义的联盟可以追溯到 18 世纪中叶。

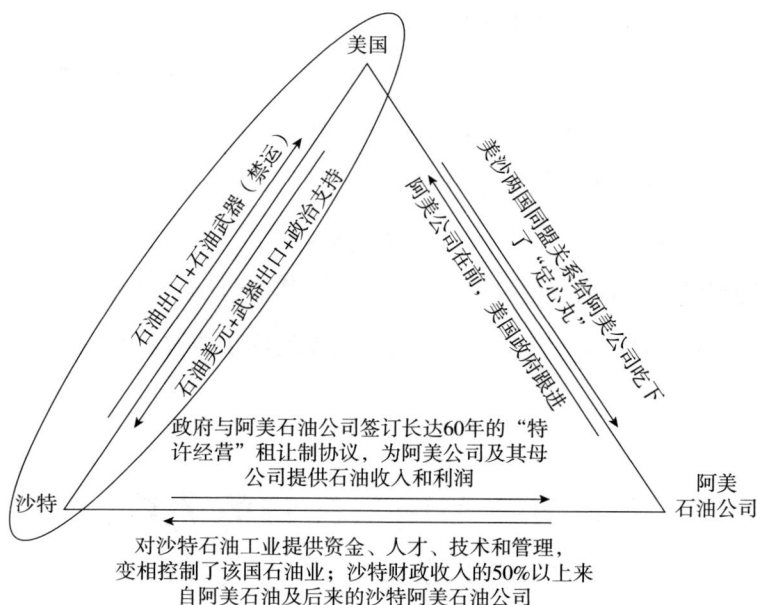

图 3-1　"三角关系"之美国和沙特关系

1932 年，现代沙特的立国君主阿卜杜勒·阿齐兹（King Abdulaziz，伊本·沙特）陆续击败整个地区的对手后，正式建立了王国。1933 年 5 月 29 日，国王与加利福尼亚标准石油公司（即如今的雪佛龙公司）在吉达签署了一份"特许经营权"合作协议，允许该公司前往沙特东部寻找石油。这可能是迄今为止全球最重要的一份石油勘探特许权合作协议，因为它改变了沙特乃至整个中东的命运。

国王阿卜杜勒·阿齐兹为何把勘探石油的特许权独家出售给了美国的公司？直到 20 世纪 70 年代后期，其背后原因才从一份解密的机密文件（1950 年，美国时任助理国务卿乔治·麦基与国王会晤的备忘录）中得知。当时，威胁到沙特王室和国家安全的因素主要来自两方面，一是苏联扩张带来的威胁，二是来自统治约旦和统治伊拉克的哈希姆（Hashemite）王室势力的攻击。据这份备忘录，后者才是阿卜杜勒·阿齐兹的主要关切。

当时，约旦及伊拉克王室势力对刚刚立国的沙特虎视眈眈。他们在20世纪20年代被阿卜杜勒·阿齐兹赶出圣地麦加和麦地那后，一直怀恨在心。为了应对哈希姆派的威胁，阿卜杜勒·阿齐兹便想与美国建立正式的军事同盟，并以赠款方式紧急获得武器。英国当时也表示可以和沙特结成类似的同盟，但阿卜杜勒·阿齐兹不信任英国，因为英国也是伊拉克哈希姆家族的主要支持者。而且，阿卜杜勒·阿齐兹允许美国在东部达曼建立空军基地，"以表明沙特阿拉伯的安全对两国都至关重要"。

1938年，加利福尼亚阿拉伯标准石油公司（Casoc）在达曼首次获得重大发现。但随着二战的临近，Casoc公司美方员工及其家属基本都撤回了美国，沙特的石油几乎未得到开发和外输。但也正是二战，使美国时任总统罗斯福认识到石油在赢得战争及战后推动美国发展的极端重要性。美国开始从政治上和战略上重视沙特的石油，相关政策在向沙特倾斜。为了向沙特提供军事和经济援助，罗斯福总统甚至宣布了"捍卫沙特阿拉伯对捍卫美国至关重要"，这使许多从未听说过沙特的美国人感到惊讶。

美国重视沙特石油的另一佐证是，美国海军部长威廉·诺克斯（William Knox）在1944年3月告诉国会，战争使美国政府对石油的供应极为担忧。他强调，"为美国的安全和保障提供更多境外的石油资源"将成为战后美国对外政策的一个重要方面。这就是美国开始重视沙特的理由。

1944年，Casoc更名为阿拉伯美国石油公司（Aramco）；1948年，另外两家合作伙伴，埃克森和美孚加入阿美石油公司联合体。实际上，阿美石油公司不仅是一家石油公司，它还是沙特的美国政府代理人，也是推动沙特迈向现代社会的主要推手。

1945年2月14日，罗斯福总统在停靠于埃及海域的美国"昆西号"巡洋舰上，会见了国王阿卜杜勒·阿齐兹。这是一次为两国关系定调的重要会议，两国在本次会议上建立了"特殊关系"。但据后来的解密文件，这次会谈的主要内容不是石油，而是巴勒斯坦。阿卜杜勒·阿齐兹国王担心美国会支持犹太人在巴勒斯坦地区建立一个独立的国家，这是国王坚决反对的，国王真正希望巴勒斯坦人建立一个国家。这说明，巴以问题自那时开始便有了，该问题直到今天仍没有解决，而且在可预见的未来仍看不到解决的希望。当然，据著名沙特问题研究专家美国布鲁金斯学会学者 Bruce Riedel 的分析，罗斯福总统本人十分看重石油资源。在二战战场上，各国海、陆、空军队不再像上次大战那样大量使用煤和马来驱动，他们所需要的能源是石油。1944 年，当欧洲战事最为密集的时候，参战的美国陆军和空军每天所消耗的石油量是一战时欧洲每天进口原油总量的 14 倍。至 1945 年，盟军所需的原油量已达到约 700 万桶。当时，美国国内原油产量占全球总产量的 2/3，美国国内炼厂的炼化能力几乎等同于全球产能。虽然沙特原油储量仍有待勘验，但美国专家已确认该国将成为全球主要产油国之一。因此，沙特对于战后的能源产业秩序至关重要。

1948 年，阿美石油公司在沙特抱得"金娃娃"——发现了迄今为止仍是全球最大油田的加瓦尔（Ghawar）油田。加瓦尔油田已探明可采储量高达 1700 亿桶，占沙特石油储量的 60% 以上。该油田于 1951 年投产，目前的日产量仍保持在 500 万桶以上（年产 2.5 亿吨）。

20 世纪五六十年代，阿美石油公司一直掌控着沙特的石油勘探开发生产和外输销售等环节。1971 年，英国从波斯湾撤退，一定程度上造成了该地区的真空，为防范苏联势力的侵占，华盛顿迅速弥补了这一真空，开始负责保护阿拉伯海湾国家通往美国的油路。

1973 年 10 月，沙特领导了阿拉伯国家抵制向美国等西方国家供应石油的活动，第一次石油危机和"石油武器"震惊全世界。这导致油价翻了两番，从每桶 3 美元升至 12 美元。沙特的石油收入从 1973 年的 85 亿美元增加到 1974 年的 350 亿美元。有了强大的资金后盾，沙特加大从美国购买坦克和飞机的力度，并加强军事基础设施的投入。美沙军事关系不断发展和提升。

二、1973 年以后美沙关系的演变

1973 年第一次石油危机之后，美沙两国关系的演变大致可以分为以下五个阶段。

（1）共同利益期：1973—1992 年。1973 年以后，美国对沙武器销售激增，美国在沙特的军事设施大规模启动建设，沙特也成为美国境外第一大石油供应国。卡特总统执政期间，当时的沙特国王哈立德·本·阿卜杜勒－阿齐兹·阿勒沙特实际上冒着不惜与所有其他阿拉伯产油国决裂的风险，在向美国提供低价石油。美沙"特殊关系"在此次石油危机中得到充分体现，彼时，考虑到美沙特殊关系和自身安全，沙特仍"偷偷"向美国供应廉价石油。特别是，为了帮助卡特连任（可惜没有成功），沙特一度将供应美国的油价降低到比其他生产商的价格低 6~7 美元 / 桶。

以 1973 年为例，美国当年石油消费水平为 1731.8 万桶 / 日（年消费 8.33 亿吨），产量水平为 1094.6 万桶 / 日（年产 5.15 亿吨），缺口 3.2 亿吨左右，缺口的部分主要来自沙特。当年，沙特的净出口量在 3.5 亿吨左右。

乔治·H·W. 布什（老布什）执政期间，特别是 1990—1991 年的第一次海湾战争时期，两国关系密切程度达到顶点。当时的国王法赫德·本·阿卜杜勒·阿齐兹允许布什总统向沙特派遣 50 万名士兵以保护该国并解放科威特。当时沙特感受到了伊拉克前所未有的军事威胁，因为沙特怀疑萨达姆是否会真在科威特停战，而没有进一步侵略沙特的计划。

（2）缓慢恶化期：1992—2001 年。克林顿总统执政时期，美沙关系发展得不太顺利。克林顿对沙特不感兴趣。正如时任沙特驻美国大使班达尔·苏尔坦亲王（Bandar bin Sultan）所说的那样，克林顿与沙特人起步非常糟糕，两国关系一直处于"无人驾驶"状态。1998 年秋天，当时的王储阿卜杜拉亲王（后来的国王，阿卜杜拉·本·阿卜杜勒－阿齐兹·阿勒沙特）亲赴华盛顿，试图恢复和提升两国关系。阿卜杜拉王储会见了所有当时在沙特投资的

阿美石油公司四家母公司的负责人（1988年，沙特已全面接管阿美公司），并告知沙特已再次开放，他邀请这些石油公司重返沙特。沙特将开放天然气上游勘探开发领域及下游炼化领域，但美国四家大石油公司后来均未成功重返沙特。在此过程中，美沙两国石油企业成立了三个国际财团，涉足美国的下游市场，其中两个由埃克森美孚领导。

（3）小布什政府的"911事件"阴霾: 2001—2008年。乔治·W.布什（George W. Bush，小布什）政府在2001年上台后，与沙特的交往也不是很顺利。沙特对小布什寄予厚望，因为他们与老布什的关系如此之好。正当沙特人满怀希望增进两国关系时，"911事件"发生了。

19名劫机者中有15名是沙特人。奥萨马·本·拉登（Osama bin Laden）是沙特人，即使他当时已被剥夺了沙特国籍。几乎每个美国人对沙特的态度均发生了巨大变化。直到那时，瓦哈比教义在美沙关系中才第一次成为一个问题。沙特瓦哈比派被视为恐怖主义的精神支柱和资助者。美国国会和媒体都在争论沙特是敌是友，为什么有这么多沙特人参与其中，那里发生了什么事。事情变得如此严重，以至于美国财政部和联邦调查局（FBI）在沙特驻美大使馆内扣押了大使班达亲王所有的财务文件，以追查沙特资金在美国境内的流向。美国怀疑沙特人在资助美国境内的恐怖分子或宗教激进主义者，追踪沙特人在美慈善组织的活动。

2003年，伊拉克战争爆发，美沙关系变得更加复杂。现在回过头看，2003年美国对伊拉克的入侵使沙特感到很受伤。原因在于，美国把萨达姆赶下台，大大削弱了伊拉克的力量，并且战后伊拉克政府由什叶派掌权。这客观上造成了伊朗在本地区的快速崛起，从而大大加剧了作为什叶派大国的伊朗与逊尼派领头羊沙特之间的紧张关系，而这种战略对峙本来没有必要或没那么严重。沙特人一直小心翼翼维护的海湾地区力量平衡被美国打破了。从沙特的角度来看，他们无法理解小布什在想什么，以及美国为什么要这样做。

伊拉克战争之后，沙特停止了与美国石油公司的谈判，转而求助于中国、俄罗斯和欧洲的石油公司来开发天然气田，并在下游炼化产业进行合作。沙特一度决定不再购买美国飞机，美沙军事合作受阻。

另外，2003年以来，国际油价持续高企，让美国企业和消费者叫苦不迭，小布什政府希望沙特增加产量以平抑油价。问题是，沙特人已经基本失去了对石油市场的控制。即使他们每天增加近200万桶的产量，也对油价也产生不了实质性影响。到2004年美国大选时，油价已涨至每桶50美元，到2008年时，油价已经达到147美元的历史高点。

可以看出，小布什的第二任期，这个已在美国和沙特实施了数十年的"石油换安全"契约基本处于一种名存实亡的状态，不再起作用。美国成了沙特在海湾地区不安全的最大外部因素，沙特也无法以合理的价格向美国提供石油。美沙"石油换安全"关系的基础已严重动摇。

（4）奥巴马时代"虎头蛇尾"：2008—2016年。相比之下，奥巴马执政的前期对海湾地区局势的表态基本符合沙特的立场，在与沙特的交往中开端良好。比如，在对待巴以问题上，奥巴马要求以色列必须保持克制。这也导致奥巴马执政时期，美以关系一直不温不火。

但随着2011年阿拉伯之春爆发，叙利亚危机和内战出现，俄罗斯强势干预叙利亚，美国这一时期在中东和海湾地区则显得相对保守和温和。彼时，美国支持达成《伊核协议》、与伊朗关系缓和、不干涉叙利亚危机等种种决策，令美沙同盟关系跌至谷底。沙特国王萨勒曼对美国公开表示了不满，2015年他联合多个海湾阿拉伯国家合作委员会国家首脑缺席奥巴马主持的"戴维营海湾峰会"。2016年奥巴马任期内最后一次访问沙特时，沙特国内主流媒体竟无一报道。

同时，"石油因素"在奥巴马执政时期对维系美沙关系并未发挥重要作用，"石油换安全"的契约已被抛在一边。其背后有一重要原因是，奥巴马及民主党精英是新能源和可再生能源的倡导者，"石油换安全"作为一种"旧模式"，并未得到奥巴马政府应有的重视。

（5）特朗普时代"石油换安全"似乎重新回归：2017年以来。2017年5月20日，特朗普在上任百日后开启了他的首次出访，他打破美国总统上任后首访加拿大、墨西哥等近邻的惯例，带着妻子梅拉尼娅、女儿伊万卡（特朗普的非正式顾问）、女婿库什纳（白宫高级顾问）和时任国务卿蒂勒森等政要，直抵沙特首都利雅得。

特朗普上台后，大肆批驳奥巴马的中东政策，主动加强与沙特、埃及、以色列等中东主要盟友的关系，上任伊始就相继与这些国家领导人会面。特朗普首访第一站选择沙特，对沙特的重视程度更是不言而喻。为投沙特所好，特朗普还"用心良苦"地竖起"反伊朗大旗"。上任之初，特朗普就对伊朗态度强硬，并要求重新评估《伊核协议》。此访中，特朗普在会谈和演讲中无时无刻不流露出对伊朗的憎恶。此次出访沙特期间，特朗普在"伊斯兰世界—美国峰会"上的反恐演讲中，谴责伊朗是"地区恐怖主义和不稳定的根源""加剧地区教派冲突"。时任国务卿蒂勒森公开表示，加大对沙特军售意在助其抵御"邪恶的伊朗的影响"。

同时，特朗普为了消除沙特对其"石油自给"言论的芥蒂，以签署石油合作协议等大单的姿态，向沙特表明美国仍需要沙特雄厚石油资源的支持。

回顾美沙近80年的"特殊关系"，"石油换安全"始终是一条主线、一个脉络。只是不同美国总统和不同沙特国王交往过程中，随着全球政治经济局势的演变和两国国内情况的变化，这条脉络时而清晰、时而暗淡而已。总体而言，近30年来，在共和党执政时期（比如老布什和特朗普），美沙同盟关系相对友好、得到强化，而在民主党执政时期（比如克林顿和奥巴马），美沙关系则在走"下坡路"。究其背后的原因，也可以看出有"石油"因素，美国石油巨头一直与共和党有着非同寻常的关系，这也是美国"石油政治"的一大特色。

三、美沙关系的其他五个维度

在沙特近代史的大部分时间里，美沙两国有着共同的重要地缘战略利益，这让两国领导人走到了一起，尽管两国之间存在着切实的分歧。在20世纪60年代，埃及在也门的代理人战争期间多次轰炸沙特领土，美国帮助沙特保卫其边境不受苏联支持的埃及的侵犯。1980 年至 1988 年"两伊战争"期间，美国和沙特联手击退了伊朗日益增长的影响力。最重要的是，在冷战期间，沙特是美国可以经常依靠的少数几个中东国家之一，这些国家可以提供军事援助、财政援助和政治支持。除了石油，从以下五个维度也可以透视美沙之间的"特殊关系"。

维度之一：安全与反恐。二战以来，为油气资源丰富的波斯湾地区提供安全保护一直是美国全球战略和对外政策的重中之重。多年来，美国在中东实施的是"双支柱"政策，一方面依赖以色列，另一方面充分利用巴列维国王统治下的伊朗。1979 年爆发的伊朗伊斯兰革命重挫了美国的中东政策，但也使得沙特取代伊朗，成为近 40 年美国在该地区的主要盟友。

美国与沙特的"特殊关系"军事合作在第一次海湾战争中达到顶峰。1991 年，海湾战争爆发时，超过 50 万的士兵涌入该地区，其中相当一部分驻扎在沙特。美军在沙特的驻扎引起了沙特保守派人士的反对，证实了保守派关于沙特精英阶层过于依赖西方和屈从非穆斯林利益的看法。

1979 年至 1989 年阿富汗战争时期，美国、沙特和巴基斯坦支持抵抗苏联占领阿富汗的"圣战"运动。现金和武器源源不断流入阿富汗"圣战"，吸引了成千上万来自中东和北非的逊尼派穆斯林加入，包括奥萨马·本·拉登（Osama bin Laden）。沙特出生的本·拉登是沙特最大的建筑公司创始人的儿子，在 20 世纪 80 年代加入圣战组织并招募了沙特战士。

本·拉登于 1990 年返回沙特，与沙特的情报官员保持密切往来。但他坚决反对美军驻扎沙特，并与沙特政府发生了激烈冲突。1992 年，本·拉登离开沙特，并被剥夺了沙特国籍。1996 年，本·拉登从他在阿富汗的新基地（受到新的塔利班领导人奥马尔的保护）发出了反对美国人占领"两个圣城的土地"的口号，并号召对美国发起圣战。两个圣城指的是沙特的麦加和麦地那市。

"911 事件"之后，美沙双边关系一度跌至谷底。乔治·W.布什（George W. Bush）政府在 911 调查委员会报告中"故意"遗漏了 28 页（该报告中的这 28 页系有关沙特的内容，未对外公布）。这加剧了人们的猜测，即美国政府掩盖了沙特官员参与策划与袭击的证据。2016 年，面对奥巴马总统行使否决权的压力，美国国会依然通过了立法，允许"911 事件"受害人的家人起诉沙特，这是主权豁免原则的一个例外。但是，据一些法律专家的观点，原告可能无法就任何损害获得赔偿。

据五角大楼的数据，沙特是美国武器出口的最大目的地。自 20 世纪 50 年代以来，美国对沙特的国防销售额累计已接近 900 亿美元。特朗普上台后，继续大张旗鼓开展武器交易，创造了数十万的美国就业机会。特朗普 2017 年 5 月访问沙特期间，签署了一系列军火交易，预计在十年内达到总计约 3500 亿美元的规模。据武器研究机构 SIPRI（斯德哥尔摩国际和平研究中心）称，2017 年沙特的武器进口总量比十年前增长了 18 倍。

维度之二：巴勒斯坦问题。以色列与巴勒斯坦的冲突一直是美沙争论的源头之一。1945 年 2 月 14 日两国元首首次会晤的核心议题实际上是巴勒斯坦问题，伊本·沙特国王一再声称坚决反对"犹太复国主义者"在巴勒斯坦的土地上建立一个国家。以后历任沙特国王和美国总统讨论两国关系时，巴勒斯坦问题始终是个重大议题。2003 年第二次海湾战争（伊拉克战争）期间，利雅得提出"阿拉伯和平倡议"。根据该倡议，阿拉伯国家将与以色列建立正常化关系，以换取其从被占领的巴勒斯坦领土撤出，并为巴勒斯坦难民提供"公正解决方案"。该倡议的要点被布什和奥巴马政府采纳，但后来也不了了之。特朗普上台后，大多数阿拉伯国家批评特朗普政府对以色列的支持更为直接。沙特法院强烈谴责美国在 2018 年决定承认耶路撒冷为以色列首都的决定。当然，在对付伊朗的问题上，以色列和沙特有着共同的利益。特朗普政府借此希望沙特积极推动巴勒斯坦参加此轮以美国为主导的巴以和平进程。

维度之三：也门战争。2015 年，沙特现任王储穆罕默德·本·萨勒曼（Mohammed bin Salman）在其担任国防部长期间，发起了对也门内战的干预，标志着沙特在该地区的作为更加积极。奥巴马政府为沙特提供了武器、情报和空中加油，以打击伊朗支持的也门胡塞武装。但美国与沙特决策者之间存在根本分歧。在平民伤亡人数不断攀升的情况下，奥巴马在其执政的最后几个月，暂停向沙特出售精确制导导弹。特朗普上台后，恢复了对沙特的支持。

一些美国议员试图阻止部分武器出售给沙特，国会要求国务卿证明沙特领衔的军事联盟正在采取足够的行动以减轻对平民的伤害，以此作为继续提供军事支持的条件。而在 2018 年 9 月发生的也门胡塞武装无人机袭击沙特石油设施的事件中，沙特外交大臣阿德尔·朱拜尔（Adel al-Jubeir）为军事干预辩护，称"这是强加给我们的战争"。11 月，由于国会压力越来越大，特朗普政府终止了为沙特军机提供空中加油的支持。

维度之四：新王位继承人。萨勒曼国王于 2017 年 6 月任命其小儿子穆罕默德·本·萨勒曼（小萨勒曼）为王储。穆罕默德·本·萨勒曼顺势发起了"愿景 2030"计划，旨在使沙特经济多样化并促进外国投资。就任王储后的小萨勒曼不断巩固对军事和安全机构的"绝对控制"，压制王室中的潜在竞争对手；发起对卡塔尔的地区封锁，造成断交的外交风波；并下令进行腐败镇压，包括持不同政见者在内的著名宗教和政治活动家、王室成员在内的数十名沙特精英被捕和被拘留。王储的以上行为受到广泛批评。

靠着与美国政府及特朗普家族的"特殊关系"，沙特政权的稳定性未有大碍。特朗普政府总体上接受了沙特新任领导人。然而，沙特在 2018 年采取的行动引起了人们对美国对待沙特近乎"偏袒"态度的质疑。2018 年 10 月底，美国立法者和人权组织呼吁政府对利雅得在沙特伊斯坦布尔领事馆谋杀沙特记者、《华盛顿邮报》专栏作家贾马尔·卡舒吉（Jamal Khashoggi）的行为进行惩罚。11 月，美国财政部对涉嫌卷入卡舒吉事件的 17 名沙特官员实施制裁。然而，特朗普总统驳回了削减向沙特出售武器的提议，并对王储小萨勒曼表示支持。

"一些美国人总豪迈地认为王储本人和沙特是美国的'良性资产'，实际上，沙特人是负担，是'让人头疼'的包袱。"美国对外关系委员会 ① 的史蒂文·库克（Steven A. Cook）在《外交政策》杂志上写道。

维度之五：金融与科技。沙特政府官员和商人，无论是王室贵族还是平民，都与美国有着深厚的联系，其关系不仅仅限于石油，还包括金融和硅谷。沙特部长（包括金融和石油部长）拥有美国大学的学位。那位受到王储"迫害"的最著名、最富有的沙特王子阿尔瓦利德·本·塔拉勒王子（Alwaleed bin Talal），就是美国锡拉丘兹大学（Syracuse University）的校友，其拥有花旗集团、Twitter 和 Snap（一家超级"相机"公司，其 IPO 规模高达 330 亿美元，超过了阿里巴巴）的股份。在王储穆罕默德·本·萨勒曼 2017 年的"反腐运动"中，本·塔拉勒被拘留了近三个月。另外，沙特的主权财富基金（PIF）持有包括优步（Uber）和特斯拉（Tesla）在内的美国主要科技公司的股份。

数不清的王室成员及其家庭，与美国各层面、各行各业保持着密切的关系，这使得沙特长期以来成为对美国投资的重要来源地。许多针对私募股权公司和对冲基金的国际筹资"路演"常常在利雅得停留，最不济也得拜访为沙特人管理资金的迪拜银行家。此外，自 2015 年沙特向外国投资者开放股票市场以来，许多美国和欧洲公司已在沙特开设或扩展业务。然而，在卡舒吉被谋杀后，数十名顶级商业领袖和媒体赞助商抵制并缺席了沙特"2018 未来投资倡议大会"。分析人士认为，如果缺乏外国投资，沙特将很难实现其经济改革的愿景。

以上就是美沙"特殊关系"总体情况。自 1945 年两国建立同盟关系的 70 多年来，正是由于"石油换安全"互补式的"战略利益交换"，两国关系才在历次严峻的挑战中幸存下来，包括 1973 年的石油禁运和"911 事件"。特别是"911 事件"，19 名客机劫机者中有 15 名是沙特人，这差点让美沙盟国关系分崩离析。美国历届政府都承认沙特是其在中东和波斯湾地区的重要战略伙伴。

2017 年以来，在美国总统特朗普和沙特"事实上的领导人"——王储穆

---

① 美国对外关系委员会（CFR），是美国对政府最有影响力又无明显党派倾向的思想库之一，它一直致力于为美国政府提供政策理念和具体策略。总部设在纽约，办公室设在华盛顿。

罕默德·本·萨勒曼的领导下，两国关系显得特别密切。双方都加大了对付战略竞争对手伊朗的努力。不过，王储 2018 年以来的一系列行为，包括肢解新闻记者卡舒吉这样骇人听闻的事件，对美沙联盟造成了新的压力，多位美国国会议员呼吁惩罚利雅得并重新评估美沙关系。

　　沙特需要意识到，在美国页岩革命胜利和能源即将独立的今天，美国对沙特的石油依赖在降低，而在中东地区愈加不稳的地缘政治态势下，沙特对美国的安全依赖还在持续。这种不对称的"石油换安全"战略还能持续多久，是沙特决策者必须要考虑的。

第二节　阿美石油公司与沙特政府：
"渐进式"国有化

　　1936 年，加利福尼亚标准石油公司与德士古公司（Texaco）在沙特建立了合作伙伴关系，并于 1944 年共同成立了阿拉伯美国石油公司，即阿美石油公司（Aramco）。该财团于 1948 年扩大到包括后来的埃克森公司和美孚公司，从而帮助沙特成为世界上最大的石油出口国之一。阿美石油公司独霸沙特石油工业长达 30 年之久，后来沙特政府通过几次"赎买"逐步收购了上述四家合作伙伴手中的股权。1980 年，阿美石油公司已完全由政府所有。1988 年，沙特政府全部接管阿美石油公司，并将其更名为沙特阿美（Saudi Aramco）。由于沙特政府对阿美石油公司的国有化是通过数次赎买逐步实现的，不同于其他产油国"一蹴而就"的国有化，故形象地称其为"渐进式"国有化。回顾阿美石油公司与沙特王室之间的关系（如图 3-2 所示），总体

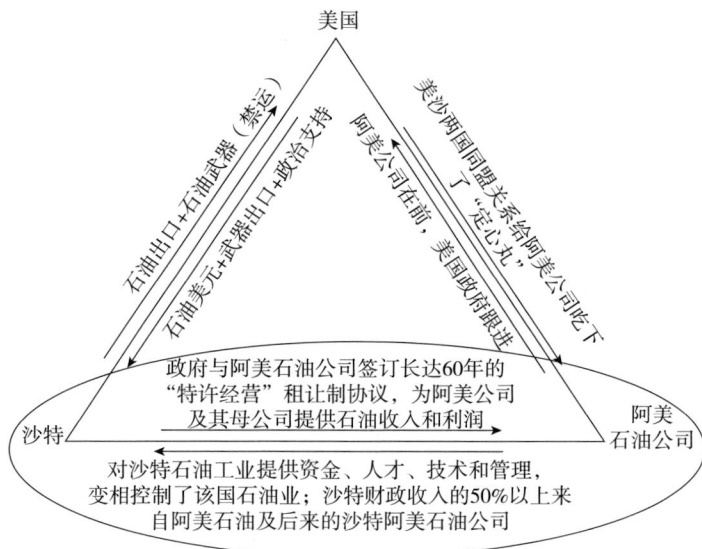

图 3-2　"三角关系"之阿美与沙特关系

上可谓十分"和谐"，堪称产油国与国际石油公司关系的典范。

一、阿美石油公司与沙特王室"打成一片"

首先，阿美石油公司以"宏大叙事"征服了沙特王室和其所在的东部省。阿美石油公司成立伊始，就设立了强大的公共关系部（后来也成为阿美石油公司的"外交部"），雇佣聘请了一批了解当地的历史学家、人类学家、公共关系官员及律师，为公司在当地的投资与运营编制"宏大叙事"，构建了公司在沙特东部生产作业的"边疆史诗"。公司的地质学家于 1933 年开始在达兰一带找油。在当地贝都因人的帮助下，公司员工（美国人）在探索沙漠寻找财富的过程中遇到了一个个古老落后的部落社会，获得石油发现并有了销售收入后，公司在建筑、农业机械、医疗、通信、工业基础设施等方面主动帮助当地部落，将东部省由原始王国直接带入 20 世纪。这些均被美国人纳入了"宏大叙事"，这一故事是阿美石油公司创立的，并最终成功移植了新的西方价值观。通过这些"宏大叙事"，阿美石油公司在沙特的唯一外国石油公司特权地位一直无人能撼动。在 20 世纪 80 年代移交给沙特政府之前，阿美石油公司一直是沙特唯一的外国石油投资者和石油生产商。

通过"宏大叙事"，阿美石油公司成功成为沙特不可或缺的合作伙伴。从 20 世纪 30 年代一直到 70 年代，阿美石油公司从特许经营（concession，租让制①）开始就精心打造了自己的形象，努力将自己塑造成为沙特国家建设的合作伙伴。保持与王室及其背后君主制的良好关系是首要任务。虽然有人不断质疑阿美石油公司的行为主要是为了掩盖剥削性的公司行为，但这种"宏大叙事"对于阿美石油公司与沙特君主制的互动至关重要。该公司利用

---

① 租让制是世界上进行石油勘探开发最早使用的一种合同形式。这种形式目前被广泛地称作许可证协议（License Agreement）。由于在这种合同形式下，资源国政府的收益主要来自外国石油公司交纳的税收和矿区使用费，因此也被称作"税收 / 矿区使用费合同"（Tax and Royalty Contract）。早期租让制合同可追溯到 1901 年英国的阿塞公司在中东波斯（伊朗）签订的租让协定，还可以追溯到更早时期的荷属东印度的租让制。

其庞大的公共关系部门来构建沙特传统的叙述，并将公司定位为沙特国家建设的必要合作伙伴。阿美石油公司通过媒体及其他一切必要手段，充分展示公司在阿拉伯世界的建构和沙特利益诉求中的作用。反过来，沙特王室欣赏并鼓励这种叙述，因为它在某种程度上巩固了王室的统治，以及国王主张不断扩大的领土要求。

二、阿美石油公司与沙特王室、英法等国势力在沙特的博弈

20世纪四五十年代，英国势力在中东地区依然很强，除了沙特，中东其他油气富集区基本被英国和法国掌控。这与沙特国王一心想拓展沙特领土空间、保护其边境利益的战略诉求发生了直接冲突。阿美石油公司这一期间周旋于沙特、美国和英国之间，确切地说，站在了沙特王室一边，以一己之力帮助沙特王室成功遏制了英国势力在沙特的扩张，演绎了一家国际石油公司深度参与国际关系的"神话"。

如前所述，阿美石油公司通过"宏大叙事"建立了自己的独特地位，旨在将公司定位为沙特国家建设的不二合作伙伴，帮助公司成为沙特阿拉伯发展的催化剂。多年来，阿美石油公司实际上也是美国的主要外交代表，这就要求它始终要保持警惕，要求它既要代表沙特此类新兴国家利益行事，又不能得罪母国和英国这样的宗主国。随着冷战的开始，以及二战后美国在中东的利益不断变化，阿美石油公司的"私人外交"面临许多挑战，有时只能依托美国政府施加其影响力。

另外，阿美石油公司的高管们在沙特打了一场"艰难的比赛"，试图向美国政府施加压力，安抚英国政府，支持沙特王室，并保护其特许经营权。面对沙特和英国所控制的殖民地在领土问题上的冲突，美国政府选择中立，无意去支持沙特而严重刺激英国。在这种情况下，阿美石油公司的作用得以显现。其作用主要在于，通过其母公司做美国政府的工作，对美国政府施加一定的影响力，说服美国政府在一定程度上支持沙特的战略诉求。

阿美石油公司的行动起到了作用。乃至1954年，时任英国首相丘吉尔

在美国总统艾森豪威尔面前抱怨道："现在，殖民主义已经靠边站了，取而代之的是'石油主义'，而阿美石油公司代表了其最强大、最有影响力的世纪代理人。"

阿美石油公司对沙特战略诉求（边界索赔）的外交支持，加上其高超的"宏大叙事"和修辞策略，超越了公司在沙特的"独立石油代理人"地位。尽管在产油国塑造一个积极的形象是一种企业战略，使公司能够合法化其经济、社会和道德角色，但阿美石油公司的所作所为显然不是一家普通外国投资者能够达到的。除了保护其特许经营权和高额的投资利润，它还向外界和沙特国王表达了这样一种意图——只有它才是沙特国家建设和对外事务的最佳合作伙伴。

三、阿美石油公司在沙特的石油合同

阿美石油公司对沙特石油工业的控制，从美国加利福尼亚标准石油公司1938年在沙特发现大规模商业油流开始，一直持续到20世纪70年代末沙特政府基本完成对阿美石油公司的国有化。

一方面，阿美石油公司与沙特政府签订了租让制石油合同，这决定了石油投资、开发、生产、销售等环节均控制在阿美石油公司手中，甚至是地下石油储量，作为阿美石油公司的资产，均记录在阿美石油公司的财务报表上。阿美石油公司与沙特政府1933年5月签订的租让制石油合同，其主要条款几经演变。一开始，只有几项简单的约定，比如：

（1）由加利福尼亚标准石油公司现行付给沙特国王3.5万英镑。

（2）一年半后再付2万英镑。

（3）此后每年再付0.5万英镑的地租费用。

（4）如果找到石油，则会立即支付5万英镑的"发现费"，一年后再支付5万英镑；此外，还有石油销售的特许权使用分成。

到1947年，由于阿美石油公司在沙特的石油产量已达到20万桶/日以上，公司每年须向王室缴纳1500万美元（矿区使用费和利润分成的总和），

约等于今天的 5 亿美元。

到了 1955 年，时年 35 岁的阿卜杜拉·塔里基就任石油矿产事务董事会主席，他是沙特首位在西方留学并获得石油地质专业学位的人士。他不但把阿美石油公司的各类统计数据汇集起来提供给沙特王室，并且成立了一个专家小组，向租让制度发起挑战，和阿美石油公司提出谈判。

此时，伊朗争取石油国有化运动和委内瑞拉首倡利润对半分原则（50∶50）获得胜利，激励着早已不满的沙特王室。1949 年，利雅得要求修改它与阿美石油公司原先签署的石油租让协议，与公司实行利润平分原则。

在美国国务院的压力之下，阿美石油公司在 1950 年 12 月 30 日与伊本·沙特国王达成了《利润共享协议》，由阿美石油公司向沙特政府缴纳所得税，税额相当于阿美石油公司利润的 50%。根据这一协议，从 1950 年到 1951 年阿美石油公司向沙特缴纳的款项从 6600 万美元增至 1.1 亿美元。1951 年 10 月 2 日，双方又就付给沙特 50% 利润的方式达成协议。在此之前，阿美石油公司先扣除向美国政府交纳的税款后再按比例向沙特缴税。根据新的协议，付给沙特 50% 的利润必须在阿美石油公司向美国政府交税之前付清。这样就大大增加了沙特政府的收入，使之可以做更多的事情，包括投资基础设施和改善民生。

之后，1957 年沙特国王任命阿卜杜赫·塔里基为石油和矿业资源部门的总管（相当于石油部部长），负责与阿美石油公司打交道。也正因为如此，阿美石油公司对于塔里基的出现感到非常惊讶和慌张。尤其是当他们发现这个年轻的地质学家还是个狂热的民族主义者时，对于沙特国王任命塔里基参加阿美石油公司董事会一事更是百般阻挠。根据 1952 年沙特政府与该公司达成的协议，沙特有权任命两名董事参加公司的董事会。

沙特政府在这一事务上采取了相当强硬的立场，迫使阿美石油公司不得不接受新的阿拉伯董事塔里基。很快，精明的塔里基就从美国人"心不甘情不愿"提供的丁点资料中，发现阿美石油公司逃税的线索，从而令其向沙特政府补交了 1.45 亿美元的逃税款。

几经变化，调整后的合同条款主要包括：

（1）合同期为 60 年（自 1933 年开始）。

（2）每年，阿美石油公司从石油销售总收入中支付 10% 的"地租"（loyalty，也叫矿费），缴纳给沙特政府（由沙特石油矿产部代为收缴）。

（3）剩下 90% 的石油收入，在阿美石油公司扣除所有资本性支出和操作性支出后，所产生的"石油利润"，按一定税率向沙特政府缴纳所得税后，全部归阿美石油公司所有。

（4）1950 年以前，阿美石油公司与沙特政府对石油利润的分成比例是 75∶25，也就是说，阿美石油公司拿大头；1950 年，沙特政府参考委内瑞拉与外国石油投资者达成的"50∶50"条款，与阿美石油公司就石油收入分别重新谈判并达成协议，将利润分成比例提高至 50%。

（5）地下石油资产为阿美石油公司所有，地上资产（石油生产设施包括油井、地面集输管道、石油处理设施等）归沙特政府所有。

（6）阿美石油公司每年从其年度预算中拿出一定比例（一般低于 3%）的费用，用于培训沙特当地员工，履行当地基础设施建设责任等。

租让制石油合同的性质，决定了阿美石油公司对沙特石油工业具有"绝对控制力"。这种合同模式的特点：一是租让区域面积大，时间长。彼时，租让区域占沙特国土面积的比例高达 74%，也就是说，阿美石油公司有权在沙特将近四分之三的领土上进行石油勘探和开发。二是在租让期内，外国石油公司享有在租让矿区进行石油勘探、开发和生产的专营权（即"特许经营权"），并对矿区内所产石油拥有所有权。三是外国石油公司单独承担油气勘探开发与运营销售的投资和经营风险。四是外国石油公司在作业经营方面拥有实际的完全管理权。五是产油国收益仅限于矿区使用费（费率固定）和一定比例的利润油。

另一方面，阿美石油公司在资本、技术、管理和人才方面拥有无与伦比的优势，这使得它在与沙特政府打交道的过程中一直占据主导地位，控制着沙特油田产量和油价。毫无疑问，阿美石油公司的投资资本来自四家母公司股东，在投资与计划预算的制订上，沙特政府由于没有股份，无法参与投资的决策。在油田生产计划上，产量的高低取决于前期投资的强度和技术支持的力度。在技术研发和支持上，阿美石油公司完全依赖母公司的石油和地质工程师。长期以来，在阿美石油公司工作的沙特本地员工无法参与阿美石油公司技术和生产上的决策过程，因而在对油田产量高低的把控上也无话语权。在公司管理上，阿美石油公司成立以来直到 1983 年 11 月（此后，阿里·纳伊米成为公司历史上首任从沙特本土培养起来的总裁），公司的总裁均由美国人担任，公司董事会成员中，60% 的成员来自四家母公司，公司管理的决策权掌握在美国人手中。最重要的环节——石油销售和价格确定，也是控制在阿美石油公司的手中。长期以来，阿美石油公司的四家母公司作为"石油七姊妹"的成员，一直控制着石油价格。

可以说，阿美石油公司拥有斯特兰奇提出的"结构性权力"中的生产和知识权力。1960 年 OPEC 成立之前，国际油价基本控制在以"石油七姊妹"为代表的国际石油公司手中，而对于阿美石油公司来说，其四家母公司均是"石油七姊妹"成员，这就决定了阿美石油公司与"石油七姊妹"有着千丝万缕的联系，"石油七姊妹"的油价政策即可等同于阿美石油公司的政策。这一时期，沙特石油的产量和销售价格基本由阿美石油公司决定，沙特政府的话语权十分有限。1973 年第一次石油危机之前，随着 OPEC 影响力的提升，沙特等产油大国对全球油气市场和油价有了一定的话语权，但主动权还是掌握在阿美石油公司手中。1973 年石油危机期间及之后，沙特和其他阿拉伯产油国动用国家力量，对美国和西欧、日本等消费大国实施"石油禁运"，导致国际油价持续暴涨。1973 年至 1981 年，国际油价上涨近 20 倍（标杆价格，不考虑通货膨胀和美元的时间价值）。这一时期，沙特在与阿美石油公司的博弈中处于主动地位。20 世纪 80 年代中期之后，全球油气市场处于"低景气"周期，油价大幅下跌，产油国石油收入骤降，相比阿美石油公司，沙特政府处于被动地位。

四、"渐进式国有化"——沙特政府"赎买"阿美石油公司的三步走

1962年，律师出身、31岁的艾哈迈德·扎基·亚马尼接替遭解职的塔里基，被费萨尔国王（沙特第三任国王，创始国王阿卜杜拉·阿齐兹的第二个儿子）任命为沙特第二任石油与矿产大臣。号称全球石油界"智多星"的亚马尼在任上一干就是24年，直到1986年被当时的国王法赫德解职，遭遇了与他前任相同的命运。

对于亚马尼，业界的普遍共识是，他在任期间，让OPEC这个产油国联盟组织大放异彩，通过谈判成功击败西方"石油七姊妹"在石油价格上的垄断地位，从而在20世纪七八十年代的国际石油市场中主导了油价的走势。他还有另一个突出贡献，即通过三次"赎买"（或者称为"账面资产净值收购"），成功将原本100%属于美国的阿美石油公司，变成了一个100%属于沙特政府的国家石油公司，为阿美石油公司成功转型为沙特阿美奠定了基础。于沙特而言，亚马尼在后者上的贡献更大、更长远、更具有战略性。此举实际上是保住了沙特的经济支柱，也变相支撑了沙特君主制政权的稳定性。

（1）1972年，成功实现第一次赎买，沙特政府获得阿美石油公司25%的股份。早在1968年，亚马尼就向阿美石油公司的四家母公司（雪佛龙、德士古、埃克森、美孚四家美国公司按照30%∶30%∶30%∶10%的股比拥有阿美公司）公开表示，沙特政府希望能够拥有阿美石油公司50%的股份。一开始，阿美石油公司董事会没有回应亚马尼的提议，四家母公司根本没把亚马尼的话当回事。而亚马尼和当时的国王费萨尔一样，对此并没有强势回应或着急，而是表现得很有耐心，也愿意等待，而且是在公开场合、明面上与公司董事会讨论这件事。

1972年，经过一系列谈判和讨价还价，阿美石油公司董事会最终"原则上同意沙特政府出资购买阿美石油公司20%的股份"。对此，亚马尼显然是不满意的，经过谈判，亚马尼说服了阿美石油公司董事会，同意出售25%

的股份给沙特，并另附条款，同意沙特政府能够在 1981 年以前买下最多不超过 51% 的公司股份。

那么，这 25% 的股份到底值多少钱？按照沙特问题研究专家 Ellen Wald 女士的研究，值 5 亿美元，但她强调，尚未考证到精确的赎买金额。每一次的赎买金额，沙特政府均视之为核心机密，直到现在也未向外界透露。但可以确认的是，阿美石油公司董事会以"平价"或"所有者权益（资产减去负债）"的价值向沙特政府出售了这 25% 的股份，沙特政府向阿美石油公司母公司支付的赎买价格为"账面资产价值"。

（2）1974 年，成功实现第二次赎买，沙特政府又获得阿美石油公司 35% 的股份，合计拥有 60% 的所有权。1974 年 6 月 11 日，亚马尼与阿美石油公司的四家股东达成了新的协议，增加沙特持有的阿美石油公司股份到 60%。可以看出，赎买的节奏比此前双方达成的共识还要快。《纽约时报》报道说，这份协议将会追溯到 1974 年 1 月 1 日生效，双方自然也谈好了价码，但具体数字一直没有公开。

（3）1976 年，成功实现第三次赎买，沙特政府获得阿美石油公司余下 40% 的股份，拥有阿美石油公司 100% 的所有权。1976 年 3 月，经过亚马尼与阿美石油公司美国股东的 5 天讨论后，公司发布一则声明，沙特政府将会买下阿美石油公司剩余的全部股份，并最终让阿美石油公司完全成为一家沙特公司。这次的赎金是多少？外界不得而知。后来据《纽约时报》爆料，沙特政府同意向阿美石油公司的四家股东们支付 15 亿~20 亿美元的总额。直到现在，该数据尚未披露，只是猜测。

尽管 1976 年就达成协议，但沙特政府直到 1980 年才实现对阿美石油公司的完全控股。而彼时，阿美石油公司在法律上仍然是一家注册在美国特拉华州的美国公司，必须按照美国的法律来运营公司。而且，沙特政府完成赎买后，也没有立即对阿美石油公司进行整合，甚至没有更换阿美石油公司的美方 CEO。

1988 年，变更阿美石油公司的注册地和注册法律文件等手续全部完成后，阿美石油公司正式改名为沙特阿美。从阿美石油公司最底层成长起来的石油地质专家阿里·纳伊米成为沙特阿美的第一任总裁。实际上，纳伊米1984年就开始负责阿美石油公司的事务。阿里·纳伊米后来成为全球石油界与亚马尼齐名的沙特石油部长。他2015年从部长的位置上退下来时，已经80岁。

沙特政府对阿美石油公司的"渐进式"国有化之所以取得成功，原因有以下几方面：一是美国和沙特本就是同盟关系，而且是紧密的盟友，这为阿美石油公司股东向沙特转让阿美石油公司扫清了政治上的障碍。二是基于20世纪七八十年代沙特的石油权力在崛起而美国的石油权力在衰弱的历史事实。彼时，美国的石油产量达到峰值后不断下滑，不得不从沙特进口更多的石油，加上沙特通过OPEC在石油市场上的影响力不断提升，权力结构的平衡被打破，向沙特政府转让阿美石油公司股份也是"顺势而为"的无奈之举。三是法理上的原因，因为根据美沙双方在20世纪30年代的"租让制石油合同"，合同期限是60年，也就是说从1933年双方签订合同开始，到1993年美国股东必须把阿美石油公司归还给沙特政府。虽然最后是1988年完全归还，但离1993年也就早了5年时间，于四家美国股东而言，并不算是巨大损失。四是将阿美石油公司国有化很重要的一点是经营权和所有权的分离。1980年实现完全赎买，到1988年经营权和管理层才完全由沙特控制，从开始国有化谈判已经过去了16年，保证了从宏观管理到微观经营的有序衔接。此外，在国有化过程中，美沙同盟关系进一步密切，逐步建立了"石油美元"联系等。阿美石油公司的所有权虽然转移了，但美沙两国石油—美元—安全的联系深化了，美国对阿美石油公司的影响力没有降低。五是20世纪70年代的冷战背景，特别是苏联在中东地区的动作，迫使美资同意转让股权、拉拢盟友，也是美国倚重沙特、在阿美石油公司国有化问题上做出让步的重要原因。

五、国有化后阿美石油公司的独立性分析

作为全球最大的石油公司，沙特阿美拥有远超其他国际石油巨头的油气资源，以及更低的生产成本，且由于沙特政府财政收入对石油的高度依赖性，沙特阿美与政府的命运紧密相连，但沙特阿美的独立性依然不可忽视。

从沙特政府对外签署石油开采权起，沙特阿美就成为国家石油产业强有力的支柱。二战结束后沙特国际地位的提升与石油大量的出口推动沙特阿美进一步扩张。OPEC 的成立与石油石化产业的逐步国有化，沙特政府逐渐获得在国际石油市场的定价权，政府在 1973—1980 年间通过三次赎买使阿美石油公司逐步实现国有化，并于 1988 年将其更名为沙特阿美。伴随全球化趋势，沙特阿美逐步完善上下游、扩展国际业务，2016 年沙特政府宣布将沙特阿美所有权转移至主权财富基金后，2019 年在沙特政府的推动下，沙特阿美成功上市，成为全世界市值最大的公司之一，沙特阿美的未来成为政府"2030 愿景"战略布局的重要成分。

"两权分离"是现代企业发展的一个重要理论依据，它是指资本所有权（表现为投资者拥有的投入资产权）和资本运作权（表现为管理者经营、运作投资者投入资产权）的分离。也就是说，所有者拥有的资产不是自己管理运作，而是委托他人完成管理运作任务。对国有企业而言，国家仅是一个抽象概念，不能直接从事企业的经营管理，只能采取委托专人经营管理的方式。很显然，国有企业从一开始就是资本所有权与资本运作权相分离的。也正因为如此，企业相对于国家而言，在经营与运作上保持着相当大的"独立性"。

沙特阿美自诞生之日起，除因 OPEC 限产及特殊政治原因外，其在经营决策与投资方面均保持着较大的独立性。例如，在 2019 年公司 IPO 上市过程中，在招股说明书和相关新闻媒体发布会上，公司高层一再强调公司的独立运作，淡化与政府之间的相互关联，以便打消潜在投资者的投资顾虑。

第一，从公司规模实力来看，沙特阿美是全球最大的油气生产公司。

以 2019 年的公司数据与全球其他主要油气公司作横向比较，如表 3-1①所示，沙特阿美公司的规模实力使其具有了全球影响力，其无与伦比的资源与生产权力，以及对国际油价的控制力，使其在国际石油市场上具有较高的政治地位。

表 3-1　2019 年全球顶级石油公司油气资源和生产成本比较

公司名称	油气探明储量（亿桶）	油气产量（亿桶）	原油探明储量（亿桶）	原油产量（亿桶）	原油加工量（亿桶）	操作成本（美元/桶）
沙特阿美	2561	47.00	1985.69	36.29	23.36	2.8
壳牌	103	13.19	46.57	6.65	9.13	8.95
BP	109	9.46	51.77	4.28	6.21	6.84
美孚	182	14.42	87.28	6.35	17.3	11.51
中国石油	200	15.61	75.23	9.09	12.28	12.11

第二，从国际化经营来看，沙特阿美的业务布局于全球三大主要能源市场：亚洲、欧洲和美洲。在亚洲，沙特阿美各子公司是多个地区能源市场的主要参与者。沙特阿美是印度、中国（包括中国台湾）、日本、韩国和菲律宾的重要原油供应商。根据统一的区域战略，沙特阿美的当地办公室向沙特阿美及其合作伙伴提供营销和业务组合管理服务等。在欧洲，沙特阿美旗下子公司支持多个办公室，提供多种多样的服务，包括金融支持、供应链管理、技术支持服务及其他各种行政服务。在美洲，沙特阿美位于美洲的子公司负责采购物料与服务、提供经济和政策分析、安排沙特阿美或沙特炼油公司向美洲炼油商销售原油的仓储、运输及交付。其中，自 1988 年以来与外商的重大合资项目如表 3-2 所示。

---

① 数据来自各石油公司 2019 年年报。

表 3-2　1988 年以来沙特阿美重大合资项目

时间	1988 年后与外资组建的合资企业
1989	与 Texaco 合资成立北美最大单一站点原油提炼厂 Star Enterprises
1991	获得韩国炼油厂 S-Oil 35% 股份
1994	收购菲律宾最大原油精炼厂 Petron 40% 股份
1996	收购希腊私营炼油商 Motor Oil Corinth 50% 股份及营销分支
2005	与住友化学公司成立合资企业 Petro Rabigh 各持 50% 股份
2011	与陶氏化学组建 Sadara 合资企业
2014	与道达尔公司组建 Satorp 合资企业
2016	与朗盛公司合资成立 Arlanxeo
2017	与壳牌公司合资组建 Sasref 炼厂公司
2019	与中国辽宁盘锦鑫诚集团和中国兵器集团开始组建华锦阿美合资公司

可以看出，沙特阿美远非一家业务均在本国国内的石油公司，而是一家全球化的国家石油公司，其业务结构和管理经营理念与国际石油公司类似，甚至强于一般的国际石油公司。

第三，从公司发展战略来看，沙特阿美希望成为以安全、可持续且可靠的方式运营的全球领先的综合能源及化工公司，公司将把加强其上下游业务在全球的竞争地位作为未来的主要战略。例如，公司拟收购沙特基础工业公司（沙比克，SABIC）70% 的股权，这将对沙特阿美的下游业务，尤其是化工业务的扩展起到显著的支持作用，并为公司向原油、炼油产品和天然气的混合原料供应提供更多机会。

公司未来战略更多的是进行经济角度的考量，而不是政治考量。首先，公司打算在保持其产量方面世界领先的原油生产商地位的基础上，根据需求增加产量，公司的储量、运营能力、闲置产能将对此起到积极作用。其次，公司计划继续战略性地整合其上下游业务，通过沙特国内外的全资及控股炼油厂，以更大的承购量配置本公司的原油，使其在整个炼化产业链中获取更多价值。再次，公司致力于通过原油价格周期向其股东提供可持续且不断增长的股息。最后，公司打算继续保持上游碳排放强度的领先地位，使其成为每生产一单位碳氢化合物碳排放最低的公司之一，从而保持其业务的可持续发展。

第四，从公司治理角度（决策机制）来看，公司董事会负责公司的整体管理和监督，公司的高级管理层（尤其是 CEO）负责公司的日常运营。沙特阿美董事会由 11 人组成，其中独立董事 5 人，均由非沙特籍人士担任，如表 3-3 所示。

表 3-3　沙特阿美公司董事会人员构成

姓名	职位	国籍	状态
H.E. Yasir O. Al-Rumayyan 卢迈延	Chairman 董事会主席	Saudi	非独立
H.E. Ibrahim A. Al-Assaf	Deputy Chairman 副主席	Saudi	非独立
H.E. Mohammed A. Al-Jadaan	Director 董事	Saudi	非独立
H.E. Nabeel M. Al-Amudi	Director	Saudi	非独立
H.E. Mohammad M. Al-Tuwaijri	Director	Saudi	非独立
Sir Mark Moody-Stuart	董事	英国	独立
Mr. Andrew N. Liveris	董事	澳大利亚	独立
Mr. Andrew F. J. Gould	董事	英国	独立
Ms. Lynn Laverty Elsenhans	董事	美国	独立
Mr. Peter L. Cella	董事	美国	独立
Mr. Amin H. Nasser 阿敏 - 纳瑟尔	Director, President and Chief Executive Officer	Saudi	执行董事

外籍人士在董事会的存在是沙特阿美与其他国家石油公司的一个显著不同点，大多数国家石油公司的董事有且只能由本国人来担任，这也是确保沙特阿美决策相对独立的前提。

综上所述，沙特阿美的经营是相对独立的，公司的目标是以盈利为目的，国家政治等其他因素对其的影响是存在的，但并不是主要的。

第三节　阿美石油公司与美国：
相互依赖但又保持距离

1936 年以前，阿美石油公司只有一个股东（母公司）——加利福尼亚标准石油公司，即后来的雪佛龙公司。此后一直到 1948 年，阿美石油公司有两个股东，加利福尼亚标准石油公司和得克萨斯石油公司（后来的德士古石油公司），双方各持有阿美石油公司 50% 的股份。1948 年以后一直到 1980 年，阿美石油公司被沙特政府名义上接管的这 30 多年间（真正接管是在 1988 年之后），该公司有四个股东，分别是雪佛龙公司、德士古石油公司、新泽西标准石油公司（后来的埃克森公司）和纽约标准石油公司（后来的美孚石油公司），前三家公司等额持有阿美石油公司 30% 的股份，第四家美孚石油公司持有 10% 的股份。

埃克森、美孚、雪佛龙、德士古这四家石油公司及其前身，均是"石油七姊妹"成员，堪称美国石油工业"皇冠上的明珠"，也一直是全世界响当当的石油巨头。20 世纪 90 年代，公司和美孚石油公司"强强合并"，成就了美国第一大石油公司和全球第一大私营石油巨头；雪佛龙公司和德士古石油公司也成功合并，成为美国第二大石油公司和全球第四大私营石油公司（仅次于埃克森美孚、壳牌和 BP 公司）。

由这四家公司组成联合体，阿美石油公司的实力超群背后是四家超级石油巨头在支撑，这是由国际石油界惯用的"联合作业体"（Joint Operating Company & Joint Venture[①]）和多合作伙伴的公司治理架构所决定的。可以说，

[①] Joint Venture 或 JV，《美国传统词典（双解）》解释为"联合常常由于共同承担风险或共享专门技术而形成的伙伴关系或联合大企业"。在 20 世纪 50 年代末以前，联合作业的形式很少。二战前的数十年以及之后的十多年，典型的石油作业是由一家公司在一个租让区块内，有时甚至是在一个国家的范围内进行的。到了 20 世纪 60 年代，情形发生了变化，典型的做法是由两个或更多的公司（彼此成为"伙伴"，Partner）在租让区块内进行联合作业。这种状况一直延续到现在。

阿美石油公司从一开始便具备了超级实力。

　　阿美公司这种独特的身份和地位，决定了该公司在美国政治经济体系中的地位，以及其与美国政府的互动方式。阿美石油公司与美国政府（母国政府）的关系主要表现为两方面，一方面阿美石油公司在海外的投资与运营相当程度上体现了美国的国家利益；另一方面，作为独立的私营石油公司，阿美石油公司的运营主要是为股东服务并创造价值，不全是为国家服务，阿美石油公司保持着相当的独立性。

一、美国政府对阿美石油公司的支持

　　据孙溯源的观察，国际石油公司（尤其是美国的石油公司），常常与母国政府建立特殊的战略利益联盟。美国政府和阿美石油公司这样的国际石油公司相互借力，互为对方提供权力来源。国际石油公司影响美国政府采取对自己有利的政策，政府因此成为维护和扩大石油资源、影响产油国政府政策的重要工具。就阿美石油公司和美国政府而言，美沙关系可以看作是国家和石油公司在利益上彼此需要、相互渗透的产物。

　　（1）美国政府会在美国石油公司在沙特的利益受到第三方威胁时给予支持。按照 Louis Turner 的发现，二战期间，由于加利福尼亚标准石油公司和德士古石油公司（阿美石油公司的两个股东）担心英国会威胁它们在沙特的石油利益，因此向美国政府寻求帮助。尽管沙特当时并不属于美国的"民主盟友"，但美国政府还是在石油公司的游说下，通过租借法案向沙特提供财政援助，并将保护沙特放在对美国安全至关重要的位置上。显然，由于美国对沙特有力的外交手段和优厚的财政支援，阿美石油公司这两个股东才得以在 1941 年后"生存"下来。二战后，美国政府与本国石油公司延续着这种特殊关系。

　　（2）美国政府在美国石油公司兼并收购阿美石油公司股份上给予支持。按照 Frank Church 和 Burton I. Kaufman 的研究，典型的事例是新泽西标准石油公司（埃克森公司前身）和飞马石油（美孚公司前身）进入沙特并分别收购阿美石油公司 30% 的股份。1947—1954 年间，美国政府做出了一个关键性决定，给五家美国国际石油公司（埃克森、美孚、德士古、海湾和雪佛龙）提供支持，帮助它们有效控制中东的石油供应。其中一个决定就是支持埃克森石油公司和美孚石油公司收购阿美石油公司的股份。彼时，"石油七姊妹"中，这五家公司均在其中，它们对中东石油的垄断，对美国其他独立的中小型石油公司构成不利影响，也不符合公平竞争的企业游戏规则。因此，埃克森石油公司和美孚石油公司进入阿美石油公司的行为引起美国司法部反垄断部门的介入。但在关键时候，美国政府以对外政策为由，制止了司法部对这两家公司启用反垄断调查。美国对外政策关注的是，帮助美国石油公司实现在沙特油田利益的最大化。

（3）石油和阿美石油公司是美国与沙特两国元首或高层会晤时的重大议题。比如，1966 年，林登·约翰逊总统被明确告知，美国当时在海外的最大私有投资企业就是位于沙特的阿美石油公司，其投资额已高达 12 亿美元。在约翰逊总统、尼克松总统和基辛格国务卿等美国政要与费萨尔国王后来的会见中，"石油换安全"和"阿美石油公司"一直都是双方的重要议题。

二、阿美石油公司对美国政府的支持

显而易见，四家母公司均为美国一流大石油公司的阿美石油公司，其对美国政府的支持是多方面的。

（1）保障美国的国家能源安全。于美国石油供应和能源安全而言，20世纪 70 年代是一个分水岭。1972 年之前，美国虽为全球第一大石油进口国，但也是全球第一大石油生产国，其主力产区在美国得克萨斯州。1972 年，美国石油产量达到了 5.27 亿吨的高峰，美国的国内石油产量依然占据主力地位，是美国能源安全的主要保障力量。1972 年以后，美国国内的石油产量开始走下坡路，美国相应地加大了从沙特等国进口石油的力度。如图 3-3 所示，美国进口沙特的原油量从 1973 年的 46.2 万桶 / 日，骤增至 1977 年的 137.3 万桶 / 日。

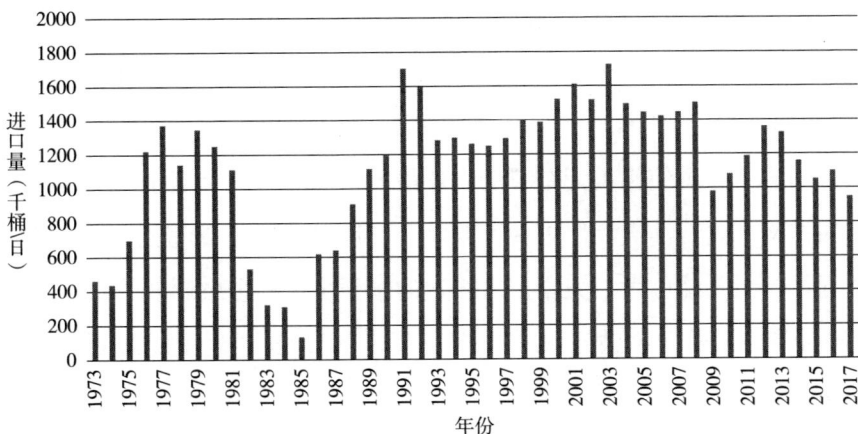

图 3-3　1973 年至 2017 年美国从沙特的日均原油进口量

所以，1973 年第四次中东战争之后，美国更加依赖中东和沙特的石油。美国进口沙特石油的高点出现在 2003 年，接近 180 万桶 / 日（9000 万吨 / 年），当年也是伊拉克战争的爆发之年。作为沙特国内唯一的石油生产商，无论是 1988 年之前的阿美石油公司，还是其后的沙特阿美，均对保障美国国家能源安全有着不可替代的作用。

正如著名石油战略学者丹尼尔·耶金所指出的，1972 年之后，沙特取代了美国得克萨斯州，成为国际原油市场的平衡器（调节器），这意味着利雅得方面拥有足够的富余产能以满足国际原油市场的供求变化。阿拉伯国家集体发起的"石油禁运"将其原油出口量由 1973 年 10 月 1 日的 2080 万桶 / 日骤减至当年 12 月 15 日的 1580 万桶 / 日。虽然伊朗和伊拉克两国合计增产 60 万桶 / 日，但这远不足以填补"石油禁运"造成的供应短缺，市场缺口额达到 500 万桶 / 日，约占全球总产量的 10%。不同于 1967 年的情况，美国不再是免受冲击的避风港，其国内汽油价格在 1973 年 7 月至 12 月不足半年的时间里，由 2.9 美元 / 加仑跳涨至 11.65 美元 / 加仑。巴列维王朝统治下的伊朗是此次石油禁运的最大得益方，不仅没有参与"石油禁运"，还偷偷地向美国支持的以色列出口了大量原油。

（2）提升美国在沙特的经济和金融影响力。作为20世纪下半叶美国最大的对外投资实体，阿美石油公司在沙特所生产的石油成了美沙两国之间规模最大的贸易商品。再加上周边中东国家，如伊朗等国对美国的石油供应，中东石油成为美国使用美元结算的全球最大宗商品。这相当于将美元的价值与石油挂钩，"石油美元"由此而来。"石油美元"是20世纪70年代"布雷顿森林体系"结束后，美国再次构建的基于全球的金融霸权体系。直到现在，石油依然是美元金融体系的"锚"，尚未有其他的大宗商品能够挑战"石油美元"的霸主地位。

（3）输出美国的价值观和文化，推动沙特更快速地融入美国主导的现代西方世界。高峰时期，阿美石油公司在沙特东部达兰地区工作的美籍员工高达500人以上，按照国际石油合作管理的惯例，这500人相当于500个美国家庭。这500多人及其家庭住在沙特东部地区相对集中的社区里。随着美国人和沙特当地人的交往，达兰及达曼周边地区成为沙特最为开放和经济最为发达的地区。再加上，阿美石油公司从沙特全国招募当地雇员，聘用到公司工作，对当地员工及其家庭的影响，特别是思想观念的影响是天翻地覆的。

正如罗伯特·吉尔平所总结的，美国跨国公司对美国的作用无与伦比，至少表现在以下几方面：一是美国得以在世界市场上维持控制地位的一个主要手段（尽管对外直接投资意味着美国公司要输出资本和技术，但公司权力的真正核心——金融、研发、管理控制权——仍在美国）。二是美国跨国公司有利于美国的国际收支平衡（跨国公司是外汇的重要赚取者）。三是跨国公司是美国全球经济发展的工具和传播美国自由企业制度思想的途径。四是可以将跨国公司看作外交工具。但吉尔平还强调，1973年石油危机之后，跨国公司利益和国家利益的密切结合开始削弱。

三、阿美石油公司的私人石油公司特征和其独立性

虽然是美国四家最大的石油公司通过联合经营成立的海外投资实体，但

阿美石油公司归根到底是一家私营石油企业，因为其母公司均为私有公司。私有公司的性质决定了其最大的动机是为股东创造价值，是高效益可持续发展。公司的性质决定了阿美石油公司在其发展战略和策略上，既不完全迁就于沙特政府，又不完全依赖和屈服于美国政府。

孙溯源曾经对国际石油公司在与母国的利益不一致的时候，国际石油公司的政策取向做过详细的研究分析。在高油价时期，国际石油公司更倾向于回购股票和向股东分红，以确保股东价值最大化和公司股价上升，而国家石油公司则更多进行勘探开发再投资，以提升石油产量，保障自己国家的能源安全。在低油价时期，国际石油公司更倾向于进行资产组合管理，卖掉一些资产以确保公司净现金流和投资回报，而国家石油公司则更多通过向母国申请特殊的保护政策或资金支持来渡过难关。

具体到阿美石油公司，作为私营的国际石油公司，其决策依据是商业目标而不是政府政策目标。图3–4展示的是阿美石油公司与美国政府的关系。当阿美石油公司和美国政府目标不一致的时候，阿美石油公司的目标往往是

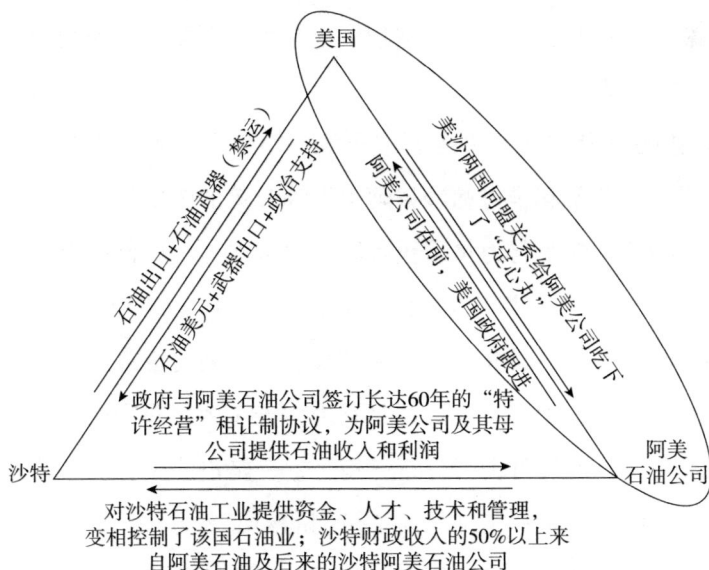

图3–4　"三角关系"之阿美与美国政府关系

商业利益或股东利益，其独立性也由此体现出来。但需要强调的是，其一，这种独立性并不妨碍阿美石油公司在一定条件下支持美国政府的政策和充当政府政策的工具，但前提是支持政府政策目标有助于公司增加收益；其二，阿美石油公司的独立性不排斥美国政府在政策上给予公司一定的支持，甚至在某种意义上充当阿美石油公司的"工具"；其三，阿美石油公司需要在沙特政府和美国政府之间维持一种微妙的平衡，以确保公司整体利益的最大化，和美国政府、沙特政府等局部利益的最优化。

四、沙特阿美的策略

沙特政府对阿美石油公司实施国有化后，阿美石油公司便转型为沙特阿美。此后，沙特阿美作为沙特唯一的国家石油公司和该国唯一的石油生产商、销售商，其利益与沙特政府高度捆绑在一起。沙特阿美的反应和策略就是沙特政府的政策体现。20世纪80年代，沙特领导OPEC在价格战中击败了非OPEC生产国（苏联）的竞争。1986年，沙特通过迅速提高其产量，使得石油价格在六个月内暴跌60%以上。在苏联解体之前的几年里，油价下跌严重损害了苏联的石油收入。这在一定程度上是美沙同盟关系和两国"石油换安全"政策的再体现。

20世纪90年代以来，平衡石油市场，使生产者和消费者对石油价格都感到"公平"，这是利雅得和沙特阿美石油政策的既定目标。最近几年，沙特阿美操控油价的最大努力是阻止美国页岩油成为全球市场上的"搅局者"和竞争对手。2014年下半年以来，由于供应过剩，沙特和OPEC再次面临限制产量的呼吁。但是，时任沙特石油部长、沙特阿美董事长的阿里·纳伊米（Ali al-Naimi）说服OPEC继续开足马力生产（由"限产保价"转为"增产保市场份额"）。此举可谓"一石三鸟"，一是迫使页岩油、油砂和深水等高成本生产商降低产量；二是削弱了伊朗的经济实力；三是该政策还给俄罗斯施加了更大的压力，在2014年乌克兰危机和克里米亚公投之后，俄罗斯受到了美国和其他国家的制裁。

　　石油价格随后跌至每桶 30 美元以下的低位。2016 年末，沙特与俄罗斯一起逆转了 OPEC 成员国和其他国家的压力，迫使它们共同遏制其产量。这项为期六个月的协议于 2017 年 1 月生效，后来被称为"维也纳联盟"。联合减产起到了立竿见影的效果，到 2018 年秋季，油价已突破每桶 80 美元。但在美国的不断施压下，沙特在年底前增加了石油供应，以平衡和抑制国际油价。此举一方面是打击遭受经济危机的委内瑞拉，另一方面是打击受到美国新制裁的俄罗斯。

第四章

"结构性权力"理论及其在 "三角关系"中的应用

上一章，主要阐述了美国、沙特、阿美（沙特阿美）石油公司之间的"三角关系"，具体是美国与沙特、沙特与阿美石油公司、美国与阿美石油公司这三组关系，笔者分别梳理了每组关系的内涵、特点和阶段性发展。在本章中，笔者将从现实主义国际关系理论（"权力决定论"）的视角，引用苏珊·斯特兰奇《国家与市场》中的结构性权力理论框架，来建构衡量美国、沙特、阿美（沙特阿美）石油公司"三角关系"结构性权力（石油权力）的维度、因子、权重与衡量标准。

第一节　结构性权力理论

"结构性权力"理论的提出者为著名的国际关系和国际政治经济学学者苏珊·斯特兰奇。斯特兰奇当过英国《经济学家》和《观察家报》记者，在伦敦经济学院教授过国际关系学，后来到英国皇家国际事务研究所担任高级研究员，1978 年起先后在伦敦政治经济学院、意大利佛罗伦萨的欧洲大学研究生院等院校担任国际政治经济学教授。历任英国皇家国际事务研究所顾问，英国国际问题学会会长，以及总部在美国的国际问题研究会副会长、会长等职。1970 年在《国际事务》杂志发表《国际关系学和国际经济学：相互忽视的案例》一文，最早明确提出要从政治与经济相互影响的视角研究国际政治经济问题，强调寻求一种新的分析世界经济的方法，代表作便是《国家与市场》。

《国家与市场》实际上是一本国际政治经济学著作。书中，斯特兰奇深入浅出地评价了国际政治经济学的研究对象、研究范围、理论基础和主要流派的观点，特别是提出了联系性权力和结构性权力的区别，用四个基本结构——安全、生产、金融和知识，以及四个从属结构——运输、贸易、能源和福利这种新的模式综合分析国家与市场的互动关系，剖析国际上纷繁复杂的政治经济现象，比罗伯特·吉尔平等人的代表作更具理论概括功夫。西方《国际关系理论》杂志称赞斯特兰奇是"国际关系研究领域最有创意的学者"，《国家与市场》这本书"又一次展现了她细致的分析和新鲜深刻的见解"，《国际事务》杂志的书评也认为"读完此书令人视野忽然开朗"。

一、结构性权力与联系性权力

《国家与市场》一书认为，在国际政治经济体系中的权力有两种——联系性权力和结构性权力，而且，国际体系里国家之间或企业之间正在进行的竞争中，结构性权力比联系性权力越来越重要。

所谓联系性权力，就是"传统权力"，也就是甲方靠权力迫使乙方去做或许他本来不想干的事，这种权力体现在对事物过程或结果的控制力上。比如，1940年，德国靠联系性权力迫使瑞典允许德国军队穿过它的"中立"领土；再如，20世纪80年代，美国凭借它对巴拿马的联系性权力，支配了巴拿马运河的航行条件。可以看出，所谓联系性权力是一种"绝对性"权力，是权力施动者以绝对权力压迫权力受动者做他不想干的事情。绝对性权力的背后是霸权，是"同意即生存、不同意即死亡"的强盗逻辑。在国际政治中，联系性权力就是运用军事政治的强制手段迫使别国就范。

结构性权力，是"形成和决定各种政治经济结构的权力""各国及其政治机构、经济企业、科学家和专业人士都不得不在这个结构里活动"。通俗地说，结构性权力就是决定办事方式方法的权力。二战以来，由于国际体系、国际机制、国际组织的建立和完善，结构性权力主要指确定议事日程的权力和"设计"支配国际政治经济关系的惯例、规则和国际机制的权力。这是美国学者的观察和判断。比如，中国2001年加入由美国当年设计、倡导和构建的WTO，则中国在国际贸易方面必须接受体现美国人意志的结构性权力。

斯特兰奇的观点是：结构性权力一是存在于能够控制人们的安全（即威胁人们的安全，或保护人们的安全，特别是保护人们免受暴力的侵犯）的人那里；二是存在于能够决定和支配商品和劳务生产（这是人类生存所必需的）

方式的人那里；三是存在于能够控制信贷供应和分配的人（机构）那里，信贷的背后是对金融资本和投资资本的控制；四是存在于掌握知识（包括思想、宗教、哲学等），能够全部或局部地限制或决定获得知识的条件的那些人手里。这就是斯特兰奇认为的第一层级结构性权力的四个来源：安全、生产、金融和知识。

斯特兰奇为什么会选择安全、生产、金融和知识作为结构性权力的四大来源？其背后是人类社会对生命、财富、秩序、公正和自由这五大要素的重视和渴望，这五大要素可谓"元要素"。无论是过去的罗马帝国还是现在的全球一体化下的"地球村"，无论是资本主义社会还是社会主义社会，无论是美国、俄罗斯（苏联）还是中国，这五种要素均是最根本的、共性的。不同之处在于社会形态、意识形态，以及这五种要素的先后顺序和比例组合不同。这五种要素中的生命（于国家而言，则是民族的存亡）对应斯特兰奇结构性权力中的"安全"，财富对应"生产和金融"，秩序、公正和自由则可以综合为"知识"（还可加上"信息和网络"，由于该书首次出版于1988年，那时互联网在全球尚未兴起）。从这个意义上，斯特兰奇将安全、生产、金融和知识视为结构性权力的四大来源，则是其对人类基础性需求无与伦比的洞察能力。

另外，对于结构性权力，斯特兰奇特别强调，这四种相互影响的结构来源并非国际体系或全球政治经济所特有的，在人类很小的集团，例如家庭或边远乡村的社区中，结构性权力的来源同它在大世界中是一样的。说到底，这就是对安全的控制、对生产的控制、对信贷的控制，以及对知识、信仰和思想的控制。

如何进一步区分结构性权力和联系性权力？斯特兰奇认为，四种结构性权力通常碰到的情况是，权力拥有者能够改变其他人面临的选择范围，又不明显地直接对他们施加压力，要他们做出某个决定或选择，而不做出别的决定或选择。这种权力是不大"看得出的"。这就是权力的"结构性"。只要身处这样的结构，受动者就会"自然而然"地按照施动者的意愿去做。

斯特兰奇还举了一个有趣的例子帮助我们理解结构性权力。当母亲或父亲说，"如果你是个好孩子，肯努力学习的话，我们将给你一辆自行车作为你的生日礼物"。这个男孩仍可以在努力学习和与朋友玩耍之间自由选择。但是父母在家庭预算方面的结构性权力，会使孩子在权衡选择时"自然而然"地偏重于努力学习。

还有一个更加经典的例子，我们说"这个男人比这个女人有权"，如果理解为"这个男人可以一拳把这个女人打倒在地"，则这个男人拥有的是联系性权力；而大多情况下，在现代社会，该男子在家庭和社会的结构性权力使得男子拥有社会地位、法律和家庭经济控制权，他无须扬言将不听话的女人打倒在地就可以对女人颐指气使了。

可以看出，结构性权力部分来自思想[①]，部分来自强制力量（军事威慑力），部分来自财富，部分来自对生产要素的分配。

如果有哪位世界级国际关系学者的理论与斯特兰奇的"结构性权力"有异曲同工之处的话，那就是肯尼斯·华尔兹的"结构现实主义"了。各类行为体身处一个结构或体系之中，除非它退出该体系或置身体系之外，否则就要受到体系的约束，正所谓"人在江湖，身不由己"。如果继续这种类比的话，"联系性权力"就与汉斯·摩根索的"权力现实主义"相类似了。

二、四种基本结构与四种次级结构

由安全、生产、金融和知识组成的结构性权力是斯特兰奇国际政治经济学理论的精髓。

（1）安全结构。安全结构是由于为人们提供了安全保障而形成的一种权力框架。对安全的关注赋予一些人或集团超常的权力。国际体系中的力量对比变化、意识形态冲突、国家利益冲突、文化和宗教差异、国家间的误解、预期

---

① 最经典的莫过于伊朗伊斯兰革命霍梅尼中的案例。1979 年 1 月，霍梅尼在法国，通过录音带对伊朗民众"隔空喊话"，宣传他的思想，不费一兵一卒，就把伊朗巴列维国王的君主政权推翻了。这样的例子不胜枚举，历史上最常见的就是僧侣和贤哲运用知识（思想）的权力来左右国王和将军。

的改变、生产国际化、谋求绝对安全等，对国际安全结构均会产生重大影响。安全结构对市场的影响，表现为政府以国家安全为由干预市场和改变交易规则。

（2）生产结构。生产结构是由谁决定生产什么、为谁生产、用什么方法生产和按什么条件生产等各种安排的总和。生产结构决定着国际体系的性质和国际体系中的分配形式。生产结构创造财富，国际政治经济学主要研究谁从生产体系中得到什么的问题。近200年以来生产结构的变化有：第一，以市场为导向的资本主义生产方式在全球占主导地位；第二，生产国际化的出现，也就是全球化，特别是跨国公司推动了生产的国际化。

（3）金融结构。金融结构是支配信贷获取的各种安排与决定各国货币交换条件的所有要素的总和，它包括信贷体系得以建立的政治经济结构和汇率体系两个方面。金融具有决定性意义，金融制度创造信贷，信贷控制生产。

（4）知识结构。知识结构决定什么是知识、怎样储存知识，以及由什么人采用什么手段根据什么条件向什么人传输知识。知识权力是微妙的，是潜移默化的，权力的授予常常是自愿的。在现代社会，科技发展对安全、生产和金融领域具有决定性影响。

如图4-1所示，虽然每种结构都影响着其余三种，但没有一种结构可以必然占据主导地位。

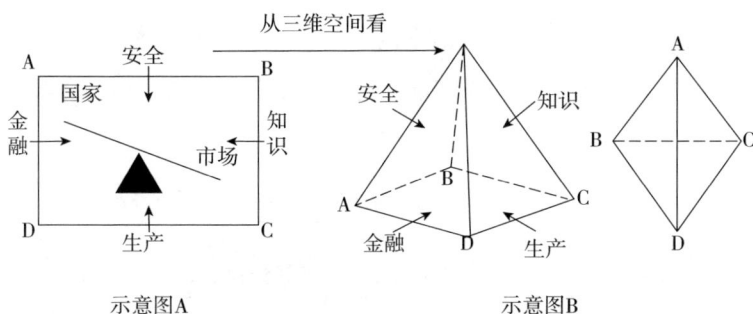

图4-1　国际关系结构性权力示意图

（注：ACD代表生产结构，ABD代表安全结构，ABC代表金融结构，BCD代表知识结构。）

除了上述安全、生产、金融和知识四种基本的结构性权力，斯特兰奇在还提出运输、贸易、能源和福利这四种次级结构性权力，即世界主要跨国运输体系、贸易体系、能源供应体系、跨国福利和发展体系。这四种次级结构性权力的共同特征是，它们是安全、生产、金融和知识四种基本结构性权力的辅佐，都受到后者的制约。斯特兰奇对跨国能源生产与供应的重要性进行了阐述，其核心就是国际石油政治经济，也就是石油权力在公司、政府和市场中的转换。

三、斯特兰奇的结构性权力理论与其他国际关系结构理论的比较

斯特兰奇主张通过结构来阐述国际问题，她认为除了从体系和行为体的角度出发，还应当从世界政治经济的基本结构出发来分析问题。斯特兰奇将生产、金融和知识结构摆到与安全结构同等重要的位置，其理论突破了传统国际政治理论以安全为核心的瓶颈，也反映了其对世界政治经济现状的深刻认识，即经济在国家外交政策中的地位逐渐上升，长期决定国家权力的军事力量逐步让位于经济力量。

如表4-1所示，如果有哪位世界级国际关系学者的理论与斯特兰奇的"结构性权力"有异曲同工之处的话，那就是肯尼斯·华尔兹的"结构现实主义"了。就研究方法而言，结构现实主义开创了人、国家和体系三个立体层次的纵深研究方式，注重研究国际政治中的宏观问题；结构性权力的四大基本结构则剖析了这三个立体层次的横断面，注重研究国际政治中的微观问题。

表4-1 不同国际关系理论流派对"结构"解读的比较

	华尔兹（结构现实主义）	基欧汉与奈（新制度自由主义）	温特（建构主义）	斯特兰奇（结构性权力理论）
结构的定义	国家间权力的分布	同意华尔兹对结构的定义	强调社会结构，其要义是拥有知识和文化	国与国之间、政府与人民之间、国家与市场之间的相互关系框架
结构的性质	物质性	物质性	观念性	物质性

续表

	华尔兹 （结构现实主义）	基欧汉与奈 （新制度自由主义）	温特 （建构主义）	斯特兰奇 （结构性权力理论）
结构的类别	单极、两极、多极	同意华尔兹对结构的分类	霍布斯文化、洛克文化、康德文化	安全、生产、金融、知识
结构中的行为体	主要是国家	个人、国家、国际组织、跨国公司	主要是国家	个人、国家、国际组织、跨国公司
结构与国家行为的关系	国际体系的结构决定国家的国际行为	同意华尔兹的观点	国际体系的结构与国家行为之间存在双向建构的关系	权力通过四大结构对国家行为产生影响
研究角度	国际政治	国际政治、新制度经济学	国际政治、哲学、社会学	国际政治经济学

　　从表 4-1 可以看出，国际关系学界对结构的认识是有所差异的，斯特兰奇不同程度地借鉴了其中部分理论的观点，这些观点对结构性权力理论的形成起到了重要的推动作用，斯特兰奇的结构性理论是在前面三者基础上的创新。需要强调的是，前面三者均是美国国际关系流派的主要代表，斯特兰奇则代表了美国以外的一种声音，斯特兰奇作为英国学派的代表，其结构性权力理论是相对全面和中立地解释国际政治经济现象的理论。斯特兰奇对国际关系、国际政治经济学，以及对国际石油公司在"公司、政府、市场"三者关系中的深度分析，使得本书选择将结构性权力理论作为研究分析阿美（沙特阿美）石油公司、沙特、美国之间"三角关系"的理论依据。

第二节 "三角关系"演变的阶段性划分

虽然阿美石油公司 1933 年就进入沙特勘探开发石油，但美国、沙特、阿美石油公司真正体现出"三角关系"还是在 1945 年。

沙特和美国的"所有关系"都始于 1945 年 2 月 14 日（正好是情人节，因此，国际关系学界有人将美国与沙特的关系称为"夫妻关系"，亦有人说是"父子关系"）那天，两国在埃及地中海海域军舰上的那场历史性会面。会面的双方分别是时任美国总统罗斯福和被称作"伊本·沙特"的现代沙特王国开国君主阿卜杜·阿齐兹国王。这场会面不仅建立起双方领导人之间的私人友谊，还最终在美国提供安全保障换取沙特石油供应这一基石上，建立起了延续至今的两国同盟关系。自此以后的数十年时间里，美国与沙特关系中天然存在的各种矛盾和缺陷一直得到历任美国总统和沙特国王的合力管控。

一、"三角关系"的阶段性划分

美国作为发达消费国、全球唯一超级大国，其关注点在全球安全、美国国家安全、能源安全、国际金融、石油美元、多双边关系等。重大的国际国内事件往往是石油权力及"三角关系"的转换点。此类事件包括但不限于 1945 年美沙建立"石油换安全"同盟关系、1973 年若干重大事件（第一次石油危机、美国放弃"布雷顿森林体系"）、1979 至 1980 年若干重大事件（伊朗伊斯兰革命、美国伊朗使馆人质危机等）、1989 年冷战结束、1990 年海湾战争、1991 年苏联解体、2003 年伊拉克战争、2008 年全球金融危机、2012 年前后美国页岩革命成功等。

沙特作为发展中产油大国、全球强势出口国，在"三角关系"转换方面，其关注点在于对石油产量和价格的掌控、对美国的石油出口以换取美国的安全保护、石油收入的保障及对其石油工业的掌控等。因此，历次国际油价涨落和历次国有化运动往往是石油权力及"三角关系"的转换点。此类事件包括但不限于 20 世纪 50 年代委内瑞拉、伊朗国有化运动对沙特石油政策的影响，1960 年 OPEC 的成立及其作用的发挥，1973 年沙特领衔发起的对美国和西方国家的"石油禁运"，20 世纪 70 年代沙特对阿美石油公司"渐进式"的国有化，20 世纪 90 年代委内瑞拉国有化，2008 年前后"石油峰值论"的应对，历次世界石油市场出现重大供需关系失衡导致的油价起伏，2016 年以来沙特与俄罗斯的"维也纳联盟"等。

阿美石油公司作为美国四家私人石油巨头成立的合资公司、美国 20 世纪六七十年代对外最大的单一投资实体及沙特唯一的石油生产商，在"三角关系"转换方面其关注点主要是市场、资金、技术和管理的变革创新等，此类因素包括但不限于 20 世纪 70 年代以前"石油七姊妹"控制石油生产和价格、历次石油工业重大技术突破，沙特王室和石油部长的风格和政策，美国的外交政策、税收政策及能源政策变化、石油公司的重大兼并收购行为等，均是重要影响因素。

综合以上影响阿美石油公司、沙特、美国三个行为体的不同因素，以及这些因素的共同之处，笔者认为 1973 年第一次石油危机是一个分水岭，1989 年前后是第二个分水岭，2010 年前后是第三个分水岭。因此，将二战以来阿美石油公司、沙特和美国"三角关系"的演变大体分为四个大的阶段：

第一阶段是二战后至 1973 年第一次石油危机时期。

第二阶段是 1973 年至 1991 年海湾战争、冷战结束、苏联解体时期。

第三阶段是 1990 年至 2010 年全球金融危机、美国页岩革命成功时期。

第四阶段是 2010 年以来逆全球化与美国能源独立重合的时期。

二、每一阶段的细分——基于领导力的变化

上述四个大的阶段确认后，每一阶段大约有 20 年的时间，期间，"三

角关系"及石油权力的变化依然受到其他一些因素的影响。特别是领导力因素在"三角关系"中的影响不可忽视。也就是说，美国和沙特的国家元首，沙特的历届石油大臣，以及阿美石油公司的董事长及总裁，他们的价值观、视野、领导力在处理"三角关系"过程中发挥着不可替代的作用。

二战以来，历届美国总统分别是：富兰克林·罗斯福（1933—1945）、哈利·杜鲁门（1945—1953）、德怀特·艾森豪威尔（1953—1961）、约翰·肯尼迪（1961—1963）、林登·贝恩斯·约翰逊（1963—1969）、理查德·尼克松（1969—1974）、杰拉尔德·鲁道夫·福特（1974—1977）、詹姆斯·厄尔·卡特（1977—1981）、罗纳德·里根（1981—1989）、乔治·布什（1989—1993）、比尔·克林顿（1993—2001）、乔治·W.布什（2001—2009）、巴拉克·奥巴马（2009—2017）、唐纳德·特朗普（2017年至今），共14位总统。

二战以来，历任沙特国王一共有7位，分别是：

（1）阿卜杜拉·阿齐兹·伊本·沙特（Abdulaziz Ibn Saud）1932年9月22日—1953年11月9日（简称伊本·沙特国王）；

（2）萨乌德·本·阿卜杜勒－阿齐兹·阿勒沙特（Saud bin Abdulaziz Al Saud）1953年11月9日—1964年11月2日（简称萨乌德国王）；

（3）费萨尔·本·阿卜杜勒－阿齐兹·阿勒沙特（Faisal bin Abdulaziz Al Saud）1964年11月2日—1975年3月25日（简称费萨尔国王）；

（4）哈立德·本·阿卜杜勒－阿齐兹·阿勒沙特（Khalid bin Abdulaziz Al Saud）1975年3月25日—1982年6月13日（简称哈立德国王）；

（5）法赫德·本·阿卜杜勒－阿齐兹·阿勒沙特（Fahd bin Abdulaziz Al Saud）1982年6月13日—2005年8月1日（简称法赫德国王）；

（6）阿卜杜拉·本·阿卜杜勒－阿齐兹·阿勒沙特（Abdullah bin Abdulaziz Al Saud）2005年8月1日—2015年1月23日（简称阿卜杜拉国王）；

（7）萨勒曼·本·阿卜杜勒－阿齐兹·阿勒沙特（Salman bin Abdulaziz Al Saud）2015年1月23日至今（简称萨勒曼国王）。

同时，在沙特，通晓石油业务、并能够代表国家和王室与外界打交道的部长，他们在参与和塑造"三角关系"方面也发挥着重要作用。二战以来，包括一开始负责与外国公司谈判的财政部部长在内，历任沙特石油及矿产资源大臣一共有 7 位，分别是：

（1）阿卜杜拉·苏莱曼（Abd Allah al Sulaiman），人称"阿卜杜拉长老"，1957 年以前代表国王全权负责沙特石油对外合作事务。1933 年，他代表沙特王室和 Socal 代表 Lloyd N. Hamilton 在吉达的王宫签署了特许权协议。苏莱曼是沙特历史上最著名的财政部部长之一，彼时沙特石油对外政策制定和合同谈判签署均由他负责。

（2）阿卜杜拉·塔里基（Abdullah Tariki），人称"红色长老"，1957 年至 1963 年担任沙特首任石油部部长，是一位典型的专家型官员，系第一个获得西方石油专业学位的沙特人。塔里基以沙特坚定的民族主义者和石油智囊而蜚声国内外。他最大的历史功绩就是和时任委内瑞拉石油部长阿方索谋划成立了 OPEC。

（3）艾哈迈德·扎基·亚马尼（Ahmed Zaki Yamani）。亚马尼是沙特第二任石油部部长，1963 年至 1986 年在任，是在任时间最长、影响力最大的一位石油部部长，在任期间经历了 1973 年第一次石油危机、1979 年伊朗革命和第二次石油危机等重大事件。

（4）希沙姆·纳扎尔（Hisham Mohieddin Nazer）。纳扎尔于 1986 年 12 月至 1995 年 8 月任沙特第三任石油与能源矿产大臣。

（5）阿里·纳伊米（Ali Naimi）。纳伊米 15 岁前后就在阿美石油公司当学徒，后来得到公司的资助，1964 年获得美国斯坦福大学的水文地理学和地质学硕士学位，创造了沙特人在 5 年时间获得学士、硕士学位的奇迹。1995 年，纳伊米被国王阿卜杜拉任命为沙特石油与能源矿产大臣，成为该国第四任石油部部长，直至 2016 年初卸任。纳伊米一干就是 20 年，成为沙特历史上乃至全球石油界，能够与亚马尼相媲美的最有权势的石油部部长。

（6）哈立德·法利赫（Khalid Al-Falih）。2016 年接替纳伊米担任沙特石油大臣，兼沙特阿美董事长。2019年9月被王储穆罕默德·本·萨勒曼解职。

（7）阿卜杜拉阿齐兹·萨勒曼（Abdulaziz Salman）。2019年9月至今，系王储穆罕默德·萨勒曼同父异母的兄弟。

二战以来，领衔阿美石油公司及后来沙特阿美的掌门人（公司总裁及董事长，董事长一般由沙特石油与能源矿产大臣兼任）有9位，其中前5位是阿美石油公司的总裁，均是美国籍人士。他们分别是：

（1）弗雷德·戴维斯（Fred Davies）。美国地质学家，1922年加入加利福尼亚标准石油公司（Socal），20世纪30年代帮助公司在中东发现了大量石油资源，20世纪40年代就任阿美石油公司总裁。戴维斯是一个"直觉与苦干兼备"的石油勘探者，不停地寻找着一切未来能在商业上带来效益的产油迹象。

（2）弗雷德·穆尔（Fred Moore）。20世纪50年代担任阿美石油公司总裁。特别是1950年，穆尔和戴维斯代表阿美石油公司与沙特王室就石油收入和利润的分成比例进行了多轮艰苦谈判，并最终做出让步。1950年12月，阿美石油公司与沙特王室达成了后来为人熟知的《1950年12月协议》，这份协议的细节很多年后才被公布于世。协议表明，阿美石油公司基本上是把原本应该交给美国的税款交给了沙特（也就是现在所谓的"避免双重征税"）。此协议从根本上改变了石油特许协议的本质，将其变成了与沙特王室之间收益"五五分成"的协议，为此付出代价的是美国国库。这样，沙特王室获得的各项费用包括矿区使用费、租金、关税、20%的"十月税"，加上"12月27日五成税"，实际收入名义上超过阿美石油公司的同期收入。

（3）汤姆·巴杰（Tom Barger）。美国地质学家，1938年前后首批到达沙特的勘探人员，帮助加利福尼亚标准石油公司在沙特寻找石油。巴杰在20世纪60年代担任阿美石油公司总裁、首席执行官和董事会主席，1969年退休。其在任时，沙特国王是萨乌德，沙特宫廷政治斗争相当激烈（主要是萨乌德国王和费萨尔王储之间的争斗）。但20世纪60年代也是阿美石油公司石油开发的关键时期。彼时油价相对较低且稳定，在汤姆·巴杰的领导下，阿美石油公司在沙特境内又获得了几个重大发现。1963—1965 年，公司的地质学家发现了几个主要的近海油田，以及一个延伸入波斯湾的陆上油田。1967 年，又有 3 个近海油田被发现。最重要的发现是在 1968 年，阿美石油公司终于在沙特"空旷的四分之一"鲁卜哈利沙漠发现了石油。

（4）弗兰克·荣格斯（也译为"琼格斯"）。20 世纪 70 年代担任阿美石油公司总裁和首席执行官。他在任期间，沙特国王是费萨尔。

（5）约翰·凯尔贝尔。阿美石油公司最后一位美籍 CEO。

20 世纪 80 年代以来，沙特阿美的总裁均由该公司培养起来的沙特籍人员担任，共有 4 位，他们都是精通石油行业的专业人士。他们分别是：

（1）阿里·纳伊米（Ali Naimi，1984—1995）。

（2）阿卜杜拉·朱马赫（Abdullah Jum'ah，1995—2009）。朱马赫 1968 年加入阿美石油公司。2006 年 11 月，来自全球 22 家大石油公司的高管在沙特参加主题为"石油公司的未来"的国际会议，会议的重点议题之一是石油公司的人力资源管理。总裁朱马赫在会上做了主题发言，题目是"像投资重大项目一样投资人力资源"。

（3）哈立德·法利赫（Khalid Al-Falih，2009—2015），从美国得州 A&M 大学毕业后，法利赫 1979 年加入阿美石油公司，一干就是 30 年。2009 年，法利赫升任沙特阿美 CEO。在执掌这家全球最大国家石油公司 7 年之后，2016 年，法利赫顺利接替纳伊米，成为沙特的石油大臣，兼任沙特阿美的董事局主席。

（4）阿敏·纳瑟尔（Amin H. Nasser，2015 年至今）。纳瑟尔 1982 年毕业于沙特法赫德石油与矿业大学的石油工程专业，后来获得美国哥伦比亚大学高级管理学位。2015 年 9 月，纳瑟尔接替法利赫任沙特阿美 CEO。

笔者围绕沙特历任国王，提出如下进一步细分的办法：

"三角关系"第一阶段：二战后至 1973 年第一次石油危机之前。这一阶段，于沙特而言，经历了伊本·沙特、萨乌德和费萨尔三任国王，可以细分为三个次级阶段；同时，沙特经历了塔里基和亚马尼两任石油部长；于美国而言，经历了罗斯福、杜鲁门、艾森豪威尔、肯尼迪、约翰逊和尼克松六任美国总统；于阿美石油公司而言，经历了戴维斯、穆尔和巴杰三任公司 CEO。

"三角关系"第二阶段：1973 年石油危机爆发至 1991 年海湾战争、冷战结束、苏联解体时期。这一阶段，于沙特而言，经历了费萨尔、哈立德和法赫德三任国王，可以细分为三个次级阶段；同时，沙特经历了亚马尼、纳扎尔两任石油部长；于美国而言，经历了尼克松、福特、卡特、里根、布什五位美国总统；于阿美石油公司和沙特阿美而言，经历了荣格斯、凯尔贝尔、纳伊米三位公司一把手。

"三角关系"的第三阶段：1991 年至 2015 年前后全球金融危机、美国页岩革命成功时期。这一阶段，于沙特而言，经历了法赫德、阿卜杜拉两任国王，可以细分为两个次级阶段；同时，沙特经历纳扎尔、纳伊米两任石油部长；于美国而言，经历了布什、克林顿、小布什、奥巴马四位美国总统；于沙特阿美而言，经历了纳伊米、朱马赫和法利赫三位公司 CEO。

"三角关系"的第四阶段：2015 年以来，逆全球化与美国能源独立重合的时期。这一阶段，于沙特而言，经历了萨勒曼国王；同时，沙特经历了法利赫和萨勒曼两任石油部长；于美国而言，经历了奥巴马、特朗普两位美国总统；于沙特阿美而言，经历了纳瑟尔这位公司 CEO。

本章将重点基于上述"三角关系"的四个主要阶段和九个次级阶段，利用斯特兰奇的"结构性权力"理论，来分析"三角关系"中结构性权力的转换。

第三节 "三角关系"中结构性权力的维度确定和数理分析

本书研究的核心是"三角关系"中的石油权力及其转换。结合斯特兰奇的理论，本书将采用安全、生产、金融、知识这四个基本结构性权力和"能源"这个次级结构性权力等五个维度，来分析阿美石油公司、沙特、美国"三角关系"中的石油权力及其转换。

在具体方法上，本书将采用数理分析的手段，分"三步走"：第一步，为每个维度（或"影响因子"）赋予一定的权重；第二步，在每个维度，探讨和挖掘美国、沙特、阿美石油公司的影响力，并赋予一定的分值；第三步，测算"三角关系"中三个行为体各自的综合得分，最终对三个行为体的"综合石油权力"进行衡量。

一、每个维度对应的权重分配

此前的同类文献尚未有采用数理分析和权重分配的方法，对结构性权力进行量化评价的，本研究属于首次尝试。在上述五个维度的权重分配上，"能源"这个维度的权重将得到凸显。本书采用50：50的权重分配法，即对安全、生产、金融、知识这四个基本维度一共赋予50%的权重，对能源这个次级结构的维度赋予另外50%的权重。至于为何是50：50的权重分配法，而不是其他分配方法，主要基于以下几点考虑。

一是直觉使然。本书讨论的结构性石油权力评价维度实际上包含两个部分，一部分是斯特兰奇提出的安全、生产、金融、知识维度，这是国家层面和世界经济层面的权力结构，是超越狭义"石油权力"的权力结构。这一维度的权力将对结构性石油权力发挥"格局性、方向性、约束性"作用。另一部分是国际石油政治经济学界讨论的普遍意义上的石油权力，对应斯特兰奇提出的"能源"这一次级权力结构，狭义上的石油权力包括6个子权力。因此，在直觉上，当我们探讨如何划分这两部分的权重分配时，往往是采取50：50的分配法。

二是经验使然。笔者从事企业管理、石油公司战略研究和国际石油政治研究已有15年的时间，权重分配和量化分析实际上是一个管理学问题。结构性石油权力的影响因素取决于两个方面，一方面是超越石油权力的国家和国际层面的维度，另一方面是狭义石油权力本身的维度，相当于影响结构性石油权力的外因和内因。依据作者的工作经验，应视外因和内因发挥均等作用，故在权重分配上采取50：50的方法。

三是比较使然。这就涉及权重分配的"结构性"问题。权重分配的均衡往往是第一选择。在本次结构性石油权力影响影子权重分配上，其实有两种方案：一种是本书采取的50：50的方法；另一种是，包括斯特兰奇的安全、生产、金融、知识四个基本权力结构和狭义石油权力涵盖的四个子权力，一共十个方面，可以分别赋予10%的权重。比较这两种方案，显然第一种方案更理性，更具权重分配的专业性。

若进行权重的进一步细分，于四个基本结构维度而言，斯特兰奇在《国家与市场》一书中多次强调"安全"维度的决定性作用和影响力。她指出："政治经济学中的安全结构就是由于某些人为另一些人提供安全防务而形成的一种权力框架。保护者，即提供安全的人，获得某种权力，使他们得以决定、也许还能限制其他人面临的选择范围。在运用这种权力时，提供安全的人也为自己在财富的生产或消费方面取得了特惠，并在社会关系方面取得了特权。因此，安全结构必然会对经济中谁得到什么产生影响。谁也不能忽视安全结构"。因此，在进一步的权重分配上，本书并没有采取对这四个基本权力维度平均分配权重（每个维度12.5%）的方法，而是对"安全"维度适当提升其重要性，赋予其20%的权重，其余30%的权重由其他三个权力结构平均分配，即生产、金融和知识的维度各被赋予10%的权重。

对于"能源"这一次级权力结构而言，在本书第一章的第二节阐述石油权力时，将石油权力细分为 6 个子权力。即能源（石油）权力由资源（供应）权力、市场（需求）权力、运输（通道）权力、定价权力、技术与管理权力、金融权力 6 种子权力（二级权力），本书对"能源"赋予 50% 的权重，在这 6 个子权力上做平均分配。也就是说，上述每个子权力因子，赋予其权重均为 8.33%。

同时，笔者发现，6 个子权力因子中，资源（供应）权力实际上是"生产"这一基本结构维度的组成部分，故将资源权力因子的 8.33% 权重附加到生产维度上，整合后，生产维度的权重确定为 18.33%。同理，技术与管理权力因子实际上是知识这一基本结构维度的一部分，故将知识维度的权重调整为 18.33%。石油金融权力因子是金融这一基本结构维度的一部分，故将金融基本结构维度的权重调整为 18.33%。

上述七个因子的由来，可以进一步通过表 4-2 来加以说明。

表 4-2　本书衡量结构性石油权力的七个因子

石油权力的分类	石油权力的因子	
斯特兰奇：国际体系中的结构性权力	**第一层级**：安全、生产、金融和知识	**第二层级**：运输体系（海运和空运）、贸易、能源（石油）和福利
许勤华：石油权力	**6 个子权力**：资源（供应）权力、市场（需求）权力、输送（通道）权力、定价权力、技术与管理权力、金融权力	
本书的划分	**5 个维度**：安全、生产、金融、知识和能源。 其中能源包括 6 个子权力：资源（供应）权力、市场（需求）权力、输送（通道）权力、定价权力、技术与管理权力、金融权力 **合并 5 个维度和 6 个子权力后得到以下 7 个因子**： 安全、生产、金融、知识、市场（需求）权力、运输（通道）权力、定价权力	

综上所述，包括"能源"维度项下剩余的 3 个子权力因子在内，对于每一个行为体的综合石油权力，可以采用 7 个因子进行衡量，这 7 个因子及其权重分别是：**安全（20%）、生产（18.33%）、金融（18.33%）、知识（18.33%）、市场（需求）权力（8.33%）、运输（通道）权力（8.33%）、定价权力（8.33%）。**

图 4-2 是 7 个因子及其权重的示意图。

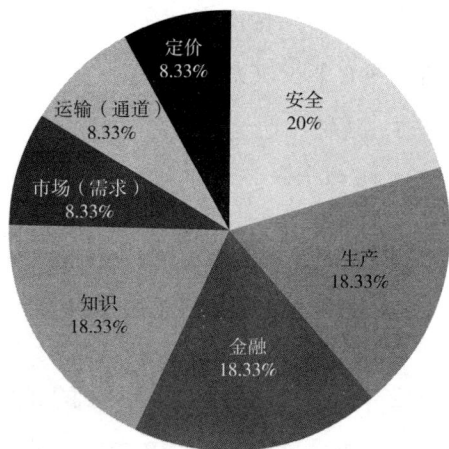

图 4-2 衡量结构性石油权力的 7 个因子及其权重分配

二、七个衡量因子的影响因素及分值确定

本书将二战以来美国、沙特、阿美石油公司"三角关系"的演变细分为四个主要阶段和九个次要阶段。显而易见，这 7 个衡量因子对于每一行为体而言，在每一个阶段的得分均是不同的。但在分析这 7 个因子的影响力时，其衡量标准应该是一致的。同时，由于因子的影响因素太多，难以量化评估，故本书将采用定性的分析和判断。

（1）对于"安全"因子，拟采用的衡量标准是美国对沙特的军售情况、美国对沙特的安全支持情况；沙特对美国石油供应高低情况（能源安全也是"安全"的一部分，采用沙特对美国石油出口量占美国当年石油进口总量的比例）；沙特在中东抵制苏联势力渗透的作用发挥；阿美石油公司对美沙"石油换安全"自主战略上的"桥梁作用"发挥情况。

（2）对于"生产"因子，按照斯特兰奇对"生产结构"的解释，更多侧重于跨国公司的生产，既侧重于在母国生产，又有全球化的生产与运营。这里拟采用的衡量标准是对石油勘探与生产的控制力究竟在哪个行为体手中，若进一步分析，可以采用"生产运营本地化"来进行衡量。

（3）对于"金融"因子，拟采用的衡量标准是，"三角关系"中三个行为体各自的金融（货币、信贷、资本、期货交易、保险等）影响力对其他两个行为体的作用。于美国而言，更多是指"石油美元"、纽约商品交易所的石油交易、美国对沙特的政府借款、美国对其跨国公司的资金支持和信贷等；于沙特而言，更多是指"石油美元"、沙特对美国的反向投资、沙特王室的财富对美国的影响力等，还包括沙特王室与阿美石油公司在石油收入和利润上的分配；于阿美石油公司及沙特阿美而言，更多是指阿美石油公司对沙特的投资和资金影响力，以及沙特阿美后来对美国的反向投资。

（4）对于"知识"因子，拟采用的衡量标准是，除了人们正常理解的知识，还包括意识形态、宗教信仰、信息与网络等。于美国而言，主要是指其在意识形态、信息、媒体、网络、油气行业标准等方面的影响力、控制力；于沙特而言，主要是指其在阿拉伯世界中的宗教影响力，对阿拉伯产油国的影响力，在 OPEC 中的控制力；于阿美石油公司及沙特阿美而言，更多是指其在沙特石油勘探开发、生产、加工、运输、销售等全产业链上的专业技术和经营管理能力。

（5）对于"市场"因子，这里的"市场"更多是从需求侧的角度分析，比如消费能力、消费市场开发等。拟采用的衡量标准是，美国的国内石油消费市场对沙特石油的吸引力，美国、沙特、阿美石油公司在全球油气市场的影响力，沙特国内勘探开发市场对阿美石油公司的吸引力等。

（6）对于"运输"因子，主要是指对运输通道的影响力。拟采用的衡量标准是，对通道（海运和陆上管道运输）的影响力，包括通道安全（咽喉要道的安全力量投射）、运输过程中突发事件的应急处置、运输中的保险、管道输送的自动控制系统等。

（7）对于"定价"因子，拟采用的衡量标准是，对于油价的影响力。按照著名石油战略学者丹尼尔·耶金的观点，影响油价的因素有很多，但"机动生产者"的影响力最大。因此，是否成为全球石油市场公认的"机动生产者"，将是衡量其"定价"能力的主要依据。从历史上看，20 世纪五六十年代的美国得克萨斯铁路委员会、冷战时期的苏联、20 世纪 70 年代之后的沙特，以及 2015 年以来的美国页岩油生产商和"维也纳联盟"中的俄罗斯，都可成为"机动生产者"。

关于每个因子的分值，将采用 10 分制，每个因子的最高得分为 10 分。同时，拟设定每个因子的起始得分为 3 分，而非 0 分，这是按照企业管理中业绩考核"关键绩效指标"（KPI）分值确定的国际惯例而设定的，其道理是对于每一个因子，每一个行为体（美国、沙特或阿美石油）在该因子上的"权力"（影响力）或多或少都存在，不可能绝对为零。

最后，在评价每一个行为体在每一次级阶段的综合结构性权力时，其方法是：算出每一个因子的评估分值（得分 × 权重），7 个因子的评估分值之和便是该行为体在这一阶段的总得分。不妨将这种结构性权力综合得分称为**"结构性权力指数"**。

第五章

美国、沙特、阿美石油公司 "三角关系"中结构性权力 评估及量化分析

上一章系统梳理了斯特兰奇的结构性权力理论，根据该理论，石油权力属于结构性权力；分析确立了二战以来"三角关系"所经历的四个主要阶段和九个次级阶段，以及划分每一阶段的依据；同时，研究确立了衡量各行为体每一阶段的结构性石油权力的五个维度、七个因子，并设定了每个因子的权重及其评估分值的范围。

本章将围绕上述九个次级阶段，邀请8位研究国际关系、中东石油政治、中东石油经济和沙特问题的专家，按照所设立的方法（数理分析）和评估标准，对美国、沙特、阿美石油公司及沙特阿美这三个行为体在每一个次级阶段的结构性权力指数进行评估打分，每项因子的分值取这8位专家打分的算术平均值，并在此基础上加权后，测算三个行为体各自的结构性权力指数。

第一节 "三角关系"第一阶段：二战后至1973年第一次石油危机前的结构性权力

上一章提到，二战后至1973年第一次石油危机以前，这一阶段于沙特而言，经历了伊本·沙特、萨乌德和费萨尔三任国王，可以细分为三个子阶段；同时，沙特经历了掌管石油对外合作的阿卜杜拉·苏莱曼财政部部长，以及塔里基和亚马尼两任石油部长；于美国而言，经历了罗斯福、杜鲁门、艾森豪威尔、肯尼迪、约翰逊和尼克松六任美国总统；于阿美石油公司而言，经历了戴维斯、穆尔和巴杰三任公司总裁。

一、第一次级阶段：1945年至1953年

这一阶段，于沙特而言是伊本·沙特作为立国之父掌权的8年，这期间也是阿卜杜拉·苏莱曼这位财政部部长、"阿卜杜拉长老"全权代表国王与

美国石油公司打交道的 8 年；于美国而言，经历了罗斯福和杜鲁门两位总统；于阿美石油公司而言，则是戴维斯和穆尔领导阿美石油公司在沙特开疆拓土的时期。

就这一阶段面临的世界政治经济格局和宏观环境而言，有以下几个大事件：一是 1946 年开启美国和苏联冷战，短短几年便形成了两个平行的以美国为代表的资本主义阵营和以苏联为领头羊的社会主义阵营，于沙特而言，实施积极的"反苏政策"，坚决依靠在美国这棵大树下，是其外交政策的核心。二是 1947 年联合国通过巴勒斯坦分治方案，1948 年以色列在巴勒斯坦土地上建立国家，第一次中东战争爆发。三是 1948 年美国首次成为原油净进口国，能源安全问题开始提上议事日程。四是 1948 年 4 月，美国正式启动为期四个财年的"马歇尔计划"，致使欧洲对美国跨国公司的原油生产和美国控制的中东石油的依赖度在增加，全球的石油生产中心也开始由美洲（北美地区的美国，南美地区的墨西哥、委内瑞拉）地区向中东地区转移。五是"石油七姊妹"牢牢控制着全球石油的生产、运输、加工和销售，牢牢掌控着石油价格。六是 1951 年发生的伊朗石油危机，伊朗时任首相穆罕默德·摩萨台强行从英国石油公司（BP）手中接管伊朗石油工业，引发阿美石油公司对沙特王室国有化本国石油资产的担忧。

七个衡量因子的评价如下：

（1）关于"安全"因子的评价和打分：这一时期，美国与沙特达成同盟协议，共同维护战后中东地区的和平稳定，美国为沙特提供安全"保护伞"，换取沙特向美国开放国内油气领域。美国还要求获得达兰空军基地的使用权，用于美军执行在中东地区的军事行动，而阿美石油公司的前身——加利福尼亚标准石油公司早在 1933 年就进入沙特市场。1945 年 2 月，罗斯福与伊本·沙特会见结束两周后，沙特向纳粹德国和日本正式宣战，这一举动最终为沙特赢得了联合国的一个席位。但 1947 年及 1948 年的巴勒斯坦分治及以色列立国，以及杜鲁门政府的"背信弃义"，违反罗斯福总统做出的"不支持以色列在巴勒斯坦建立国家"的承诺，选择支持巴勒斯坦分治和以色列立国。沙特王室尽管对此表示坚决反对，但面对本国在国家财政和安全上对阿美石油公司和美国政府的"绝对依赖"，只得妥协。这也表明，沙特这一时期奉行的是现实主义外交政策，没有因为巴勒斯坦等政治和宗教问题和美国翻脸。综上所述，这一时期，在"安全"因子考量上，"三角关系"中的权力大小依次是美国、阿美石油公司和沙特，8 位专家在该因子上对这三个行为体赋予的平均分值分别是 9.375 分、6.625 分和 5.125 分。

（2）关于"生产"因子的评价和打分：这一时期，沙特境内的石油勘探开发运输和加工销售等全产业链，几乎全部控制在阿美石油公司手中。这期间，阿美石油公司在沙特的勘探与生产突飞猛进，原油产量基本上是每年上一个台阶；阿美石油公司在沙特建起了第一座大型炼厂——Ras Tanura 炼厂，修建了一条当时世界上最长的"阿拉伯石油管道"，将沙特的原油运抵地中海，其中 20% 的输量供应美国海军军部；更为重要的是，在美国政府的支持下，另外两家美国石油巨头（埃克森和美孚）购买了阿美石油公司部分股份，阿美石油公司的股东由美国的两巨头变为四大石油巨头，这四个巨头也是"石油七姊妹"成员。当然，由于整个产业链条均在沙特国土上进行，作为东道国，特别在租地和当地政府、民众支持方面，沙特依然有一定的话语权。参照第四章设定的评价标准，在"生产"因子的考量上，"三角关系"中的权力大小依次是阿美石油公司、美国和沙特，8 位专家在该因子上对这三个行为体赋予的平均分值分别是 9.625 分、7.5 分和 5.875 分。

（3）关于"金融"因子的评价和打分：这一时期，"布雷顿森林体系"尚在构建初期，美国在全球的金融霸权尚未完全建立，对沙特的金融影响力有限；但阿美石油公司的资金实力和对沙特的投资是这一时期金融权力的体现；同时，沙特作为一个主权国家，在与外国投资者在石油收入和利润的分配上，有了较强的谈判能力。这期间最为典型的就是 1950 年 12 月，沙特与阿美石油公司达成石油利润"五五分成"的协议，此举大大增强了沙特王室和国家的财力，为后续整个国家的基础设施建设和发展奠定了物质基础。当然，在这一时期的石油收入和利润的分配上，沙特政府还处于劣势，大头还是为阿美石油公司所有。因此，在 "金融" 因子的考量上， "三角关系" 中的权力大小依次是阿美石油公司、美国和沙特，8 位专家在该因子上对这三个行为体赋予的平均分值分别是 8.5 分、7.625 分和 4.875。

（4）关于 "知识" 因子的评价和打分：这一时期，沙特作为阿拉伯世界中的大国坯子，开始在国际舞台上崭露头角。实际上，1945 年的那个情人节，美沙两国元首首次碰面时，讨论的核心是巴勒斯坦问题，这说明美国对沙特在阿拉伯和伊斯兰世界中的影响力足够重视。这一时期，作为信奉伊斯兰宗教激进主义——瓦哈比派的宗教国家，对苏联这样的 "无神论" 国家充满敌意，而这恰恰是美国所欢迎的。这一时期，阿美石油公司在沙特石油工业全产业链领域的技术和管理上拥有绝对的优势，后来成为沙特阿美首任 CEO 的阿里·纳伊米这一时期还在阿美石油公司当学徒。但据纳伊米在其回忆录《石油先生》里讲，1945 年，已经有 8000 多名沙特人在阿美石油公司工作，是两年前在职人数的 5 倍，这说明沙特当地雇员在阿美石油公司已开始发挥影响力。综上所述，在 "知识" 因子的考量上， "三角关系" 中的阿美石油公司、美国和沙特各有千秋，但影响力大小依次是阿美石油公司、美国和沙特，8 位专家在该因子上对这三个行为体赋予的平均分值分别是 8.875 分、8.25 分和 5.5 分。

（5）关于 "市场" 因子的评价和打分：这一时期，美国自 1948 年起转变为石油净出口国， "马歇尔计划" 的实施使得欧洲的经济和能源需求开始复苏，美欧的消费市场对沙特这样的产油国展示了较强的吸引力；同时，阿美石油公司及其四个股东在美国和欧亚石油消费市场上也具有较强的话语权，其营销业务已呈现全球化布局；另外，阿美石油公司在沙特市场上的独家开发地位不断巩固。因此，这一时期，在 "市场" 因子的考量上， "三角关系" 中的权力大小依次是美国、阿美石油公司和沙特，8 位专家在该因子上对这三个行为体赋予的平均分值分别是 9 分、7.625 分和 5.25 分。

（6）关于 "运输" 因子的评价和打分：这一时期，冷战的铁幕徐徐落下，美国开始在全球海上运输的咽喉要道部署军事力量，美国在沙特石油出口和运输安全上的影响是决定性的；同时，全长 1700 多千米的 "阿拉伯石油管道"

建成投产，从东到西穿越沙特全境，在保障管道的陆路安全输送上，沙特当地的力量不可忽视；另外，在保障管道按计划足额外输上，阿美石油公司也展示了其影响力。在"运输"因子考量上，8位专家对美国、沙特和阿美石油公司这三个行为体赋予的平均分值分别是8.625分、6分和7.25分。

（7）关于"定价"因子的评价和打分：这一阶段，原油的定价权掌握在以"石油七姊妹"为代表的国际石油巨头手中，作为其中四巨头在沙特的投资与运营实体，石油价格的涨落也体现了阿美石油公司的意志和利益。当然，考虑到以美元牌价，美国的货币政策对原油价格也有一定的影响。因此，在"定价"因子考量上，"三角关系"中的权力大小依次是阿美石油公司、美国、沙特，8位专家对这三个行为体赋予的平均分值分别是8.75分、7分和4.375分。

综合评估，1945年至1953年期间，美国、沙特和阿美石油公司在"三角关系"中结构性权力指数分别是8.211、5.305和8.242。显而易见，这一阶段，石油权力的大小依次是阿美石油公司、美国、沙特。具体可参见表5-1。

表 5-1　第一次级阶段结构性权力指数测算表

阶段	沙特国王与石油大臣	美国总统	阿美（沙特阿美）石油公司总裁	"安全"因子（权重：20%）			"生产"因子（权重：18.33%）			"金融"因子（权重：18.33%）			"知识"因子（权重：18.33%）		
				美国	沙特	阿美（沙特阿美）石油公司	美国	沙特	阿美（沙特阿美）石油公司	美国	沙特	阿美（沙特阿美）石油公司	美国	沙特	阿美（沙特阿美）石油公司
				9.375	5.125	6.625	7.500	5.875	9.625	7.625	4.875	8.500	8.250	5.500	8.875
第一次级阶段（1945—1953）	伊本·沙特国王&苏莱曼财政部部长	罗斯福、杜鲁门	戴维斯、穆尔	"市场"因子（权重：8.33%）			"运输"因子（权重：8.33%）			"定价"因子（权重：8.33%）			结构性权力指数		
				美国	沙特	阿美（沙特阿美）石油公司	美国	沙特	阿美（沙特阿美）石油公司	美国	沙特	阿美（沙特阿美）石油公司	美国	沙特	阿美（沙特阿美）石油公司
				9.000	5.250	7.625	8.625	6.000	7.250	7.000	4.375	8.750	8.211	5.305	8.242

二、第二次级阶段：1953 年至 1964 年

这一阶段，于沙特而言是萨乌德作为国王掌权的 11 年，这期间主要是阿卜杜拉·塔里基这位"红色长老"担任沙特首任石油大臣，他是一位典型的专家型官员；于美国而言，经历了艾森豪威尔和肯尼迪两位总统；于阿美石油公司而言，则是汤姆·巴杰担任公司 CEO，在他的领导下，公司相继在沙特取得重大石油发现。

就这一阶段面临的全球和地区性政治经济格局变化而言：一是美苏争霸和冷战加剧，并于 1962 年在加勒比海地区发生了一场震惊世界的古巴导弹危机。二是 1955 年爆发的越南战争，成为二战以后美国参战人数最多、影响最重大的战争，越战对亚洲乃至全球的国际政治产生了深远的影响。三是 1963 年美国总统肯尼迪在达拉斯遇刺身亡。四是 1956 年爆发的苏伊士运河危机，埃及总统纳塞尔夺回苏伊士运河的控制权，遭到以色列和英国、法国三国的军事报复打击，也称"第二次中东战争"。苏伊士运河危机极大地改变了中东地区的地缘政治格局，一战以来英法两国长期控制中东的势头得到遏制。五是 20 世纪五六十年代此起彼伏的亚非拉地区民族解放运动，广大发展中国家在主权和政治上走向独立。六是伊拉克、也门等沙特周边的一些国家摆脱殖民或君主统治①，沙特面临的地缘政治格局有所变化。当然，于结构性石油权力而言，对其影响较大的还是第七个外部变化，即 1960 年在巴格达成立的 OPEC，至此，沙特作为全球石油市场上的"机动生产者"，其在 OPEC 中的领头羊作用开始发挥。

这一时期的中东局势，可以用"四种相互重叠的斗争"来概括：美苏冷战格局下的地缘政治影响力竞争；多种阿拉伯民族主义力量与英国、法国两

---

① 1958 年 7 月 14 日，以阿卜杜勒·卡里姆·卡塞姆为首的"自由军官组织"推翻费萨尔王朝，成立伊拉克共和国；1963 年 2 月 8 日，阿拉伯复兴社会党推翻卡塞姆，建立以该党为主的政权，但由党外人士阿里夫任总统。1959—1963 年，英国先后将也门南部的六个苏丹国拼凑成"南阿拉伯联邦"，后"亚丁保地"宣布加入。1962 年，北也门发生革命，建立阿拉伯也门共和国，成为阿拉伯第一个摆脱殖民统治宣告独立的国家。

大旧殖民主义势力的斗争；阿拉伯—以色列冲突；不同阿拉伯国家为争夺阿拉伯世界领导权的斗争，号称"阿拉伯冷战"。

七个衡量因子的评价如下：

（1）关于"安全"因子的评价和打分：这一时期，由于沙特第二任国王萨乌德的无能和奢侈挥霍，其领导下的沙特在综合国力和影响力上，在阿拉伯世界均有所下降，这种情况下沙特在安全上更加依赖美国。1955年11月，国王萨乌德寻求美国的支持，希望后者为沙特军队提供为期五年的军事培训合作，该项目与美军在达兰的空军基地续约协议相挂钩，以期在美国支持下实现沙特军队的现代化改造。时任美国总统德怀特·艾森豪威尔决意在苏联和社会主义中国的周边搭建起一张网络，阻遏社会主义不断扩张的威胁，因此同意了这一要求。"在美国人眼中，达兰空军基地对美国在中东地区的防卫至关重要。"这一时期，美国身陷越战泥潭，而且经历了古巴导弹危机这一重大事件，其整体实力和对全球的霸权有所衰弱。这一时期，流血政变在埃及、伊拉克、叙利亚和伊朗大行其道，中东乱局加剧，外部的形势让沙特王室感到担心，担心被纳赛尔领导的强势埃及所推翻，从而进一步加大了对美国的安全依赖。例如，1963年年中，在埃及空军频繁袭扰沙特边境城镇后，肯尼迪政府信守承诺，派出由八架F100D喷气式战斗机、六架KB-50空中加油机组成的飞行中队和逾500名军事人员前往沙特，分别部署在达兰和吉达两地执行作战任务。与此同时，沙特的内部权力交接完成得简单且顺利，王储费萨尔公开表示对哥哥萨乌德国王的忠诚。虽然，在1961年以后，国王和王储的矛盾公开化，但萨乌德确实难以成为一名合格的沙特国王。最终，萨乌德于1965年被迫下台，并流亡异国。这期间，沙特的权力斗争也导致沙特的政局出现一定程度的动荡。这一时期，阿美石油公司依然牢牢控制着沙特的石油工业，但其本地化进程开始加快，开始着手培养一些沙特本地的工程师、地质师，并把他们送到美国学习。后来成为沙特阿美首任CEO和沙特石油大臣的纳伊米就是其中的一员。综上所述，这一时期，在"安全"因子的考量上，"三角关系"中的权力大小依次是美国、阿美石油公司和沙特，

8 位专家在该因子上对这三个行为体赋予的平均分值分别是 9.125 分、6.625 分和 5.25 分。

（2）关于"生产"因子的评价和打分：这一时期，由于沙特首任石油部部长（当时称为石油和矿物资源局局长）阿卜杜拉·塔里基的强势，阿美石油公司在沙特石油工业生产运营上的绝对控制力有所减弱。塔里基是全球石油界的知名人物，主要是因为他在 1960 年与委内瑞拉石油部部长阿方索共同创立了 OPEC。塔里基对当时委内瑞拉和墨西哥石油国有化运动和模式进行了潜心研习，并试图将其照搬到沙特，此举遭遇阿美石油公司的强烈抵制。激进的国有化方式行不通，塔里基就采用"掺沙子"的办法，引进其他外国投资者，试图平衡阿美石油公司的控制力。例如，1958 年，塔里基安排一家由多家公司组成的日本财团在沙特与科威特边境的所谓"中立区"近海获取海上钻探权；1954 年，沙特人认定他们有权组建自己的国家船运公司，并使用自己的油轮运输阿美石油公司的石油；1959 年，阿美石油公司的董事会首次接受 2 名沙特人，一位是沙特前驻英国大使，另一位就是塔里基。这一时期，作为阿美石油公司的 CEO，汤姆·巴杰对沙特人的"进攻"行为感到忧心忡忡，他偶尔会跟时任王储费萨尔抱怨，认为塔里基"疯狂地服从于政治与意识形态的行为动机"。当然，阿美石油公司对沙特石油生产依然具有绝对控制力，正如本书第二章所述，1958 年，阿美石油公司的原油日产量突破 100 万桶；截至 1962 年年底，阿美石油公司累计生产原油突破 50 亿桶大关。在"生产"因子的考量上，"三角关系"中的权力大小依次是阿美石油公司、美国和沙特，8 位专家在该因子上对这三个行为体赋予的平均分值分别是 8.75 分、7 分和 6.25 分。

（3）关于"金融"因子的评价和打分：这一时期，"布雷顿森林体系"在资本主义世界逐步完善，美国的金融霸权在强化。20 世纪 50 年代后期至 60 年代初期，以美元计价的原油挂牌价一直处于低迷状态（相对固定的石油价格和长期供货合同，这也是与苏联地区出口的石油竞相压价的结果），石油金融权力仍控制在美国和国际石油公司手中。同时，萨乌德国王掌权期间，对国家财政管理不善，造成财政赤字高企，变相降低了沙特的金融实力。另外，这一时期，由于阿美石油公司在沙特陆续加大勘探开发力度，并发现一批新的油田，在资金投入上有所增加，此举进一步提升了阿美石油公司的资产和资金实力。因此，在"金融"（信贷）因子的考量上，"三角关系"中的权力大小依次是美国、阿美石油公司和沙特，8 位专家在该因子上对这三个行为体赋予的平均分值分别是 9.25 分、7.75 分和 5.5 分。

（4）关于"知识"因子的评价和打分：这一时期，由于国王萨乌德的执政能力有限，加上其对激进而纯粹的伊斯兰传统瓦哈比教义的重视和推广程度不够，沙特在阿拉伯国家的宗教影响力和综合实力有所下降。与此同时，这一时期，沙特周边的国家，如埃及、伊拉克、也门、伊朗等民族革命风生水起，世俗化和民主化进程加速，导致美国在支持自由民主和扶持沙特这样的君主制政体上处于两难境地，沙特在意识形态等方面面临的外部压力加大。当然，为了对抗苏联的需要，沙特依然在中东地区的意识形态和教义输出上发挥重要作用。另外，在参与沙特石油工业生产运营方面，由于塔里基的强势，更多的沙特人开始在阿美石油公司中担任初级和中级技术与管理岗位，沙特在"石油知识"上的能力逐步上升。综上所述，在"知识"因子的考量上，"三角关系"中的影响力大小依次是阿美石油公司、美国和沙特，8 位专家对这三个行为体赋予的平均分值分别是 8.875分、8 分和 6.125 分。

（5）关于"市场"因子的评价和打分：这一时期，美国的原油消费节节攀升，再加上越南战争正酣，在对美国海外军队供油方面，阿美石油公司扮演着越来越重要的作用。同时，这一时期，沙特已成为全球重要的石油出口国，其产量的 90% 左右均供出口，美国、西欧和日本等国家的市场对沙特有着强大的吸引力，是阿美石油公司的主要客户。需要强调的是，按照国际石油合作惯例，阿美石油公司的原油主要通过其股东公司进行销售，也就是说，加利福尼亚标准石油公司、德士古石油公司、埃克森石油公司和美孚石油公司四家公司在全球的营销网络在为阿美石油公司的石油出口和销售提供支撑。另外，在塔里基的民族主义倾向影响下，阿美石油公司在沙特市场上的独家开发地位不断受到挑战，不断有外国投资者进入沙特石油市场。这一时期，在"市场"因子考量上，"三角关系"中的权力大小依次是美国、阿美石油公司和沙特，8 位专家在该因子上对这三个行为体赋予的平均分值分别是 8.625 分、7.625 分和 6.25 分。

（6）关于"运输"因子的评价和打分：这一时期，美苏两个超级大国在全球发生激烈对抗，全球海上石油运输的风险增大，美国由于将部分战略和军事力量投射到越南战场上，其在全球关键水域和运输咽喉要道的掌控能力有所下降；同时，由于埃及在苏伊士运河危机中获得重大胜利，包括沙特在内的阿拉伯国家在保障管道的陆路安全输送上继续保持着相当的影响力；另外，在保障管道按计划足额对外输出上，阿美石油公司也继续保持其影响力。在"运输"因子考量上，"三角关系"中的权力大小依次是美国、阿美石油公司和沙特，8 位专家对这三个行为体赋予的平均分值分别是 8.25 分、6.625 分和 6 分。

（7）关于"定价"因子的评价和打分：这一阶段，原油的定价权继续掌握在以"石油七姊妹"为代表的国际石油巨头手中，但随着 OPEC 在 1960 年成立，阿拉伯产油国和委内瑞拉等拉美国家的产油国开始抱团取暖，抗击"石油七姊妹"对油价和市场的垄断。OPEC 旨在通过消除有害的、不必要的价格波动，确保国际石油市场上石油价格的稳定，保证各成员国在任何情况下都能获得稳定的石油收入，并为石油消费国提供足够、经济、长期的石油供应。其宗旨是协调和统一各成员国的石油政策，并确定以最适宜的手段来维护它们各自和共同的利益。当然，彼时的 OPEC 尚处于成立初期，各产油国尚未形成相对统一的石油政策，OPEC 的力量有限。综上所述，在"定价"因子的考量上，"三角关系"中的权力大小依次是阿美石油公司、美国、沙特，8 位专家对这三个行为体赋予的平均分值分别是 8.375 分、7 分和 5.625 分。

综合评估，在 1953 年至 1964 年这一阶段，美国、沙特和阿美石油公司在"三角关系"中结构性权力指数分别是 8.259、5.815 和 7.861，石油权力的大小依次是美国、阿美石油公司、沙特。具体可参见表 5-2。相比于上一阶段，美国在"三角关系"中的石油权力超越阿美石油公司上升到第一位，且得分比上一阶段的 8.211 分有所提升，这主要是"布雷顿森林体系"发挥作用，美国的金融权力显著提升的原因。阿美石油公司的石油权力降为第二，其得分比上一阶段的 8.242 分有显著下降，主要是时任石油部长塔里基的强势，以及 OPEC 成立等因素，导致阿美石油公司的生产权、定价权有所下降。沙特的石油权力得分比上一阶段明显上升，主要是其在"生产""知识"和"市场"方面的权力有所上升。当然，在整体结构性权力方面，这一时期，沙特离阿美石油公司、美国还有不小差距。

表 5-2　第二次级阶段结构性权力指数测算表

阶段	沙特国王与石油大臣	美国总统	阿美（沙特阿美）石油公司总裁	"安全"因子（权重：20%）			"生产"因子（权重：18.33%）			"金融"因子（权重：18.33%）			"知识"因子（权重：18.33%）		
				美国	沙特	阿美（沙特阿美）石油公司	美国	沙特	阿美（沙特阿美）石油公司	美国	沙特	阿美（沙特阿美）石油公司	美国	沙特	阿美（沙特阿美）石油公司
				9.125	5.250	6.625	7.000	6.250	8.750	9.250	5.500	7.750	8.000	6.125	8.875

第二次级阶段（1953—1964）	萨乌德国王&阿卜杜拉·塔里肯石油部部长	艾森豪威尔、肯尼迪	汤姆·巴杰	"市场"因子（权重：8.33%）			"运输"因子（权重：8.33%）			"定价"因子（权重：8.33%）			结构性权力指数		
				美国	沙特	阿美（沙特阿美）石油公司	美国	沙特	阿美（沙特阿美）石油公司	美国	沙特	阿美（沙特阿美）石油公司	美国	沙特	阿美（沙特阿美）石油公司
				8.625	6.250	7.625	8.250	6.000	6.625	7.000	5.625	8.375	8.259	5.815	7.861

三、第三次级阶段：1964 年至 1973 年第一次石油危机前

这一阶段，于沙特而言是费萨尔作为国王掌权的 10 年，这期间主要是全球石油界的"智多星"亚马尼担任沙特石油大臣，他在任期间，沙特的石油权力得到了实质性的提升；于美国而言，经历了约翰逊和尼克松两位总统；于阿美石油公司而言，则是汤姆·巴杰和弗兰克·荣格斯担任公司 CEO。这一阶段，也是阿美石油生产能力和沙特石油产量增长最快的十年，从 1965 年的 210 万桶 / 日，增长至 1973 年的 770 万桶 / 日，增长近 4 倍。

这一时期，全球政治经济态势如下：一是美国在资本主义世界经济中的地位相对下降；美苏军事力量对比发生不利于美国的变化，苏联的军事实力不断提升；美国与西欧、日本矛盾加深；中国等第三世界国家力图摆脱超级大国的控制，中苏关系恶化。另外，20 世纪 60 年代末 70 年代初，工业国大都进入经济高速增长时期，资本主义世界的石油需求量从 1960 年近 1900 万桶 / 日，增加至 1972 年的 4400 万桶 / 日。需求的迅猛增长，改变了长期以来全球石油供过于求的局面。二是就中东局势而言，最主要的事件是 1967 年爆发的第三次中东战争（又称"六日战争"），以色列率先对埃及、叙利亚和约旦发起打击。仅此一战，以色列占领了埃及控制的加沙地带和西奈半岛、约旦控制的约旦河西岸和耶路撒冷旧城、叙利亚的戈兰高地共 6.5 万平方公里的土地，数十万阿拉伯平民逃离家园沦为难民，成为中东局势至今仍不可收拾的根源，至今无法和平。"六日战争"是中东战争中最具历史意义的转折点之一，也是 20 世纪军事史上最具有压倒性结局的战争之一。三是于全球石油市场而言，这一时期，沙特阿拉伯的石油产量占全球总产量的比例从 1965 年的 7.1% 上升至 1973 年的 13.1%，彼时全球原油挂牌价在 1970 年前的十年均保持在 1.80 美元 / 桶，1971 年、1972 年和 1973 年的平均石油价格略有上升，分别为 2.24 美元 / 桶、2.48 美元 / 桶和 3.29 美元 / 桶。另外一个值得关注的现象是，20 世纪 60 年代末和 70 年代初对美国国内石油工业而言是一道分水岭，其富余产能全部用尽。

　　这一时期，还要特别提到两个人，一位是沙特国王费萨尔（费萨尔·本·阿卜杜勒·阿齐兹·阿勒沙特），另一位是费萨尔一手提拔起来的时任沙特石油大臣亚马尼（艾哈迈德·扎基·亚马尼），这两位对沙特在"三角关系"结构性权力上的提升发挥了巨大作用。费萨尔国王堪称现代沙特的"总设计师"，他身上至少有"早慧的儿童"、沙特的"基辛格"、宫廷斗争的胜者、现代沙特的"总设计师"等标签。说他是"早慧的儿童"，是指费萨尔在年仅 12 岁的时候，就受命前往伦敦，代表沙特出席英国、法国等同盟国瓜分奥斯曼土耳其帝国的国际会议。说他是沙特的"基辛格"，他实际上是伊本·沙特的外交使者，是沙特外交政策的制定者、实施者，费萨尔的突出贡献还在于，他是沙特与美国间"特殊关系"的操盘手。他 1943 年对华盛顿的访问为美沙同盟关系奠定了基石；他直接参与谈判促成了美国租借达兰空军基地的合作协议。说他是宫廷斗争的胜者，是指他作为王储，长期与当时的国王萨乌德不和，并于 1964 年在沙特宗教神职人员"乌里玛"（Ulema）的支持下，"逼迫"萨乌德退位，自己顺利上位。说他是现代沙特的"总设计师"，是指费萨尔一手打造了现代沙特阿拉伯王国的政治制度。他将同父异母的兄弟，如哈立德、法赫德、阿卜杜拉、苏尔坦和萨勒曼等人，安排在内阁的关键岗位上，构成了一个极为强势的官僚体系，使得沙特"兄终弟及"的权力接替机制得以延续半个多世纪；同时，他大胆推进国内改革，以石油财富支撑"伊斯兰主义"在全球的扩张。

　　亚马尼是沙特第二任石油部部长，1963 年至 1986 年在任，是在任时间最长、影响力最大的一位石油部部长。任职期间，他利用多种策略，进一步加强对 OPEC 的控制，领导了震惊世界的 1973 石油危机，将国际油价短期内提高了 4 倍，导致整个资本主义世界经济体系在 20 世纪 70 年代末陷入滞胀的怪圈。时任美国国务卿基辛格亲赴中东与亚马尼进行谈判。国际石油界形容他是全球能源政治经济圈中的"智多星"。他身上的标签很多，其中关键的有沙特王储（费萨尔）的心腹、温和的亲美派、"石油武器"的使用者等。说他是温和的亲美派，实际上是指沙特政府定下的方针——在 OPEC 内部、在石油问题上采取耐心和温和的态度，以换取华盛顿的支持。这就是亚马尼作为石油大臣必须遵循的方针。他拥护这个方针，而且是忠实的执行者。这使得亚马尼在 OPEC 内外被公认为亲美的温和派。

七个衡量因子的评价如下：

（1）关于"安全"因子的评价和打分：这一时期，沙特继续依赖美国的安全保护。1967 年 6 月的第三次中东战争，埃及、叙利亚等阿拉伯国家彻底失败，沙特有了"唇亡齿寒"的感觉，加上苏联对埃及等阿拉伯国家的拉拢，沙特周边的安全形势复杂化。另外，因为第三次中东战争阿拉伯国家吃了大亏，阿尔及利亚、叙利亚、伊拉克等阿拉伯石油生产国也发起了对西方国家的"石油禁运"，但收效甚微，只持续了短短 4 天，主要是因为沙特并未追随。"石油换安全"依然是沙特的主旋律。即便是在此次禁运的高潮期，费萨尔国王也秘密地承诺向美国供应军事与航空用油，以应对其在越南和亚洲其他地区的战争行动。费萨尔知道中断沙特的石油供应，美国的军事将会陷入严重的困难，并希望将损害降下来以缓和美沙关系。费萨尔还在国内发生反美抗议的情况下，向阿美石油公司在沙特境内的员工承诺保证其安全。但第三次中东战争和石油禁运取得了一个"意外"的结果，就是英国不得不决定在1971 年前完全撤出苏伊士运河东岸地区。这一决定彻底终结了英国作为重要域外大国在海湾地区的影响力。1967 年前后，费萨尔国王曾暗示约翰逊总统，希望约翰逊政府能够像 1956 年的艾森豪威尔那样施压以色列，迫使以色列撤出非法占领的巴勒斯坦土地。但随着时间的流逝，费萨尔终于意识到这个想法有多么的不切实际，并最终自 1969 年开始亲自倡导组建泛伊斯兰和泛阿拉伯的联盟进行反击。1969 年，尼克松入主白宫，费萨尔召见美国驻沙特大使，请其代为转达并敦促尼克松政府在调解阿拉伯国家和以色列间纷争时采取更为平衡的做法。与此同时，这一时期，美国的石油生产能力逐步见顶，随着沙特对美国的石油出口量不断攀升，美国在能源安全和"廉价石油"上对沙特的倚重加大。这一时期，在"安全"因子考量上，美国、阿美石油公司和沙特的平均得分分别是 8.75 分、6.125 分和 6 分。

（2）关于"生产"因子的评价和打分：这一时期，沙特在全球石油生产侧（供给侧）的分量逐步加重，产量翻了好几番，其背后是阿美石油公司与沙特政府的密切配合，原因是沙特国王费萨尔作为对美外交的开创者，有意愿处理好与美国的关系，石油大臣亚马尼在忠实地执行这费萨尔的政策，对阿美石油公司采取温和的立场，而不是像其前任那样采取激进的民族主义政策。另外一个值得关注的现象是，20世纪60年代末和70年代初对美国国内石油工业而言是一道分水岭，其富余产能全部用尽，美国石油供给侧的分量在下降，但其巨大影响力犹在。综上所述，在"生产"因子的考量上，8位专家对"三角关系"中美国、沙特、阿美石油公司这三个行为体赋予的平均分值分别为7.125分、6.875分和7.875分。

（3）关于"金融"因子的评价和打分：这一时期，阿美石油公司对沙特的金融和投资影响力依然巨大，1966年，费萨尔访问美国，约见时任总统约翰逊。约翰逊被明确告知，美国当时在海外的最大私有投资企业就是位于沙特的阿美石油公司，其投资额已高达12亿美元。这一时期，尼克松上台执政后，于1971年放弃了"布雷顿森林体系"，随着石油逐步成为兼具战略性和商业性的全球大宗商品，"石油美元体系"开始建构。美国为美元找到了石油这个新的"锚"，期望继续得以维持美元在全球的霸权。这一时期，在费萨尔的领导和亚马尼的执行下，沙特的石油财富开始快速增长，国家有了国际收支顺差，开始出现"石油美元"盈余。因此，在"金融"因子的考量上，"三角关系"中的权力大小依然是美国、阿美石油公司和沙特，8位专家在该因子上对这三个行为体赋予的平均分值分别是8.875分、7.625分和6.375分。

（4）关于"知识"因子的评价和打分：这一时期，沙特在"三角关系"中的知识权力显著提升，在石油部长亚马尼的领导下，开始对阿美石油公司及其资产实施"渐进式"国有化。1972年，沙特政府成功实现第一次对阿美石油公司资产的"赎买"，政府获得阿美石油公司25%的股份。国有化的背后是沙特本地人对石油工业上下游产业链的技术和管理能力的提升。另外，这一时期，随着沙特的石油财富显著增加，费萨尔开始在国内外资助清真寺和宗教机构的建设，推动伊斯兰教在全球范围内的扩张。在"知识"因子的考量上，8位专家对"三角关系"中美国、沙特、阿美石油公司三个行为体赋予的平均分值分别是8分、6.625分和8.375分。

（5）关于"市场"因子的评价和打分：这一时期，随着美国石油进口量的增长，美国作为全球市场中心、消费中心的地位在逐步增强；随着欧洲和日本对石油需求的迅速增长，欧洲和日本对沙特这样的阿拉伯产油国产生了巨大吸引力，欧洲和日本的市场权力在加强。这一时期，随着沙特政府对阿美石油公司"渐进式"国有化的实施，阿美石油公司在沙特的市场权力在下降。在"市场"因子考量上，8位专家对"三角关系"中美国、沙特、阿美石油公司三个行为体赋予的平均分值分别是8分、6.5分和7.25分。

（6）关于"运输"因子的评价和打分：这一时期，在"运输"因子的考量上，"三角关系"中的权力大小依次是美国、沙特和阿美石油公司，8位专家对这三个行为体赋予的平均分值分别是8分、6.5分和6.375分。

（7）关于"定价"因子的评价和打分：这一阶段，从1964年至1970年，依然采用国际石油巨头确定的牌价，即1.8美元/桶，这说明以"石油七姊妹"为代表的国际石油公司在定价上依然具有控制力。1971年至1973年，由国际石油公司把控的标价机制被打破，OPEC开始在石油市场供需和价格机制确定上发挥更大影响力。另外，"石油美元"体系开始发挥作用。因此，在"定价"因子的考量上，8位专家对"三角关系"中美国、沙特、阿美石油公司这三个行为体赋予的平均分值分别是7分、6.125分和7.5分。

综合评估，在1964年至1973年这一阶段，美国、沙特和阿美石油公司在"三角关系"中结构性权力指数分别是8.065、6.436和7.361，具体见表5-3。这一阶段，结构性石油权力的大小次序与上一阶段相同，依次是美国、阿美石油公司、沙特。但可以看出，相比于上一阶段，沙特的石油权力上升最快，与阿美石油公司越来越接近，其主要原因是沙特国王费萨尔的领导力，在稳定沙特政局和沙特政体后，开始向全球传播伊斯兰主义；此外，还得益于亚马尼这位杰出石油部长的执行力和管理能力，沙特在全球石油市场的地位不断提升，国家石油财富不断增加。相比于上一阶段，阿美石油公司的石油权力下降显著，主要原因在于，在"生产""知识""定价"等因子上，阿美石油公司已向沙特政府让渡了部分权力。另外，相比于上一阶段，美国的结构性石油权力有所下降，主要是因为其"市场"权力有所下降，其金融权力和生产权力相对沙特而言也在下降。

表 5-3　第三次级阶段结构性权力指数测算表

阶段	沙特国王与石油大臣	美国总统	阿美（沙特阿美）石油公司总裁	"安全"因子（权重：20%）			"生产"因子（权重：18.33%）			"金融"因子（权重：18.33%）			"知识"因子（权重：18.33%）		
				美国	沙特	阿美（沙特阿美）石油公司	美国	沙特	阿美（沙特阿美）石油公司	美国	沙特	阿美（沙特阿美）石油公司	美国	沙特	阿美（沙特阿美）石油公司
				8.750	6.000	6.125	7.125	6.875	7.875	8.875	6.375	7.625	8.000	6.625	8.375

阶段	沙特国王与石油大臣	美国总统	阿美（沙特阿美）石油公司总裁	"市场"因子（权重：8.33%）			"运输"因子（权重：8.33%）			"定价"因子（权重：8.33%）			结构性权力指数		
第三次级阶段（1964—1973）	费萨尔国王 & 亚马尼石油部部长	约翰逊、尼克松	汤姆·巴杰、荣格斯	美国	沙特	阿美（沙特阿美）石油公司	美国	沙特	阿美（沙特阿美）石油公司	美国	沙特	阿美（沙特阿美）石油公司	美国	沙特	阿美（沙特阿美）石油公司
				8.000	6.500	7.250	8.000	6.500	6.375	7.000	6.125	7.500	8.065	6.436	7.361

第二节 "三角关系"第二阶段：第一次石油危机至苏联解体的结构性权力

按照第四章的界定标准，本阶段指 1973 年 10 月第一次石油危机爆发，至 1991 年 12 月 25 日前苏联解体。这一阶段，于沙特而言，经历了费萨尔、哈立德和法赫德三任国王，可以细分为三个子阶段；同时，沙特经历了亚马尼和纳扎尔两任石油部长；于美国而言，经历了尼克松、福特、卡特、里根和老布什五任美国总统；于阿美石油公司和沙特阿美公司而言，经历了荣格斯、凯尔贝尔、纳伊米三任公司总裁。

一、第四次级阶段：1973 年 10 月第一次石油危机爆发至 1975 年 3 月费萨尔国王去世

这一时期虽然短暂，但这一时期的石油政治问题引起了全世界的关注。最主要的事件就是阿拉伯产油国抱团取暖，对美国、西欧和日本等西方国家发起了一次前所未有的"石油禁运"，致使国际油价在短短几个月内上涨了 4 倍左右，直接导致美国等西方国家在经济上陷入滞胀，在能源安全上面临极大考验。"石油武器"由此而来。这一时期的石油问题也是西方主流国际政治经济学界和石油地缘政治、能源战略学界研究得最多的。

1973 年 10 月爆发的第四次中东战争和随后以沙特为首的阿拉伯产油国向西方国家发起的"石油禁运"，堪称 20 世纪最大的"石油事件"。1973 年夏，费萨尔国王便将"石油禁运"的警告由秘密转向公开。在接受《新闻周刊（News Week）》的采访时，他明确表示，"如果美国继续支持以色列对阿拉伯世界的攻击行为，沙特政府将把其石油资源作为政治武器（予以还击）"。紧接着，接替 1970 年逝世的纳赛尔的埃及新任总统安瓦尔·萨达

特（Anwar Sadat）、叙利亚总统哈菲兹·阿萨德于 1973 年 8 月访问利雅得。这两位领导人向沙特透露，已准备好联合向以色列发起反攻，希望得到费萨尔的明确支持，特别是在美国继续支持以色列的情况下动用"石油禁运"这一武器。费萨尔表示同意，并要求萨达特要尽可能地将战事拖久，以便让"石油禁运"这一武器发挥出最大效用。对此，萨达特在他本人的回忆录中这样写道，"费萨尔国王是一位能够永远保持冷静的杰出领导人，也是我们永远的真诚朋友"。1973 年 10 月 17 日，阿拉伯石油输出国组织（Organization of Arab Petroleum Exporting Countries, OAPEC）成员国的石油部长们齐聚科威特，并集体宣布立即削减原油产量和出口量的 5%，以报复美国向以色列提供支持。同时，OAPEC 的声明还指出，如果美国不调整其支持以色列的外交政策，每满 30 天就再次削减产量和出口量的 5%。作为这一决定的倡导者，沙特政府于第一时间将产量削减了 10%。①

1973 年 10 月 19 日，尼克松总统宣布向以色列提供总价值 22 亿美元的紧急军事援助。次日，沙特立即切断了其对美国、荷兰、葡萄牙、南非和罗德西亚（Rhodesia，如今的津巴布韦）的全部原油出口作为报复，以示对这些国家支持以色列的严重不满。对此，著名石油战略专家丹尼尔·耶金的《石油大博弈》一书中记载了这样一个情节：

10 月 20 日星期天凌晨两点，基辛格启程去莫斯科制订一项停火计划。他在飞机上听到更为震惊的消息。作为对美国援助以色列的报复，沙特不是逐渐限产，而是马上停止向美国出口石油。其他阿拉伯国家也已经或正在这样做。石油武器现在完全投入战斗——用基辛格的话来说，这是"政治讹诈"武器。战后 30 年来的石油秩序已经彻底崩溃。阿美石油公司的一位高级董事听到此消息时说："对于禁运的可能性，我连想都没有想过。我只想，如果战争爆发，假如美国站在以色列一边，美国在阿拉伯国家的石油资产肯定会被国有化。"

———————————

① 值得注意的是，1967 年那次石油禁运的发起国——伊拉克，却拒绝参与这次集体行动。巴格达方面辩称，石油禁运仅仅是一种姿态，实际成效不彰。时任伊拉克领导人萨达姆·侯赛因事实上上调了该国的原油产量和出口量，在石油禁运期间狠狠赚了一大笔。

至 1973 年 12 月，OAPEC 再次在科威特举行部长级会议，决定将原油产量削减 25%。受此影响，国际油价暴涨，引发了美国国内严重恐慌，全国所有加油站外等待加油的车辆都排起长龙。在这一特殊时期，亚马尼作为石油大臣常常出现在公众视野中，但显然，费萨尔才是政策的最终决定者。"石油禁运"对于美国经济造成的消极影响是破坏性的：1973—1975 年间，国内生产总值下跌 6%；20 世纪 70 年代后期，国内通胀率飙升至两位数。这种破坏性的影响直至"石油禁运"结束后相当长的时间内仍然未能消弭。

以上就是这一期间震惊世界的第四次中东战争和费萨尔发动的"石油禁运"。但耶金先生也强调，如果时间回溯到 1972 年夏天，诸如萨达特等阿拉伯世界的各种人物大声疾呼要使用"石油武器"来实现他们的政治和经济目标时，费萨尔是表示明确反对的。费萨尔当时预测，美国在 1985 年以前并不真正依赖阿拉伯湾（波斯湾）的石油，美国不大可能因削减石油供应而受到影响。促使费萨尔的态度发生转变的是，中东石油出人意料地提前成为必不可少的供应来源。尤其是沙特一跃成为补足包括美国在内的各国石油短缺的供应者。美国对沙特等海湾国家的严重石油依赖提前到了 1973 年，而非此前预估的 1985 年。1973 年，沙特这个沙漠王国终于成了足以左右全世界的产油国。它在世界石油总出口量所占的比例迅速增加，从 1970 年的 13% 增加到 1973 年的 21%，并且仍在继续增长。1973 年 7 月，沙特平均日产原油 840 万桶，比 1972 年 7 月平均日产量 540 万桶增加了 62%。

这一时期，特别是在整个中东的军事冲突，持续数月的石油危机，加上水门事件和十月战争，造成了整个世界的混沌。当然，尼克松这一时期主动缓和对华关系，开启对中国的"破冰之旅"，在相当程度上缓解了中美这两个大国长期以来的敌对关系。而这一时期的"石油禁运"和"石油武器"在相当程度上改变了当时世界石油体系的权力格局。李若晶认为，1973 年 10 月中东战争中 OAPEC 对美国和荷兰等国的"石油禁运"，事实上是冷战以来中东产油国对西方特别是美国主导的世界石油游戏规则挑战的高潮。

这一时期，七个衡量因子的评价如下：

（1）关于"安全"因子的评价和打分：这一时期，埃及的纳赛尔总统已经去世，纳赛尔时期的埃及堪称阿拉伯世界的领头羊，主动向苏联靠拢，并试图推翻沙特的王室统治，给沙特造成巨大压力。萨达特时期的埃及相对温和，"阿拉伯冷战"缓和，沙特面临的来自本地区的安全压力下降，对美国的安全依赖也就相应下降。另外，美苏冷战和对抗中，苏联的力量、特别是军事实力逐步赶上美国，苏联在中东等全球战略要地开始展开攻势，美国在中东面临来自苏联的压力增大。于美国而言，一方面是尼克松政府这一时期在该地区推行的是"双支柱"战略，即将沙特和伊朗这两个地区大国视为同等战略合作伙伴，向两国提供规模相仿的军事等方面的支持，并依靠两国维持整个地区的政治经济秩序和安全稳定局势；另一方面是需要安抚沙特和伊朗，鼓励沙特增加"廉价石油"的产量，以便满足美国能源安全和遏制苏联石油过多渗透进入资本主义国家消费市场。彼时，沙特和伊朗的关系不是中东地区的主要矛盾之一，这与现在不同。这一时期，在"安全"因子的考量上，8 位专家对美国、沙特和阿美石油公司打分的平均值分别是 8.5 分、6.875 分和 6.125 分。

（2）关于"生产"因子的评价和打分：这一时期，如第三章所阐述，沙特政府对阿美石油公司发起了第二次"赎买"。1974 年 6 月 11 日，亚马尼与阿美石油公司的四家股东达成了新的协议，将沙特持有的阿美石油公司股份增加到 60%。这意味着，在所有权层面，沙特政府已经实现对阿美石油公司的控制，但在生产运营管理方面，关键技术和管理层岗位依然要靠美国人。这里有必要解释一下，1974 年 10 月至次年 2 月，沙特政府是如何说服（逼迫）阿美石油公司接受沙特政府的立场，并对美国实施禁运的呢？按照埃伦·沃尔德的分析，1973 年，沙特政府禁运的对象实际上是阿美石油公司，以及阿美石油公司管理层的祖国——美国。阿美石油公司拥有一切——油井、输油管道、炼油设施、油轮——并且控制着所有物流（供应链）。说到底，沙特政府彼时只拥有阿美石油公司 25% 的股份，除了威胁在港口和边境实施军管，沙特没有任何控制权。况且，沙特政府也一直明确表示不会对自己的石油合作伙伴使用武力。所以，对于阿美石油公司完全配合东道国政府去对自己的祖国实施禁运，这的确有些令人费解。关键还是在费萨尔的旨意下，亚马尼以其"三寸不烂之舌"说服了阿美石油公司去配合沙特。据时任阿美石油公司总裁荣格斯回忆，1973 年 10 月 21 日，亚马尼给他打电话，告知沙特政府决定对销往美国和美国某些盟友的石油实施禁运。荣格斯记得自己当时对亚马尼说，他"不认为他们能够做到这一点"。而亚马尔则冷冷地说："哦，我们能做到。我们已经讨论过了。我们能做到，因为你们会做到。"后来的事实证明，阿美石油公司确实做到了，出人意料地满足了沙特的要求，而且是 100% 满足。综上所述，在"生产"因子的考量上，沙特已经占据主导地位，8 位专家对"三角关系"中美国、沙特、阿美石油公司这三个行为体赋予的平均分值分别为 7.125 分、7.875 分和 7.125 分。

（3）关于"金融"因子的评价和打分：这一时期，沙特石油工业的投资仍然来自阿美石油公司；同时，"石油美元"在全球范围内尚未形成规模，美国处于原有金融霸权体系被新的体系替代的转换期，整体金融霸权有所下降。在"金融"因子的考量上，"三角关系"中的权力大小依然是美国、阿美石油公司和沙特，这一时期，8 位专家在该因子上对这三个行为体赋予的平均分值分别是 7.875 分、7.375 分和 6.75 分。

（4）关于"知识"因子的评价和打分：这一时期，如前所述，沙特完成了对阿美石油公司股份的第二次"赎买"，沙特人对本国石油工业从上游勘探开发、中游运输到下游加工销售等全产业链的把控能力逐渐增强，阿美石油公司对更多的关键技术和管理岗位进行"当地化"。同时，这一时期在费萨尔的领导下，沙特的"软实力"在整个阿拉伯世界不断上升，埃及等国家的综合实力则在下降。在"知识"因子的考量上，8 位专家对"三角关系"中美国、沙特、阿美石油公司三个行为体赋予的平均分值分别是 8 分、7.375 分和 7.875 分。

（5）关于"市场"因子的评价和打分：这一时期，1973 年至 1975 年，沙特的石油年产量分别是 3.84 亿吨、4.3 亿吨和 3.59 亿吨；同期，美国的石油产量分别是 5.15 亿吨、4.91 亿吨和 4.69 亿吨，美国的产量已处于下行阶段，其 20 世纪的产量高峰出现在 1970 年，为 5.33 亿吨。这三年，美国从沙特进口的原油量分别是 2310 万吨、2190 万吨和 3505 万吨，分别占美国当年石油进口总量的 7.25%、7.1% 和 11.1%。"石油禁运"导致石油供不应求，使得沙特的市场权力在上升。这一时期，在"市场"因子的考量上，8 位专家对"三角关系"中美国、沙特、阿美石油公司三个行为体赋予的平均分值分别是 7.625 分、7.625 分和 6.875 分。

（6）关于"运输"因子的评价和打分：这一时期，特别是沙特挥舞"石油武器"期间，沙特控制了其石油出口和海上贸易的流向，控制了有关对外输出的石油终端设施和港口码头等设施。当然，在海运方面，还得依赖美国在全球各水域和咽喉要道上的军事控制力。在"运输"因子的考量上，"三角关系"中的权力格局与上一阶段基本相似，权力大小依次是美国、沙特和阿美石油公司，8 位专家对这三个行为体赋予的平均分值分别是 8.25 分、6.875 分和 6.25 分。

（7）关于"定价"因子的评价和打分：这一时期的定价权让渡给了以沙特、伊朗为首的 OPEC 成员国。1973 年 10 月在科威特召开的 OPEC 会议上，OPEC 很快就定下了价格，单方面决定将原油牌价提高 70%，达到每桶 5.11 美元 / 桶。决定一经公布，亚马尼告诉其他国家的石油部部长："这是我期待已久的一个时刻。时机终于到了。我们是自有商品的主人。"1973 年 11 月 23 日，"石油禁运"期间，OPEC 再次举行会议，制定了一个能够反映市场情况的新油价，结果是在伊朗石油部部长阿穆泽加尔的力主下，牌价又一次被调高至 11.65 美元 / 桶，短短两个月不到，油价翻了四番。1974 年和 1975 年，石油的平均价格分别为 11.58 美元 / 桶和 11.53 美元 / 桶。当然，作为阿美石油公司，并不反对 OPEC 大幅提升原油挂牌价，其石油收入和利益在成倍增长，其背后母公司的利润也在快速增长。以至于，随着美国消费者遭到汽油价格飙升的打击越来越大，阿美石油公司的股东公司的美方管理层被叫到国会听证会现场接受质询，要求他们对这次席卷整个工业世界的大规模能源危机做出解释和交代。因此，这一时期，定价权掌握在沙特、伊朗这类 OPEC 重要玩家手中。在"定价"因子的考量上，8 位专家对"三角关系"中美国、沙特、阿美石油公司这三个行为体赋予的平均分值分别是 7 分、8.25 分和 6.625 分。

综合评估，在 1973 年至 1975 年这一阶段，美国、沙特和阿美石油公司在"三角关系"中结构性权力指数分别是 7.821、7.303 和 6.972，具体见表 5-4。这一阶段，石油权力的结构性变化比较大。最突出的变化是沙特的石油权力快速上升，大大超过了阿美石油公司，与美国的石油权力接近。这一阶段，特别是沙特等阿拉伯产油国对西方实施"石油禁运"和使用"石油武器"，导致美国和西欧、日本的经济发展出现困境，沙特成功迫使美国对其让渡更多战略利益或变相在安全上做出更多保护。这一时期，沙特的石油权力处于"巅峰"，令全球侧目。相比于上一阶段，阿美石油公司的石油权力下降显著，公司一度服从于沙特政府的安排，配合沙特政府发起了对自己母国（美国）的制裁。从现实主义国际关系理论视角看，这一点也解释得通，即便是实力最强

表 5-4　第四次级阶段结构性权力指数测算表

阶段	沙特国王与石油大臣	美国总统	阿美（沙特阿美）石油公司总裁	"安全"因子（权重：20%）			"生产"因子（权重：18.33%）			"金融"因子（权重：18.33%）			"知识"因子（权重：18.33%）		
				美国	沙特	阿美（沙特阿美）石油公司	美国	沙特	阿美（沙特阿美）石油公司	美国	沙特	阿美（沙特阿美）石油公司	美国	沙特	阿美（沙特阿美）石油公司
				8.500	6.875	6.125	7.125	7.875	7.125	7.875	6.750	7.375	8.000	7.375	7.875

第四次级阶段（1973—1975）	费萨尔国王 & 亚马尼	尼克松、福特	荣格斯	"市场"因子（权重：8.33%）			"运输"因子（权重：8.33%）			"定价"因子（权重：8.33%）			结构性权力指数		
				美国	沙特	阿美（沙特阿美）石油公司	美国	沙特	阿美（沙特阿美）石油公司	美国	沙特	阿美（沙特阿美）石油公司	美国	沙特	阿美（沙特阿美）石油公司
				7.625	7.625	6.875	8.250	6.875	6.250	7.000	8.250	6.625	7.821	7.303	6.972

的跨国公司，在面对东道国这一主权国家强大压力的时候，也不得不做出让步。另外，相比于上一阶段，美国的结构性石油权力进一步下降，其背后是这一时期美国在全球霸权的相对衰落，以及其在世界石油体系中地位的下降。

二、第五次级阶段：1975 年至 1982 年

费萨尔于国王 1975 年 3 月被刺杀，沙特石油权力的"巅峰时刻"能否延续？这一阶段，于沙特而言是哈立德国王掌权的 7 年，但哈立德有着严重的心脏病，其健康存在严重问题。毫无疑问，疾病极大地影响了哈立德的执政能力。绝大多数时间里，王国的日常行政事务都交由时任王储法赫德打理，这给予了后者在沙特国内日益增强的影响力。这一时期，亚马尼继续担任沙特的石油部部长。于美国而言，则经历了福特、卡特和里根三位总统，福特时期的国务卿仍为基辛格。于阿美石油公司而言，则是到了负责沙特石油工业生产经营管理的后期，这一阶段的 CEO 是荣格斯和凯尔贝尔，凯尔贝尔是阿美石油公司最后一位 CEO，他的任职一直到 1988 年（1984 年至 1988 年，纳伊米虽然也是阿美石油公司的总裁，但主要还是协助凯尔贝尔工作）。

就这一阶段美国、沙特、阿美石油公司"三角关系"面临的外部环境而言，堪称最为动荡的 7 年，主要有五件大事直接对"三角关系"产生影响，而且这五件大事在不到两年的时间里接连发生。

一是 1979 年伊朗爆发了震惊世界的"伊斯兰革命"。1979 年 1 月 16 日，伊朗巴列维国王经不起国内此起彼伏的抗议浪潮，选择离开伊朗逃亡，持续了近 55 年的巴列维王朝倒台（中间出现过 1953 年被摩萨台政府短暂推翻后复辟），宗教领袖艾哈迈德·穆萨维·霍梅尼上台，并与美国交恶，伊朗由此从美国的战略盟友转变为战略对手。于沙特而言，君主制政体在伊朗如此快速地土崩瓦解大大出乎沙特王室的预料，使得王室感受到君主制政体面临的巨大威胁。

二是同样在 1979 年初，埃及不顾其他阿拉伯国家的反对，单方面与以色列媾和。早在 1977 年 11 月，埃及总统萨达特就前往耶路撒冷与以色列领

导人直接会面，并在以色列议会发表演讲，这导致阿拉伯国家内部发生了分裂，叙利亚、伊拉克、阿尔及利亚、利比亚和南也门指责埃及领导人寻求私下与以色列单独媾和，而沙特彼时的反应相对温和，不愿意与埃及闹僵。萨达特最终于1979年3月在华盛顿与以色列正式缔结了和平协定。在"大义"和"底线原则"面前，沙特最终选择和大多数阿拉伯国家站在一起，包括沙特在内的几乎所有阿拉伯国家都切断了与埃及的外交关系，关闭了在开罗的外交机构。哈立德国王做出与开罗和华盛顿决裂的选择，这符合沙特王室在阿以冲突问题上的一贯政策立场。上述这两件大事均"戏剧性地"动摇了沙特与美国盟友关系的根基，使得美沙关系出现重大裂痕。

三是1979年11月，麦加大清真寺被宗教狂热分子占领，哈立德被迫下令动用军队和杀伤性武器攻进大清真寺，以重新夺回伊斯兰教圣地。这件事使得沙特王室元气大伤，最后在法国特种部队的协助下，以死亡近1000人的代价，夺回了大清真寺。

四是在麦加大清真寺血腥事件爆发后不久，苏联于1979年12月入侵阿富汗，开启了长达十年的阿富汗战争。苏联入侵阿富汗时，所有亲美的阿拉伯国家均认为苏联是"醉翁之意不在酒"，导致沙特等国在国家安全上不得不向美国进一步靠拢。

五是1980年9月，伊拉克入侵伊朗，开始了长达八年的"两伊战争"。"两伊战争"使得中东地区的地缘政治格局发生重大变化，迫于伊拉克强大的军事实力，沙特又不得不主动向美国靠拢。

这一时期，七个衡量因子的评价如下：

（1）关于"安全"因子的评价和打分：这一时期，一方面，由于埃及"一意孤行"与以色列达成和平协议，导致阿拉伯世界继20世纪五六十年代"阿拉伯冷战"后，陷入新的分裂。一边是阿拉伯兄弟，另一边是美国及美国力挺的以色列，这令沙特左右为难，但最终还是坚守"道义原则"，与阿拉伯国家的立场保持一致。而这动摇了美沙关系的根基，美沙的盟友关系在弱化。另一方面，面对伊朗巴列维王朝被迅速推翻而给沙特带来的恐惧，面对苏联入侵阿富汗，以及伊拉克入侵伊朗造成的地区地缘政治格局的改变，沙特的国家安全形势急剧恶化，不得不更加倚重美国。1978 年，沙特成功从美国购得一批 F–15 战斗机，以提升自身的安全防范能力。这一时期，卡特总统针对中东局势表达了美国的强硬立场。1980 年 1 月 23 日，卡特在国情咨文中提出一项对海湾地区的政策声明："外部势力攫取控制波斯湾地区的任何企图，都将被看作是对美国根本利益的进攻。对于这种进攻，美国将使用包括军事力量在内的任何必要手段，予以击退。"这就是著名的"卡特主义"。卡特主义的出台，表明美国决心提升对其在海湾地区盟友的保护能力。另外，这一时期，沙特的原油产量进一步上升，1976 年至 1981 年的 6 年间，沙特对美国的原油出口水平平均达到 124.1 万桶 / 日（年均 6200 万吨），是费萨尔时期的两倍以上，沙特成为美国在中东的最大石油出口国，在能源安全保障上对美国的影响力不断提升。这一时期，在"安全"因子的考量上，美国、沙特和阿美石油公司这一时期的专家打分平均分值分别是 9.125 分、7.25 分和 6.125 分。

（2）关于"生产"因子的评价和打分：这一时期，沙特和美国的石油产量已经不相上下。1976 年至 1981 年，美国平均年产石油 4.73 亿吨，且逐年下降；而沙特的年均产量为 4.72 亿吨，处于上升期，其 1980 年和 1981 年的产量甚至超过了 5 亿吨。在保障美国及其西欧、东亚地区盟国的石油供应上，沙特的作用不可替代。这一时期，如第三章所阐述，阿美石油公司依然在沙特石油工业生产经营管理的各个环节上发挥重要作用，而且一直保持着与沙特政府的良好关系，沙特政府也成功避免了发生在委内瑞拉、伊拉克、伊朗那种因"快速国有化"导致国际石油公司和产油国"翻脸"的做法，而是采取"渐进式"国有化的方式。1976 年，沙特政府对阿美石油公司成功实现第三次"赎买"，获得阿美石油公司余下 40% 的股份，至此，沙特政府拥有阿美石油公司 100% 的所有权。但经营管理权仍在阿美石油公司管理层和其背后四家母公司手中。相比 1973 年至 1975 年的费萨尔时期，这一时期沙特政府与阿美石油公司的关系无疑要好很多。综上所述，在"生产"因子的考量上，沙特已经占据主导地位，8 位专家对"三角关系"中美国、沙特、阿美石油公司这三个行为体赋予的平均分值分别为7.625分、8.5分和7.25分。

（3）关于"金融"因子的评价和打分：这一时期，油价高企，1974年至1978年，国际油价在11.5美元/桶至14美元/桶的高油价区间徘徊，已经是1973年平均油价的四倍左右；而1979年至1982年，由于伊朗伊斯兰革命造成第二次石油危机等缘故，油价急剧攀升到30美元/桶以上（若以2018年的美元价格计算，相当于110美元/桶），甚至在1980年达到了近37美元/桶的平均价格。高油价加上高产量，使得阿美石油公司和沙特的财富呈爆发式增长。正如丹尼尔·耶金所说，"石油输出国总的石油收入从1972年的230亿美元，上升到1977年的1400亿美元""这些刹那间成了暴富和肯定做梦都没有想到如此悠闲的石油输出国开始实施一些令人眼花缭乱的花钱计划：工业化、基础设施、津贴、奢侈品、武器、投资美国"。在"石油美元"的支持下，沙特实施了加快基础设施建设、加大对教育体系的投入等一系列快速现代化的措施，虽然此举冲击了沙特传统社会，带来了一些问题，但整个社会总体保持稳定。沙特的石油财富也支撑了其在"石油美元"体系中的地位，意味着其金融权力的显著提升。因此，在"金融"因子的考量上，8位专家对美国、阿美石油公司和沙特三个行为体赋予的平均分值分别是7.875分、7.125分和6.875分。

（4）关于"知识"因子的评价和打分：这一时期，世界石油体系的知识中心依然在美国，国际石油公司在北海地区和阿拉斯加地区发现了大型油田，这在相当程度上满足了英国、挪威能源供应的需要，弥补了美国石油产量的递减。这些成就的取得得益于国际石油公司在深海勘探开发和特殊环境地带石油开发的技术日趋成熟。相对于沙特等产油国，国际石油公司继续掌控着全球先进的石油勘探、开采与加工技术。而且，为规避阿拉伯国家对美国等西方发达国家实施"石油武器"带来的风险，发达国家于1974年成立国际能源署（IEA）。20世纪70年代末和80年代初，IEA开始发挥作用，统一协调和推动各石油消费大国加强石油战略储备，寻求多边合作，建立合作机制，在一定程度上对冲了OPEC的强势和垄断石油生产给发达消费国带来的挑战。因此，在"知识"因子的考量上，国际石油公司和美国等发达消费国的权力在增大。在该因子的考量上，8 位专家对"三角关系"中美国、沙特、阿美石油公司三个行为体赋予的平均分值分别是 8 分、7 分和 7.875 分。

（5）关于"市场"因子的评价和打分：这一时期，由于油价高企，加上美国经济状况不佳，美国的石油消费整体处于下降阶段，石油消费量由 1977 年的 8.88 亿吨，下降到 1982 年的 6.94 亿吨。这变相降低了美国市场对沙特等石油出口大国的影响力。这一时期，在"市场"因子的考量上，8 位专家对"三角关系"中美国、沙特、阿美石油公司三个行为体赋予的平均分值分别是 7.25 分、7.375 分和 6.875 分。

（6）关于"运输"因子的评价和打分：这一时期，各种重大突发事件导致石油运输面临更大的不确定性和风险。美国在全球关键水域和运输要道投入更多的军事力量，以保证通道的畅通。沙特在原油出口与贸易运输上对美国更加依赖。这一时期，跨阿拉伯半岛的石油管道保持安全平稳运行。另外，沙特建立起了自己的油轮船队，在石油运输方面逐步有了话语权。这一阶段，在"运输"因子的考量上，8 位专家对"三角关系"中美国、沙特和阿美石油公司这三个行为体赋予的平均分值分别是 8.5 分、6.875 分和 6 分。

（7）关于"定价"因子的评价和打分：这一时期，国际石油市场一直保持着较高的水平，沙特等 OPEC 成员国继续对油价的起落保持控制力和影响力。期间，国际政治经济重大事件的出现，如伊朗伊斯兰革命和"两伊战争"，对油价也产生了重要影响，特别是到了 1981 年，油价已经接近 40 美元 / 桶。1978 年 9 月，伊朗的石油产量保持在 450 万桶 / 日。两个月后，产量下降到每天仅 100 万桶。到 1979 年 1 月，伊朗的港口已经完全没有石油输出了。全球油价飙升，沙特迅速将产量从 850 万桶 / 日，提升至 1050 万桶 / 日，以弥补供应缺失。1982 年，油价开始长期缓慢下跌。同年，哈立德国王因突发心脏病逝世。综上所述，在"定价"因子的考量上，8 位专家对"三角关系"中美国、沙特、阿美石油公司这三个行为体赋予的平均分值与上一阶段保持不变，分别是 7.125 分、8 分和 6.5 分。

综合评估，在 1975 年至 1982 年这一阶段，美国、沙特和阿美石油公司在"三角关系"中结构性权力指数分别是 8.038、7.451 和 6.872，具体见表 5-5。这一阶段，石油权力的结构性与上一阶段相比，有所回调。美国的结构性权力指数有所回升，一方面是因为美国加强了对中东地区战略力量的投入，其主要标志是"卡特主义"的出台，保持美国在中东地区地缘政治格局上的控制力；另一方面是因为面对这一时期接二连三的重大国际政治事件，沙特在安全等方面加大了对美国的倚重，凸显了美国仍处于结构性权力的中心地带。这一阶段，沙特的结构性权力与费萨尔时期相比略有上升，主要是因为石油生产和出口的"量价齐升"，使得沙特的石油经济和金融权力有所增加，但其在国际政治和阿拉伯国家、伊斯兰世界的影响力上不如费萨尔时期。这一阶段，阿美石油公司的石油权力结构性指数相比上一阶段略有下降，这主要是因为阿美石油公司的所有权已交给沙特政府，但沙特石油工业的生产经营管理权仍在公司管理层和四家母公司股东手中。

表 5-5　第五次级阶段结构性权力指数测算表

阶段	沙特国王与石油大臣	美国总统	阿美（沙特阿美）石油公司总裁	"安全"因子（权重：20%）			"生产"因子（权重：18.33%）			"金融"因子（权重：18.33%）			"知识"因子（权重：18.33%）		
				美国	沙特	阿美（沙特阿美）石油公司	美国	沙特	阿美（沙特阿美）石油公司	美国	沙特	阿美（沙特阿美）石油公司	美国	沙特	阿美（沙特阿美）石油公司
				9.125	7.250	6.125	7.625	8.500	7.250	7.875	7.125	6.875	8.000	7.000	7.875
第五次级阶段（1975—1982）	哈立德国王 & 亚马尼	福特、卡特、里根	荣格斯、凯尔贝尔	"市场"因子（权重：8.33%）			"运输"因子（权重：8.33%）			"定价"因子（权重：8.33%）			结构性权力指数		
				美国	沙特	阿美（沙特阿美）石油公司	美国	沙特	阿美（沙特阿美）石油公司	美国	沙特	阿美（沙特阿美）石油公司	美国	沙特	阿美（沙特阿美）石油公司
				7.250	7.375	6.875	8.500	6.875	6.000	7.125	8.000	6.500	8.038	7.451	6.872

三、第六次级阶段：1982 年至 1991 年

这一阶段的关键字就是"转折"。于沙特而言，是法赫德国王执政时期，是亚马尼担任石油部长的最后一个阶段，1986 年以后，纳扎尔接替亚马尼担任石油部长，沙特的石油政策处于转折期。于美国而言，这一阶段则是里根和布什担任总统，是里根总统在国内大搞自由主义市场经济和实施"星球大战"计划的关键期。这一阶段也是阿美石油公司转变为沙特阿美的转折期，是公司首席执行官由美国人变为沙特人的转折期。

这一时期就全球政治经济态势而言，更是二战以来以美苏争霸和冷战为主旋律的国际政治经济体系的重大转折期。1989 年 11 月 9 日，柏林墙倒塌，标志着冷战的结束；1991 年 12 月 25 日，苏联解体，国际秩序由两极世界变为一超独大。当然，20 世纪 80 年代是美苏两个超级大国的缓和期，彼时，经济全球化已初现端倪，美国、日本和西欧在世界经济舞台上堪称"三足鼎立"。这一时期的世界石油体系中，苏联的石油产量一度超过沙特和美国，跃居世界第一，并一度与 OPEC 产油国抢占欧洲的消费市场。苏联的"石油攻势"与其"冷战攻势"具有战略一致性。苏联竭力造成缺少能源的西欧国家对它的石油供应的依赖性，并以此作为施加政治影响的工具。

就中东地区局势而言，"两伊战争"正酣，沙特不得不选边站，支持伊拉克与伊朗作战。实际上，在哈立德国王病逝后，沙特与伊朗、阿拉伯与波斯、逊尼派与什叶派，成为沙特面对的最紧迫且严峻的挑战。另外，1990 年 8 月，伊拉克入侵科威特，爆发了震惊世界的海湾战争，导致了第三次石油危机。海湾战争拉近了美国和沙特的关系。为确保国家安全，法赫德国王不顾"乌里玛"等国内反对势力，对美国做出重大让步，允许美国在沙特部署导弹和美国军队。实际上，美国向沙特派遣了一支 20 万人的军队，作为"沙漠盾牌"行动的一部分，连续 5 个月保卫沙特，以防伊拉克入侵。

这一时期，油价开始下跌。在经济衰退影响需求的同时，美国阿拉斯加北坡油田、墨西哥湾油田和欧洲北海油田生产的石油开始进入国际石油市场。

OPEC 在 1981 年和 1983 年多次减产，以延缓油价下跌。这一时期，全球石油市场的一个新的特点是沙特的"机动生产者"和"生产调节者"的作用愈加凸显。1983 年 5 月的 OPEC 会议上，亚马尼豪迈地宣传，沙特已成为全球石油市场的"生产调节者"。"生产调节者"背后的理论依据是，强大的石油生产者能够通过增加或减少自身产量来影响市场。

同时，这一阶段的前几年，即 1988 年以前，阿美石油公司实现了所有权和经营权的分离，所有权归沙特政府，经营权仍在阿美石油公司的美方员工手中。接替荣格斯任 CEO 后，凯尔贝尔成为阿美石油公司最后一任 CEO。自从 1980 年成为一家沙特公司，阿美石油公司的声望不断增长，也受到沙特人民更多的尊敬。

这一时期，七个衡量因子的评价如下：

（1）关于"安全"因子的评价和打分：这一时期，受"两伊战争"和海湾战争的影响，沙特在安全上更加依赖美国的保护。与此同时，美国从沙特进口的原油量锐减，一方面是由于美国国内经济衰退导致消费量降低，20 世纪 80 年代，美国石油消费量在 7.5 亿吨左右徘徊，比 1977 年的 8.88 亿吨少了 1.3 亿吨；另一方面是由于阿拉斯加等新兴油田出产，美国的石油对外依存度降低。这一时期，在"安全"因子的考量上，美国、沙特和阿美石油公司的得分分别是 9.25 分、7.25 分和 6.125 分。

（2）关于"生产"因子的评价和打分：这一时期，沙特已经是名副其实的全球石油市场的"机动生产者"。1983 年至 1990 年，沙特的年均石油产量下降至 2.48 亿吨，不到 1980 年 5.06 亿吨的一半；直至 1991 年，产量才恢复到 4 亿吨以上。而且，1986 年以后，油价已经跌至 20 美元 / 桶以下，不到 1980 年前后的一半。这一时期，沙特在生产上的主要策略是"限产保价"。同时，美国因阿拉斯加大油田的投产，美国的石油产量有所提升，从 1983 年的 4.83 亿吨，增长到 1986 年的 4.98 亿吨。这一时期，沙特与阿美石油公司的生产权力有所下降，美国的生产权力有所上升。因此，在"生产"因子的考量上，8 位专家对"三角关系"中美国、沙特、阿美石油公司这三个行为体赋予的平均分值分别为 7.875 分、8 分和 6.5 分。

（3）关于"金融"因子的评价和打分：这一时期，由于国际油价和沙特的石油产量出现"双双下降"，沙特的"石油美元"规模骤降，沙特等石油输出国在"石油美元体系"中的影响力有所下降，但武器交易依然活跃，成了沙特石油美元的主要出路。"石油美元"通过武器交易、投资美国等方式源源不断地回流到美国，美国的金融霸权有所加强。综上所述，在"金融"因子的考量上，8 位专家对美国、沙特和阿美石油公司三个行为体赋予的平均分值分别是 8.75 分、7.875 分和 7.125 分。

（4）关于"知识"因子的评价和打分：这一时期，沙特对阿美石油公司完成了国有化，经营权自 1984 年以纳伊米担任公司总裁为标志，开始逐步向沙特人转移。当然，即便在 1988 年阿美石油公司转变为沙特阿美、纳伊米正式担任公司 CEO 后，阿美石油公司原班人马及其股东依然对沙特石油工业保有强大的影响力。"国有化"后，阿美石油公司的 2000 名美国工作人员中，仍有 1700 名留在原来的岗位上。沙特境内巨型的石油与天然气集输系统、电网、石油管道、炼油厂及石油化工联合企业均是四家股东公司设计建设的。在"知识"因子的考量上，8 位专家对"三角关系"中美国、沙特、阿美石油公司三个行为体赋予的平均分值分别是 7.75 分、7.5 分和 7.625 分。

（5）关于"市场"因子的评价和打分：这一时期，全球油气市场处于"低景气"周期，美国由于阿拉斯加等油田的开发和上产，对沙特、墨西哥、加拿大、委内瑞拉的进口量下降，意味着美国国内市场力量在上升。1982 年至 1990 年，沙特出口到美国的原油平均只有 64.1 万桶/日（年均 3200 万吨左右），比 1976 至 1981 年的 124 万桶/日几乎少了一半。这一时期，沙特和阿美石油公司对外出口石油还面临着苏联廉价石油的激烈竞争。当然，这一时期，1984 年，加利福尼亚标准石油公司以 134 亿美元收购"石油七姊妹"之一、美国排名第六的海湾石油公司。此次收购为当时美国历史上最大的并购案，从此，"石油七姊妹"变成了六姊妹。收购大大增加了加利福尼亚标准石油公司（雪佛龙）的实力。阿美石油公司借助其四家石油巨头母公司，依然拥有相当强的市场开发能力。这一时期，在"市场"因子的考量上，8位专家对"三角关系"中美国、沙特、阿美石油公司三个行为体赋予的平均分值分别是7.875分、7.375分和7.25分。

（6）关于"运输"因子的评价和打分：这一时期，沙特原油外输和出口量下降，且由于海湾战争，原油外输外运遭遇更大挑战，需要更加依赖美国在全球原油贸易通道、关键水域的保护。另外，这一时期，美苏关系进一步缓和，苏联的综合实力和在全球贸易运输航道上的影响力逐步下滑，美国对重要运输（海运和陆运）通道的管控力度亦有所下降。与此同时，由于销售模式的缘故，阿美石油公司主要依赖四家母公司进行全球运输与销售，尽管1988年以后被沙特政府接管，但阿美石油公司的运输权力这一时期基本保持不变。在"运输"因子的考量上，"三角关系"中的权力大小依次是美国、沙特和阿美石油公司，8位专家对这三个行为体赋予的平均分值分别是8.375分、7.375分和6.375分。

（7）关于"定价"因子的评价和打分：这一时期，国际油价从1982年的33.0美元/桶，降至1988年的14.9美元/桶，除了1990年爆发的海湾战争推动国际油价有所上扬，涨至20美元/桶以上外，这一时期堪称全球石油市场的"低迷期"。虽然沙特在发挥其"机动生产者"角色，努力实施"限产保价"策略，但在度过20世纪70年代和"黄金时代"后，OPEC和沙特对油价的影响力在下降。还需要强调的是，1983年，纽约商业交易所（NYMEX）上市WTI（美国西得克萨斯中质原油）原油期货；而后在1988年，伦敦洲际交易所（ICE）上市布伦特（Brent）原油期货。这两种主流原油期货品种和其背后的定价机制，逐步成为全球最为权威的"标杆价格"。原油期货交易的本质是"发现价格"，发现一个反映市场供需关系和人们普遍预期的价格。自从WTI和布伦特期货价格诞生以来，一直成为全球主流的标杆价格。石油的金融属性进一步加强，OPEC在定价上的影响力进一步下降。在"定价"因子的考量上，8位专家对"三角关系"中美国、沙特、阿美石油公司这三个行为体赋予的平均分值分别是7.75分、7.375分和6.125分。

综合评估，在 1982 年至 1991 年这一阶段，美国、沙特和阿美石油公司在"三角关系"中结构性权力指数分别是 8.317、7.578 和 6.765，具体见表 5-6。这一阶段，美国的结构性权力指数进一步提升，主要是美国在安全、定价、金融等方面的权力进一步回升所致。这一阶段，由于中东地区石油地缘政治格局动荡，凸显沙特的重要性，其结构性石油权力有所上升。这一阶段，由于所有权和经营权进一步移交沙特政府，阿美石油公司的石油权力有所下降，但阿美石油公司依然保持着对沙特石油工业强大的影响力。

表 5-6　第六次级阶段结构性权力指数测算表

阶段			"安全"因子（权重：20%）			"生产"因子（权重：18.33%）			"金融"因子（权重：18.33%）			"知识"因子（权重：18.33%）		
沙特国王与石油大臣	美国总统	阿美（沙特阿美）石油公司总裁	美国	沙特	阿美（沙特阿美）石油公司	美国	沙特	阿美（沙特阿美）石油公司	美国	沙特	阿美（沙特阿美）石油公司	美国	沙特	阿美（沙特阿美）石油公司
			9.250	7.250	6.125	7.875	8.000	6.500	8.750	7.875	7.125	7.750	7.500	7.625

第六次级阶段（1982—1991）			"市场"因子（权重：8.33%）			"运输"因子（权重：8.33%）			"定价"因子（权重：8.33%）			结构性权力指数		
法赫德国王&亚马尼、纳扎尔	里根、布什	纳伊米	美国	沙特	阿美（沙特阿美）石油公司	美国	沙特	阿美（沙特阿美）石油公司	美国	沙特	阿美（沙特阿美）石油公司	美国	沙特	阿美（沙特阿美）石油公司
			7.875	7.375	7.250	8.375	7.375	6.375	7.750	7.375	6.125	8.317	7.578	6.765

第三节 "三角关系"第三阶段：1991年至2015年 的结构性权力

本阶段指 1991 年 12 月 25 日苏联解体，至 2015 年 1 月沙特阿卜杜拉国王去世、萨勒曼国王执政，差不多 15 年的时间。这一阶段，于沙特而言，经历了法赫德、阿卜杜拉两任国王，可以细分为两个次级阶段；同时，沙特经历了纳扎尔、纳伊米两任石油部长；于美国而言，经历了布什、克林顿、小布什、奥巴马四位美国总统；于沙特阿美而言，经历了纳伊米、朱马赫和法利赫三位公司 CEO。

一、第七次级阶段：1991 年至 2005 年

这一阶段是沙特法赫德国王名义上继续执政的阶段，直到 2005 年 8 月 1 日法赫德去世。实际上，1995 年，法赫德国王就得了中风，卧病在床，失去了执政能力。据美联社报道，探望者透露，法赫德当时连与他握手的人是谁都认不出来了。他从那时起成了沙特名义上的统治者，事实上的领导人是其弟阿卜杜拉王储。

这一时期，影响美国、沙特、沙特阿美"三角关系"的最大外部事件莫过于"911 事件"了。2001 年 9 月 11 日，基地组织悍然对美国本土发动的恐怖袭击震惊了全世界。同时，这场袭击也威胁到美国与其在中东和伊斯兰世界最为久远的盟友关系。在 19 名参与袭击的恐怖分子中，竟然有 15 人拥有沙特国籍并听命于同样来自沙特的基地组织首领奥萨马·本·拉登（Osama bin Laden）。事实上，本·拉登策划的恐怖袭击是蓄意破坏美国与沙特间的双边关系，特意选择攻击世贸中心、五角大楼和国会等具有重大经济和政治影响的地标建筑。"911 事件"的发生，使得美国的全球战略发生重大改变，

由原先的遏制中国、俄罗斯等新兴大国的崛起，转向结成全球最广泛的反恐联盟，共同打击恐怖主义，以及打击阿富汗和伊拉克这样支持恐怖主义的国家。美国分别于 2001 年 10 月 7 日和 2003 年 3 月 20 日发动了阿富汗战争和伊拉克战争，使得这两个国家遭遇灭顶之灾。另外，由于参与"9·11"袭击的恐怖分子绝大多数来自沙特，使得沙特"跳进黄河也洗不清"，也使得美沙同盟关系降至历史的最低点。本书第三章也阐述了"911 事件"对美沙关系的巨大伤害。确实，沙特因其公民在恐怖袭击中扮演的角色而受到强烈抨击，但没有任何证据能够证明沙特王室或者政府有意向袭击者提供任何帮助。就连美国政府的"911 事件"报告及直到 2016 年才解禁公开的"二十八页报告"中，都没有恐怖分子与沙特政府有关联的证据。

这一时期，特别是 20 世纪 90 年代，在克林顿总统执政时期，美国的中东政策主要有两条线：一条线是全力以赴促成以色列与阿拉伯邻国达成一揽子的最终和平协议。在克林顿不遗余力的推动下，1993 年 8 月 20 日以色列总理拉宾和巴勒斯坦解放组织主席阿拉法特在挪威首都奥斯陆秘密会面后达成和平协议。9 月 13 日，双方在美国白宫草坪签署了《临时自治安排原则宣言》，被认为是巴以和平进程中的里程碑。但在协议签署后两年，拉宾遭以色列极端分子刺杀，其后巴勒斯坦极端势力连续发动针对以色列的袭击事件，街头冲突逐渐演变成双方的武装对抗，奥斯陆协议的执行遭无限期搁置。另一条线是对伊拉克和伊朗采取"双遏制"战略，对伊拉克实施全面制裁，仅允许"石油换食品"项下对伊拉克民众的人道主义援助；对伊朗则实施"对伊朗制裁法案"，强化了对伊朗的能源和金融制裁。

这一时期，沙特在全球石油市场的份额进一步扩大，中亚与俄罗斯地区的产油国伴随着苏联解体，处于百废待兴的状态，无法像苏联那样在石油出口方面与沙特等阿拉伯产油国竞争。这一时期，沙特成为全球第一大产油国，石油年产量在 4 亿~5 亿吨之间徘徊，2005 年达到 5.16 亿吨；美国的石油年产量已降至 4 亿吨以下，到 2005 年已降至 3.09 亿吨。但这一时期全球石油市场处于低景气周期，油价进入下跌通道，并维持较低水平。1998 年，全年油价水平只有 12.7 美元 / 桶，属于历史低点；1999 年以后，油价开始反弹；到 2005 年，油价已达 54.5 美元 / 桶。

这一时期，全球石油界的一大动向是国际石油公司之间掀起了风起云涌的"兼并收购"狂潮，其结果就是从叱咤风云的"石油七姊妹"到"全球五巨头"。其中最为突出的，就是阿美石油公司四家母公司之间的合并。1998 年 12 月 1 日，埃克森石油公司与美孚石油公司宣布合并。埃克森石油公司出价 737 亿美元的现金和股权，同时接管美孚石油公司近 200 亿美元的债务，交易总价达 910 亿美元。此举使得埃克森美孚石油公司成为世界上最大的私营石油公司和全球财富 500 强第三大公司（1999 年度）。此举创造了有史以来全球油气市场上交易额最大的并购案。2000 年 10 月 15 日，就在埃克森石油公司宣布与美孚石油公司合并并将位居"老二"的雪佛龙石油公司远远甩在后面的时候，不甘落后的雪佛龙石油公司宣布以 450 亿美元的价格收购德士古石油公司，此举使得雪佛龙石油公司紧紧咬住埃克森美孚石油公司而稳居美国第二大石油公司的位置。同时，此举也使得雪佛龙石油公司当年成为全球第四大上市石油公司，总市值约为 950 亿美元，合并后的公司名为 Chevron Texaco。2005 年 5 月 9 日，雪佛龙德士古石油公司宣布放弃德士古的名字，重新回到雪佛龙的名字。德士古仍然是雪佛龙石油公司旗下的品牌。20 世纪末 21 世纪初的国际石油公司兼并收购属于"强强联合"，强的更强了，其跨国影响力和石油权力也显著增强。

这一时期，沙特阿美开始在全球石油舞台上崭露头角。作为沙特政府 100% 拥有的公司，沙特阿美是不是失去了独立性，变成了一家纯粹的国家石油公司，变成了沙特王室的"附庸"和"摇钱树"？"三角关系"是否转变为美沙双边关系？答案是否定的。在创建沙特阿美的过程中，政府确实一度想要介入。首任 CEO 阿里·纳伊米回忆起与沙特财政部之间的一轮特别困难的谈判。"他们想要的是，"他说，"把阿美石油公司的所有收入都归财政部所有，他们会发放费用给我们。"他说，"不可能。收入归我们所有，我们从利润中付给你们特许费、税金和分红。我们不能让收入直接归你们所有。"而且，沙特阿美花了 2 年时间才说服沙特政府接受纳伊米的主张。纳伊米进一步回忆道，"国王对我们的看法表示理解"。对于沙特阿美而言，让公司与政府保持距离"是有道理的"。可以看出，作为脱胎于阿美石油公司的沙特阿美，其外表是一家国家石油公司，但其内在是一家拥有国际大石油公司气质和经营管理体系的公司，而且保持相对的独立性。因此，这一阶段美国、沙特、沙特阿美的"三角关系"依然存在。

这一时期，七个衡量因子的评价如下：

（1）关于"安全"因子的评价和打分：这一时期，由于"911 事件"的影响，美沙关系出现重大裂痕，自 1967 年第三次中东战争、1973 年第一次石油危机之后，美沙关系再次跌入新的历史低点。幸运的是，美国没有找到沙特政府支持袭击美国世贸大厦和五角大楼的恐怖分子的证据（事实上估计也没有），否则，沙特有可能陷入万劫不复的深渊。美沙关系这一时期的恶化，导致沙特在国家安全上面临重大挑战。而且，这一时期，美国发起了阿富汗战争和伊拉克战争，推翻了塔利班及其创始人毛拉·穆罕默德·奥马尔，也推翻了宿敌萨达姆。彼时，美国在中东属于"绝对控制者"。值得一提的是，海湾战争之后，美国在利雅得附近建立并使用了苏丹王子空军基地，以监管在伊拉克设立的禁飞区。之后，美国还利用这个基地协调了 2001 年对阿富汗的袭击及 2003 年入侵伊拉克的行动。彼时，阿卜杜拉王储（实际的执政者）允许美国在 2003 年从苏丹王子空军基地发动空袭，前提条件是美国人要在战争结束后收拾好行囊永远离开。另外，这一时期，特别是克林顿时期，由于全球化和美国经济的持续繁荣，美国对能源的需求不断提升，进一步加大了对沙特的石油进口，变相提升了沙特和沙特阿美在能源安全上对美国的影响力。1991 年至 2005 年，美国从沙特的年均石油进口量超过 7000 万吨（145万桶／日），占美国同期进口石油总量的 17.6%，沙特稳居美国第一大石油出口国地位，2003 年一度达到 8000 万吨以上。综上所述，这一时期，在"安全"因子的考量上，美国、沙特和沙特阿美的得分分别是 9.625 分、6.875 分和 5.75 分。

（2）关于"生产"因子的评价和打分：这一时期，沙特处于全球石油生产的中心位置，年均产油4.4亿吨；美国同期年均产油3.65亿吨，阿拉斯加油田的产量已逐步下滑；俄罗斯同期年均产油与美国相当，也是3.65亿吨。在"生产"因子的考量上，8位专家对"三角关系"中美国、沙特、沙特阿美这三个行为体赋予的平均分值分别为7.125分、8分和6.25分。

（3）关于"金融"因子的评价和打分：这一时期，属于冷战结束和苏联解体后，俄罗斯和独联体诸国的虚弱期，美国的金融霸权进一步强化，再加上在克林顿总统的领导下，美国经济在这一时期处于"黄金时代"。这一时期，美国实施"强势美元"政策，利率相对较高，吸引了全球大批美元的回流；同时，随着纽约商品交易所原油期货交易建立了全球性的标杆价格，国际油价有了较强的金融属性，"强势美元"政策也推动国际油价保持低位。同一时期，由于油价持续低迷，沙特的石油收入和石油美元大大缩水，石油金融权力下降。在"金融"因子的考量上，8位专家在该因子上对美国、沙特和沙特阿美这三个行为体赋予的平均分值分别是9.375分、7.5分和6.875分。

（4）关于"知识"因子的评价和打分：这一时期，互联网开始兴起，全球科技创新的中心集中在美国；石油工业的数字时代已经来临，三维地震、深水和超深水油气勘探开发、水平井及大位移井钻井技术日趋成熟，美国在保持石油科技创新绝对优势的同时，推动全球石油工业的技术发展走向"扁平化"。这一时期，沙特阿美也不甘落后，建立起了全球先进的石油技术研发中心。在"知识"因子的考量上，8位专家对"三角关系"中美国、沙特、沙特阿美这三个行为体赋予的平均分值分别是8.5分、7.75分和7.625分。

（5）关于"市场"因子的评价和打分：这一时期，美国的石油消费市场展示了强大的活力和消费能力，石油消费量从1991年的7.55亿吨增长至2005年的9.39亿吨，年均消费石油8.47亿吨；而且2005年成为美国石油消费的历史高点。这一时期，1999年之前，全球石油市场处于供需宽松状态，油价低迷，属于买方市场；1999年之后，油价逐步回升，全球石油供需市场处于"紧平衡"状态，由买方市场向卖方市场转移。这一时期，沙特一直是美国最大的石油供应国。沙特的对外石油政策也因此围绕两个主题：因石油生产而要求的国际合作和因石油收入而出现的账户（交易）外交。这一时期值得注意的一个现象是，在沙特王室的支持和纳伊米、朱马赫的领导下，沙特阿美不固守于"国家石油公司"这一角色，开始大力实施国际合作和全球化经营。这一时期，沙特阿美在亚洲、欧洲和北美市场的开拓成效显著；在亚洲，沙特阿美与中国、韩国、日本、印度尼西亚、菲律宾在下游炼化与销售市场均进行了实质性的合作，成立合资公司。比如，在中国，沙特阿美与中国石化集团实施"强强联合"，在福建投资 35 亿美元新建炼化合资企业。通过十多年的努力，沙特阿美实际上已由一家石油生产商扩张为一家国际能源巨头。综上所述，在"市场"因子的考量上，8 位专家对"三角关系"中美国、沙特、沙特阿美三个行为体赋予的平均分值分别是 8.25 分、7.875 分和 7.375 分。

（6）关于"运输"因子的评价和打分：这一时期，在经济与贸易全球化的推动下，全球油气贸易与运输体系日趋成熟。这一时期，没有出现因阿富汗、伊拉克战争等重大事件导致的"供应中断"和运输问题。美国在全球关键航道和重点水域依然拥有绝对控制力。在"运输"因子的考量上，"三角关系"中的权力格局与上一阶段基本相似，权力大小依次是美国、沙特和沙特阿美，8 位专家对这三个行为体赋予的平均分值分别是 8.625 分、7.125 分和 6.25 分。

（7）关于"定价"因子的评价和打分：这一时期，国际石油价格的定价权基本上掌握在美国人手里，美国通过美元货币政策和华尔街金融期货，控制着国际油价的走势。这一时期，受阿富汗和伊拉克战争等地缘政治冲突的影响，国际油价呈现大幅震荡的特点，从 1998 年的 12.72 美元 / 桶低点上窜至 2005 年的 54.5 美元 / 桶。这一时期，以沙特为代表的 OPEC 在国际石油市场和定价方面的影响力式微。在"定价"因子的考量上，8 位专家对"三角关系"中美国、沙特、沙特阿美这三个行为体赋予的平均分值分别是 8.25 分、7.5 分和 7 分。

综合评估，在 1991 年至 2005 年这一阶段，美国、沙特和沙特阿美在"三角关系"中结构性权力指数分别是 8.6、7.511 和 6.672，具体见表 5-7。这一阶段，美国的结构性权力指数上升至一个新的高点，主要是因为克林顿执政时期，美国的经济实力和综合国力达到历史高点；而在小布什执政时期，美国执行"新保守主义"全球战略，美国在全球的霸权特别是军事霸权得到进一步强化。整体而言，美国在"三角关系"中的结构性权力进一步上升。这一阶段，沙特的结构性权力有所下降，一方面是因为"911 事件"导致美沙关系恶化，沙特的国家安全风险显著上升；另一方面在于，沙特在全球石油市场中的影响力有所下降，对油价的影响力减弱。这一阶段，由于缺少过去一直存在的四家母公司（2000 年前后成为两家母公司）的支持，沙特阿美的结构性权力也有所下降，但这一时期也是沙特阿美转型为一家国际能源公司的重要时期，其国际影响力开始显现。

表 5-7　第七次级阶段结构性权力指数测算表

阶段	沙特国王与石油大臣	美国总统	阿美（沙特阿美）石油公司总裁	"安全"因子（权重：20%）			"生产"因子（权重：18.33%）			"金融"因子（权重：18.33%）			"知识"因子（权重：18.33%）		
				美国	沙特	阿美（沙特阿美）石油公司	美国	沙特	阿美（沙特阿美）石油公司	美国	沙特	阿美（沙特阿美）石油公司	美国	沙特	阿美（沙特阿美）石油公司
				9.625	6.875	5.750	7.125	8.000	6.250	9.375	7.500	6.875	8.500	7.750	7.625
第七次级阶段（1991—2005）	法赫德国王&纳扎尔、纳伊米	布什、克林顿、小布什	纳伊米朱马赫	"市场"因子（权重：8.33%）			"运输"因子（权重：8.33%）			"定价"因子（权重：8.33%）			结构性权力指数		
				美国	沙特	阿美（沙特阿美）石油公司	美国	沙特	阿美（沙特阿美）石油公司	美国	沙特	阿美（沙特阿美）石油公司	美国	沙特	阿美（沙特阿美）石油公司
				8.250	7.875	7.375	8.625	7.125	6.250	8.250	7.500	7.000	8.600	7.511	6.672

二、第八次级阶段：2005 年至 2015 年

这一阶段的十年是阿卜杜拉国王执政的十年，直到 2015 年 1 月 23 日其去世。同期，阿里·纳伊米继续担任沙特石油部长。这十年，于美国而言，是小布什和奥巴马分别担任总统的十年；于沙特阿美而言，则是朱马赫和法利赫分别担任公司 CEO 的十年。

这一时期，美国、沙特、沙特阿美"三角关系"面临的外部环境有以下几个方面：一是 2011 年发生的"阿拉伯之春"。"阿拉伯之春"起源于 2010 年年底突尼斯的社会动乱，迅速波及埃及、也门、利比亚和叙利亚，这些国家无一例外陷入动荡，政权发生更迭，甚至爆发内战，引发了 21 世纪以来中东地区最大规模的一次社会革命和内乱，直到现在尚未消停。"阿拉伯之春"发生的主要原因是国家发展问题，具体而言，是国家的专制统治、政治体制僵化、人权的侵犯、政府贪污腐败、国民经济衰退、失业率居高不下、人民生活贫困，以及领导人长期执政、不思改革、政治经济分配不透明，等等。特别是穆巴拉克总统领导下的埃及，长期以来都是美国的战略伙伴和盟友，但是穆巴拉克在这场"阿拉伯之春"的动荡之中迅速下台，美国在关键时刻放弃对穆巴拉克的支持成为压垮这位总统的"最后一根稻草"。"阿拉伯之春"及穆巴拉克的遭遇深刻警示了沙特王室，美国既然可以轻易放弃穆巴拉克，在将来某个时候会不会也放弃沙特王室？再加上伊朗等敌对势力对沙特虎视眈眈，沙特王室感受到了前所未有的危机。2011 年 2 月和 3 月，阿卜杜拉国王采取了一系列经济惠民举措，比如宣布一项高达 370 亿美元改善民生的费用计划，并承诺再花费 930 亿美元用于改善住房和创造就业等。

二是不断高企的国际油价。2008 年 7 月 11 日，石油价格被华尔街的金融炒家们炒到了 147.27 美元/桶的历史高点。1999 年以来，国际油价便进入上涨周期，一直持续到 2014 年下半年，中间虽然出现全球金融危机导致油价在 2009 年下跌至 40 美元/桶以下，但很快便出现 V 字形反弹。高油价一方面为沙特等全球重点产油国和出口国带来巨额财富，诞生了众多的主权财

富基金，投资美国和欧洲市场的能力大大增强；另一方面，大大增强了产油国及其国家石油公司的实力，全球石油企业的发展由一直以来的现金、技术和管理"三驾马车"驱动向资源驱动转变，"现金为王"转向"资源为王"。"资源为王"大大增强了国家石油公司的实力，乃至 2007 年"新石油七姊妹"进入人们的视野。2007 年 3 月，英国《金融时报》在一篇文章中提出了"新石油七姊妹"的概念。"新石油七姊妹"是指那些在经济合作与发展组织（OECD）以外的国家最有影响力的国有石油公司。她们包括：沙特阿拉伯国家石油公司（Saudi Armco）、俄罗斯天然气股份公司（Gazprom）、中国石油天然气集团有限公司（CNPC）、伊朗国家石油公司（NIOC）、委内瑞拉国家石油公司（PDVSA）、巴西国家石油公司（Petrobras）和马来西亚国家石油公司（Petronas）。这标志着，世界石油工业不再是国际石油公司的天下，一些国有石油公司开始与国际巨头"分庭抗礼"。当然，这一时期还出现了"石油峰值论"，马修·西蒙斯预测沙特的石油产量在 2015 年前后将达到峰值。石油峰值论加剧了一些石油消费大国和华尔街石油交易员的恐慌，导致油价进一步被推高。

三是奥巴马的能源政策及美国页岩革命对美沙关系带来重大影响。奥巴马时期的能源政策可以概括为三方面：努力实现能源独立；发展非化石能源和可再生能源；实现低碳环保，可再生能源得到发展、化石能源受到抑制。其中，最为颠覆性的影响要数美国页岩革命。2010 年前后，美国页岩革命已取得实质性成功，带动美国的油气产量不断提升。2008 年，美国石油产量仅有 3 亿吨，达到了一个低点。此后，美国石油产量逐步回升。2011 年以来，美国石油产量更是以每年约 5000 万吨的规模增加；到 2015 年，美国的石油产量已达 5.66 亿吨。美国石油产量快速提升的背后是美国页岩革命取得的巨大成功。这促使美国的能源独立成为可能，实际上改变了全球政治经济和地缘政治格局，也较大程度上改变了长期以来美沙关系中"石油换安全"的内涵。

四是这一时期，特别是 2012 年至 2016 年年底，美国和伊朗之间的关系出现缓和。奥巴马上台后，面对核武器研发即将取得突破的伊朗，加大了对伊朗的制裁力度；2012 年以来，欧盟也追随美国开始实施对伊朗的制裁。奥巴马第二任期，美伊关系出现重大缓和，经过多国多方斡旋和数十轮艰苦谈判，美国和伊朗终于在 2015 年 7 月 14 日达成解除对伊朗制裁的《联合全面行动计划》（JCPOA，Joint Comprehensive Plan of Action），国际社会为此长舒一口气，JCPOA 协议 2016 年 1 月开始实施。伊朗核协议的签署和实施，在相当程度上改变了中东地区的地缘政治格局，美国调整其借重沙特遏制和阻碍伊朗崛起的既定策略，沙特在美国全球战略棋盘中的地位有所下降。

这一时期，七个衡量因子的评价如下：

（1）关于"安全"因子的评价和打分：这一时期，处于小布什执政的第二任期和奥巴马执政的大部分时期。小布什政府是美国加大中东战略投入、深度干预中东事务的时期。小布什武力推翻了伊拉克政权，大大强化了对伊朗的制裁和围堵，制定了"大中东民主计划"，强力推行民主化进程，深陷中东地区的"反恐"战争。小布什以"深度介入"为特征的中东政策不仅没有带来中东地区的稳定与繁荣，而且在某种程度上成为共和党输掉 2006 年国会中期选举和 2008 年总统大选的重要原因之一。奥巴马上台后反其道而行之，实施以"战略收缩"为主要特征的中东政策。在反恐问题上，奥巴马明确放弃小布什政府"反恐战争"的提法，代之以"打击暴力极端势力"，以此减弱对中东国家的冲击。在伊拉克问题上，奥巴马提出清晰的撤军时间表，缓解美国在阿拉伯世界引起的不满。同时，继续在中东维持与沙特、巴林、卡塔尔等盟友的紧密关系。但奥巴马"抽身中东"策略的实施，变相减弱了对沙特等盟国的安全保护。同时，这一时期，美国由于页岩革命逐步取得成功，石油产量稳步提升，降低了对中东和沙特石油的依赖。美国从沙特的石油进口量已从 2005 年的 144.5 万桶 / 日（年进口 7225 万吨）降至 2015 年的 105.2 万桶 / 日（年进口 5260 万吨），美国在能源安全上对沙特的依赖逐步降低。综上所述，这一时期，在"安全"因子的考量上，"三角关系"中美国、沙特和沙特阿美的得分分别是 8.75 分、6.625 分和 5.125 分。

（2）关于"生产"因子的评价和打分：这一时期，有关沙特石油生产的"沙漠黄昏"和"石油峰值论"从 2007 年开始便甚嚣尘上。由于沙特各大油田的生产数据和相关的油藏地质资料属于国家机密，"石油峰值论"一度得到外界的认可，进而质疑沙特未来的石油生产能力。作为当时的沙特石油大臣，纳伊米感言："当我们发现自己很快将身处于所谓'石油峰值理论'的争议旋涡中时，我们感到特别沮丧。"随着沙特石油在后来十年里继续保持较高的生产能力，除了个别年份外，沙特石油产量并没有出现明显下滑，而且还在持续增长，2015 年达到 5.68 亿吨，比 2006 年高出 5000 万吨，"石油峰值论"不攻自破。2016 年 3 月在美国休斯敦举行的年度剑桥能源周（CERAWeek）年会上，纳伊米在演讲时自我调侃道："我甚至从"石油峰值论"中活了下来（I even survive from the Peak Oil.）。"另外，如前所述，由于页岩革命的成功，美国的石油产量持续提升，生产能力不断增强，2015 年的产量已达 5.66 亿吨。综上所述，在"生产"因子上，8 位专家对美国、沙特、沙特阿美这三个行为体赋予的平均分值均分别为 7.5 分、8.375 分和 7 分。

（3）关于"金融"因子的评价和打分：这一时期，美国实施相对弱势的美元政策，以刺激美国的经济和国内出口。当然，"弱美元"政策也进一步推高了油价，致使 2011 年全年平均国际油价超过 111 美元 / 桶，为 20 世纪以来的最高油价。高油价推动沙特的石油财富继续攀升，变相提升了"石油美元"在世界石油体系中的影响力。另外，以 2008 年 9 月 15 日"雷曼兄弟"投资银行倒闭为标志，美国和全球爆发了对后来影响巨大的全球金融危机，重挫了美国的全球金融霸权。这一时期，沙特阿美的营业收入和利润持续攀升，无论在储量产量规模上，还是在盈利能力上，均排在全球 50 家大石油公司的首位。在"金融"因子的考量上，"三角关系"中美国、沙特和沙特阿美的得分分别是 8.375 分、8 分和 7.5 分。

（4）关于"知识"因子的评价和打分：这一时期，阿卜杜拉国王非常重视沙特和沙特石油工业整体水平和能力的提升。其在任期间，推动在沙特建立了一所世界级的、可培养研究生的大学学府——阿卜杜拉国家科技大学。

目前，该大学在全球招收研究生，而且国际化程度很高，沙特学生占比只有30%左右。另外，在阿卜杜拉国王的支持下，沙特阿美公司主导建设了一家独立的石油与战略研究机构——阿卜杜拉国王石油研究中心（KAPSARC）。而且，阿卜杜拉国王石油研究中心最迫切的使命就是，找到解决沙特及全球未来出现的一些能源问题。对沙特而言，最中心的问题就是过度依赖化石燃料。这一时期，由于页岩革命的成功，美国重新主导了世界石油工业科技创新的方向。根据美国能源信息署（EIA）和 BP 能源统计信息报告，2000 年至 2018 年，美国页岩气年产量由 118 亿立方米上升至 6137 亿立方米，增长了 50 倍以上；致密油（90% 以上是页岩油）产量由 100 万吨左右上升至 3.23 亿吨，增长了 300 倍以上。特别是自 2006 年以来，随着 Bakken（巴肯）、Barnett（巴奈特）、Eagle Ford（鹰滩）、Marcellus（马塞勒斯）、Permian（二叠纪）等优质页岩盆地资源相继得到开发，美国在 2009 年首次超越俄罗斯，成为世界上最大的天然气生产国；在 2017 年超过沙特和俄罗斯，重新成为全球最大的石油生产国。页岩油气开采技术的突破被认为是现代石油工业最伟大的事件之一，正在引发能源行业的一次革命性转折，在相当程度上改变世界能源格局和地缘政治版图。长于创新的美国，再一次借由技术革新给世界上了"生动一课"。这一时期，在"知识"因子的考量上，8 位专家对"三角关系"中美国、沙特、沙特阿美这三个行为体赋予的平均分值分别是 8.875 分、8 分和 7.75 分。

（5）关于"市场"因子的评价和打分：这一时期，由于页岩革命的成功，美国消费市场与其他产油国而言，其吸引力在降低。这一时期，美国石油进口量在消费总量中的占比已由 2005 年的 67.3% 下降至 2015 年的 34.1%。相反，这一时期，美国从沙特进口原油量占其年度进口总量的比例在上升，从 2005 年的 11.5% 上升至 2015 年的 17.9%。但这并不能说明沙特对美国消费市场的影响力在上升，因为美国石油进口量的基数和美国的石油对外依存度在下降。这一时期，全球石油市场总体上处于"卖方市场"，油价不断高企，沙特阿美在全球石油市场中的影响力，特别是在东北亚、南亚和欧洲的消费市场份额不断扩大。在 "市场" 因子的考量上，8 位专家对 "三角关系" 中美国、沙特、沙特阿美这三个行为体赋予的平均分值分别是 7.875 分、8 分和 7.75 分。

（6）关于 "运输" 因子的评价和打分：这一时期，受奥巴马政府 "抽身中东" 政策和 "轻足迹" 战略的影响，在域外大国的影响方面，中东地区处于 "俄攻美守" 的状态（俄罗斯插手叙利亚，处于攻势；美国相继退出阿富汗和伊拉克，处于守势），美国在中东的总体影响力有所下降，对波斯湾及霍尔木兹海峡等影响全球石油贸易与运输的 "咽喉要道" 的控制力也相应下降。在 "运输" 因子的考量上，8 位专家对 "三角关系" 中美国、沙特和沙特阿美这三个行为体赋予的平均分值分别是 8.25 分、7.25 分和 6.25 分。

（7）关于 "定价" 因子的评价和打分：长期以来，在定价方面，沙特的初衷是，一个相对 "平和" 和 "稳定" 的石油价格符合沙特的国家利益，油价的大起大落不是沙特所希望的。为此，沙特采取的主要手段就是通过调节自身产量来影响油价，这就是 "机动生产者" 的角色。但其作用发挥取决于很多外部因素，有的时候沙特通过调节产量对油价的影响很有效，有的时候作用不大。在 2005 年至 2015 年这十年，油价曾涨到过 147 美元 / 桶的高点，又在金融危机期间跌至每桶 40 美元。沙特阿美作为机动生产商，这一时期均配合政府不遗余力地调节产量，以期影响油价。这一时期，特别是金融危机之后，美国的石油定价权有所减弱，石油价格涨落基本回到供需关系的基本面。这一时期，在 "定价" 因子的考量上，8 位专家对 "三角关系" 中美国、沙特、沙特阿美这三个行为体赋予的平均分值分别是 7.75 分、7.875 分和 7.375 分。

综合评估，在 2005 年至 2015 年这一阶段，美国、沙特和沙特阿美石油公司在 "三角关系" 中结构性权力指数分别是 8.275、7.719 和 6.884，具体见表 5-8。这一阶段，美国的结构性权力指数与上一阶段相比有显著下降，主要原因有两方面，一方面源自美国华尔街的全球金融危机直接影响到美国石油金融权力；另一方面美国致力于 "抽身中东" 政策，到期俄罗斯等其他域外大国和土耳其等域内大国有填补权力真空的态势。再加上美国与伊朗关系缓和、美国页岩革命成功和能源独立的推动,导致美沙关系的支柱——"石油换安全"的"压舱石"作用有所弱化。这一阶段,沙特和沙特阿美的结构性权力有所回升,主要是得益于高油价,其石油财富和石油权力相对得到提升。

表 5-8　第八次级阶段结构性权力指数测算表

阶段	沙特国王与石油大臣	美国总统	阿美(沙特阿美)石油公司总裁	"安全"因子(权重:20%)			"生产"因子(权重:18.33%)			"金融"因子(权重:18.33%)			"知识"因子(权重:18.33%)		
				美国	沙特	阿美(沙特阿美)石油公司	美国	沙特	阿美(沙特阿美)石油公司	美国	沙特	阿美(沙特阿美)石油公司	美国	沙特	阿美(沙特阿美)石油公司
				8.750	6.625	5.125	7.500	8.375	7.000	8.375	8.000	7.500	8.875	8.000	7.750

第八次级阶段(2005—2015)	阿卜杜拉国王&纳伊米	小布什、奥巴马	朱马赫、法利赫	"市场"因子(权重:8.33%)			"运输"因子(权重:8.33%)			"定价"因子(权重:8.33%)			结构性权力指数		
				美国	沙特	阿美(沙特阿美)石油公司	美国	沙特	阿美(沙特阿美)石油公司	美国	沙特	阿美(沙特阿美)石油公司	美国	沙特	阿美(沙特阿美)石油公司
				7.875	8.000	7.750	8.250	7.250	6.250	7.750	7.875	7.375	8.275	7.719	6.884

第四节 "三角关系"第四阶段：美国页岩革命成功之后的结构性权力

2015 年以来的这一阶段属于第四阶段，也是本次分析的最后一个阶段。这一阶段，全球出现了逆全球化与民粹主义的浪潮，特朗普执政后，大力倡导"美国优先"，与中国开打贸易战。这一阶段也是美国初步实现"能源独立"的关键时期。于沙特而言，主要是萨勒曼国王和穆罕默德·萨勒曼王储掌权执政时期，沙特经历了法利赫和萨勒曼（王储同父异母的哥哥）两任石油部长；于美国而言，经历了奥巴马、特朗普两位美国总统；于沙特阿美而言，则是纳瑟尔担任 CEO。

这一阶段，中东地区动荡加剧，"三角关系"面临新的外部环境。这一时期，伊斯兰国（IS）开始崛起，随后在美国等国的打击下逐步消亡。IS 从 2003 年开始在伊拉克出现，前身是"基地组织"在伊拉克的分支，后来经过发展壮大，到 2015 年前后成为全球最大的恐怖主义集团。2014 年 9 月，美国组建了一个包括英国、法国等 54 个国家和欧盟、北约及阿拉伯国家联盟等地区组织在内的国际联盟以打击 IS，到 2017 年 10 月，IS 基本被消灭，作为一个"国家"已经不存在。IS 的出现加剧了中东的动荡。

这一阶段，叙利亚战争呈现胶着状态。除了俄罗斯，土耳其和伊朗等地区大国插手叙利亚事务，导致叙利亚问题愈加复杂，直到现在尚未有解决办法。另外，这一时期中东地区地缘政治格局的显著特点是，伊朗的实力和影响力上升。2001 年以来，由于美国的战略冒进，贸然推翻了萨达姆和塔利班这两个伊朗的"敌手"，伊朗在中东地区被迅速"做大"，扮演起中东什叶派"星月地带"（伊朗＋伊拉克＋叙利亚＋黎巴嫩）领头羊的角色。伊朗开始干预中东地区的事务。伊朗的"意外崛起"打破了伊朗和沙特这两个战略对手的"脆弱平衡"，沙特开始奋力反击，两国在也门大打"代理人战争"。同时，伊朗的崛起引起了美国的警觉。为遏制伊朗在本地区做大，特朗普上台后，一改奥巴马时期对伊朗的"怀柔政策"，退出伊核协议（JCPOA），恢复并加大对伊朗的制裁。被捆住手脚的伊朗为打破制裁，不断在中东地区制造事端、试探美国的底线。2018 年、2019 年相继出现的波斯湾油轮遇袭、美国无人机遭遇伊朗导弹击落、沙特油田和地面处理设施遭遇轰炸等，均是美伊博弈和伊朗、沙特这对宿敌互殴的结果。

这一时期，美国的中东政策表现为这几个特点：一是战略收缩的态势没有变。2013 年 9 月，奥巴马在联合国大会上指出，反恐、能源、盟国安全和防范大规模杀伤性武器扩散是美国在中东的四大核心利益，首次公开把"民主化"目标排除在外，引起国际社会的广泛关注。2017 年特朗普的《美国国家安全战略报告》提出，美国的目标是"中东不能成为恐怖分子的庇护所，中东不能被一个敌对大国控制，中东是能源安全的组成部分"。二是"轻足迹"的战略路径没有变。奥巴马时期，美国已经开始实施"轻足迹"的中东战略，不再大规模卷入中东地区冲突，而是通过"空中干预"维护美国利益。特朗普执政以来，美国继续执行"轻足迹"的中东战略，空中军事力量、地面驻军威慑、盟国支持、大国关系协调是美国新中东战略的主要构成部分。三是政策风格骤变。近年来，美国中东政策真正变化的是特朗普政府的行事风格。同奥巴马时期相比，特朗普政府在中东的行事风格率性、鲁莽、前后矛盾、左右冲突，具有鲜明的个性特征。另外，特朗普政府的中东政策是更加"肆无忌惮"地偏袒以色列，比如 2018 年决定将驻以色列使馆迁至耶路撒冷，2019 年宣布承认以色列对戈兰高地的主权，2020 年推出"新中东和平计划"。这些明显偏袒以色列的举措，加剧了阿以矛盾和本已十分动荡的中东局势。

这一时期，七个衡量因子的评价如下：

（1）关于"安全"因子的评价和打分：这一时期，沙特与美国加强了在安全上的合作，特别是特朗普执政后首次出访即选择沙特。2017 年 5 月20 日，特朗普出访沙特，与萨勒曼国王就双边关系和中东地区形势举行会谈。5月21日，特朗普分别与海湾国家、阿拉伯和伊斯兰国家领导人举行峰会。作为东道主，沙特邀请55个阿拉伯和伊斯兰国家领导人赴沙特出席峰会。更重要的是，通过此次访问，美沙达成总价共计4600亿美元的军售协议，其中有1100亿美元的军售协议立即生效，剩余3500亿美元的合同分十年执行。这相当于给沙特的安全上了"十年期保险"。这一时期，面对伊朗在本地区的崛起和安全威胁，沙特只能在安全上更加依赖美国；同时，通过增加对防务的投入，沙特的安全自卫能力也在增强。这一时期，在"安全"因子的考量上，美国、沙特和沙特阿美的得分分别是9.375分、6.625分和5.125分。

（2）关于"生产"因子的评价和打分：这一时期，于沙特而言，其石油生产策略分为两个阶段。第一阶段是2016年以前，这一时期，沙特的策略是"增产保市场份额"，面对这一轮的低油价和美国页岩油生产商大肆抢占原油出口市场份额，沙特在时任部长纳伊米的带领下，放弃长期以来坚持的"限产保价"策略，开始开足马力生产，以低价原油与美国页岩油生产商争夺市场份额。2016年，沙特石油产量达到创纪录的5.86亿吨，而俄罗斯和美国同年的产量分别为5.56和5.42亿吨。随着油价持续走低，全球油气市场进入深度"寒冬"，继续任由油价下跌也会重创沙特的经济。2016年12月10日，以沙特为首的11个OPEC成员国和以俄罗斯为首的11个非OPEC国家在维也纳召开会议，达成第一轮减产协议，"维也纳联盟"（Vienna Alliance）由此诞生。维也纳联盟本质上是通过沙特和俄罗斯这两个OPEC和非OPEC代表国家的产量调节来稳定全球原油市场。这一时期，美国的石油产量在页岩油产量飙升的推动下持续攀升，2018年达到了创纪录的6.69亿吨，比2017年的5.74亿吨高出近1亿吨。综上所述，在"生产"因子的考量上，8位专家对"三角关系"中美国、沙特、沙特阿美这三个行为体赋予的平均分值分别为8.625分、8.375分和6.875分。

（3）关于"金融"因子的评价和打分：这一时期，全球石油市场进入低景气周期，沙特的石油金融实力有所下降；美国的能源金融资本及风险投资机构的目标主要是美国的致密油气产业，而且在"美国优先"的逆全球化浪潮的推波助澜下，美国在全球的金融实力亦有所下降。与此同时，沙特阿美继续保持强劲的海外投资势头，在印度、中国、东南亚及拉美的下游市场签订了一批新的合作协议。另外，这一时期，沙特阿美成功实现了 IPO 在沙特和全球资本市场上的影响力。2019 年 12 月 11 日，沙特阿美正式登陆沙特本国利雅得证券交易所，并在当日创造了全球最大募资规模和全球最高市值公司两项世界纪录。在"金融"因子的考量上，这一时期，8 位专家对美国、沙特和沙特阿美这三个行为体赋予的平均分值分别是 8.125 分、7.5 分和 7.75 分。

（4）关于"知识"因子的评价和打分：这一时期，沙特这个石油王国在新任王储穆罕默德·萨勒曼的带领下开始转型，其标志就是 2016 年 4 月，沙特对外正式发布了"沙特 2030 愿景"，外界对"沙特 2030 愿景"的正面评价颇多。其背景就是世界石油格局调整，沙特面临严重挑战，以及沙特经济结构不合理，经济社会问题凸显。然而，如本书第三章所阐述的，卡舒吉事件的发生大大降低了沙特的软实力。这一时期，沙特阿美在全球石油界继续保持较强的影响力。2020 年 2 月，Brand Finance（品牌财经）公司发布了 2020 年世界最具价值品牌 500 强排名，沙特阿美被评为"全球最具价值的新品牌"。在"知识"因子的考量上，8 位专家对"三角关系"中美国、沙特、沙特阿美这三个行为体赋予的平均分值分别是 9 分、7.375 分和 7.875 分。

（5）关于"市场"因子的评价和打分：这一时期，美国重回全球第一大石油生产国和天然气生产国，石油和天然气的对外依存度在降低，天然气对外依存度从 2007 年的 67% 下降至 2018 年的 25% 左右；当前，美国的天然气及 LNG 已实现出口，变成净出口国。美国的油气自给自足能力在提升，相应地，其市场进口国地位、进口消费吸引能力在下降。这一时期，在"市场"因子的考量上，8 位专家对"三角关系"中美国、沙特、沙特阿美这三个行为体赋予的平均分值分别是 8 分、7.875 分和 7.625 分。

（6）关于"运输"因子的评价和打分：这一时期，波斯湾地区因美伊博弈变得异常紧张，2018 年以来，短短一年时间就发生三起扣押油轮或油轮遭袭的事件；另外，沙特石油地面设施遭遇也门胡塞武装的无人机袭击，特别是 2019 年 9 月中旬，沙特最大的油田地面处理设施遭遇攻击，袭击造成沙特产油量每日剧减 570 万桶，接近全球产油量的 6%，沙特宣布关闭国内近一半的石油产能，后来在一个月左右的时间陆续恢复。波斯湾地区的紧张局势导致石油海上运输供应中断的风险在增加。这一时期，沙特阿美等石油生产商和运输商在筹划有无可能修缮本已年久失修的"跨阿拉伯半岛"陆上石油管道，或者增大该管道的输送能力作为应急预案；美国加强了在波斯湾水域的护航。在"运输"因子的考量上，美国、沙特和沙特阿美这三个行为体的平均得分分别是 8.5 分、6.875 分和 6.375 分。

（7）关于"定价"因子的评价和打分：这一时期，维也纳联盟效应显现，沙特的定价能力有所上升。2016 年底，维也纳联盟第一次协议决定，自 2017 年 1 月起联合减产 180 万桶 / 日，其中 OPEC 成员国减产 120 万桶 / 日，非 OPEC 国家减产 60 万桶 / 日。随后的两年里，维也纳联盟又达成 3 次延长减产的协议，基本上是每半年延长一次，减产幅度保持 180 万桶 / 日。2018 年 12 月，维也纳联盟达成新一轮减产协议，减产幅度调整至 120 万桶 / 日，其中 OPEC 成员国减产 80 万桶 / 日，非 OPEC 国家减产 40 万桶 / 日。自"减产协议"达成并实施以来，全球原油市场于 2017 年开始复苏，油价企稳回升，并于 2018 年 7 月升至近 80 美元 / 桶的高点，2019 年维持在 60 美元 / 桶上下。维也纳联盟由此成了全球石油市场供给侧的风向标，其影响力越来越大，其背后是沙特对国际油价定价的影响力在上升。这一时期，在"定价"因子的考量上，8 位专家对"三角关系"中美国、沙特、沙特阿美这三个行为体赋予的平均分值分别是 8.375 分、8.375 分和 6.875 分。

综合评估，在 2015 年以来这一阶段，美国、沙特和沙特阿美在"三角关系"中的结构性权力指数分别是 8.667、7.513 和 6.888，具体见表 5-9。这一时期，美国权力上升归因于特朗普本人的行事风格，以及相对于奥巴马时期的"战略收缩"而言，美国在中东的战略资源投入加大。沙特的石油权力有所下降主要在于，虽然沙特通过维也纳联盟增强了在世界石油市场上的话语权，但王储穆罕默德·萨勒曼的大胆变革和独断专行风格，导致沙特在国际社会的形象受损，软实力显著下降。沙特阿美权力有所上升的主要原因在于其逐步开放，并于 2019 年 12 月成功上市，其全球影响力得以进一步提升。

表 5-9　第九次级阶段结构性权力指数测算表

阶段	沙特国王与石油大臣	美国总统	阿美（沙特阿美）石油公司总裁	"安全"因子（权重：20%）			"生产"因子（权重：18.33%）			"金融"因子（权重：18.33%）			"知识"因子（权重：18.33%）		
				美国	沙特	阿美（沙特阿美）石油公司	美国	沙特	阿美（沙特阿美）石油公司	美国	沙特	阿美（沙特阿美）石油公司	美国	沙特	阿美（沙特阿美）石油公司
				9.375	6.625	5.125	8.625	8.375	6.875	8.125	7.500	7.750	9.000	7.375	7.875

第九次级阶段（2015 年至今）	萨勒曼国王 & 法利赫、阿齐兹·萨拉曼	奥巴马、特朗普	纳瑟尔	"市场"因子（权重：8.33%）			"运输"因子（权重：8.33%）			"定价"因子（权重：8.33%）			结构性权力指数		
				美国	沙特	阿美（沙特阿美）石油公司	美国	沙特	阿美（沙特阿美）石油公司	美国	沙特	阿美（沙特阿美）石油公司	美国	沙特	阿美（沙特阿美）石油公司
				8.000	7.875	7.625	8.500	6.875	6.375	8.375	8.375	6.875	8.667	7.513	6.888

第六章

结构性权力指数的
分析及其价值

　　本章是全书的最后一章，主要是对第五章结构性石油权力的量化打分和综合评价进行分析，探寻二战以来美国、沙特、阿美（沙特阿美）石油公司"三角关系"中结构性石油权力的规律性变化，论证结构性权力指数的价值所在，简要探讨中国目前在世界石油体系中如何提升结构性权力和结构性权力指数。

第一节　结构性权力指数的分析

　　把二战以来美国、沙特、阿美（沙特阿美）石油公司在 9 个次级阶段的结构性权力指数反映到图表上，并使用折线连接起来，便得到如图 6-1 所示的折线图，从中可以看出三个行为体在过去 70 多年时间里结构性石油权力演变的规律。

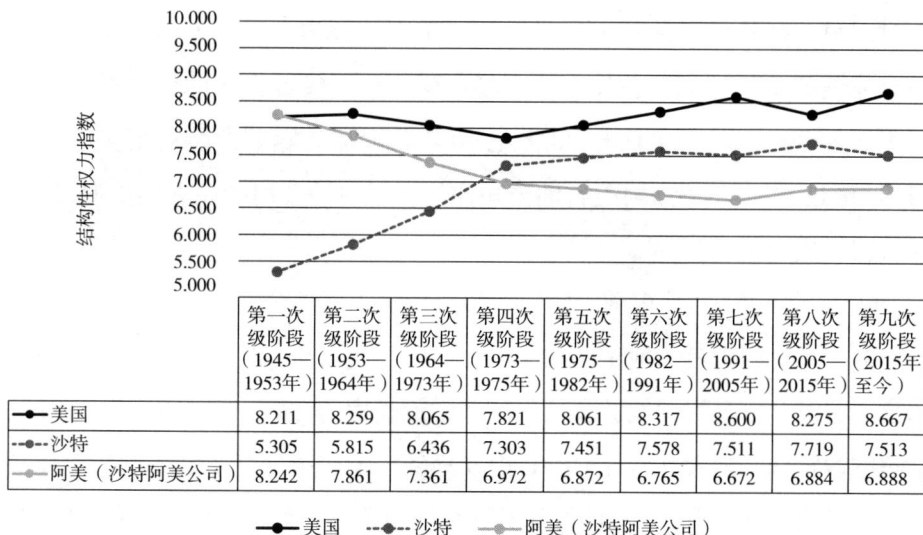

	第一次级阶段（1945—1953年）	第二次级阶段（1953—1964年）	第三次级阶段（1964—1973年）	第四次级阶段（1973—1975年）	第五次级阶段（1975—1982年）	第六次级阶段（1982—1991年）	第七次级阶段（1991—2005年）	第八次级阶段（2005—2015年）	第九次级阶段（2015年至今）
美国	8.211	8.259	8.065	7.821	8.061	8.317	8.600	8.275	8.667
沙特	5.305	5.815	6.436	7.303	7.451	7.578	7.511	7.719	7.513
阿美（沙特阿美公司）	8.242	7.861	7.361	6.972	6.872	6.765	6.672	6.884	6.888

图 6-1　美国、沙特、阿美（沙特阿美）石油公司"三角关系"结构性权力指数演变图

一、结构性权力从高到低依次是美国、沙特和阿美（沙特阿美）石油公司

从图6-1可以看出，美国作为全球超级大国和发达消费大国，其结构性权力除了在第一次级阶段略逊于阿美石油公司以外，其余八个次级阶段均处于"三角关系"的"最高权力者"地位。这是由结构性权力中的"非石油因素"决定的，这也从另一个侧面验证了，有一些权力是凌驾于石油权力之上的，比如安全权力、金融权力和知识权力。纵观二战以来的70多年和这九个次级阶段，在安全、金融和知识因子上，美国的得分总是最高，这是由美国的综合实力决定的。美国在全球和中东地区的超级大国地位和霸权，支撑着美国一直处于"最高权力者"地位。

除了20世纪70年代以前，沙特一直是"三角关系"的"次高权力者"。这与孙溯源在其《国际石油公司研究》中得出的结论略有不同，她认为发达消费体和国际石油公司总是处于结构性权力中心地带，而产油国往往处于权力外围。具体到美国、沙特、阿美石油公司的"三角关系"中，大部分时间里，沙特的石油权力还是高于阿美石油公司。这一方面在于沙特是一个完整的主权国家，在安全、市场、生产、运输等方面的权力显著高于阿美石油公司；另一方面自20世纪70年代以后，随着沙特对阿美石油公司的"渐进式"国有化，阿美石油公司作为国际石油公司的独立性遭遇侵蚀，其结构性权力显著下降。

除20世纪70年代以前，阿美（沙特阿美）石油公司一直处于"三角关系"的"第三权力者"地位。在20世纪70年代以前，阿美石油公司依托其四家"超级"母公司，能够掌控生产和定价权力的时候，其总体结构性权力是超越沙特的。随着沙特在OPEC中发挥领头羊作用，以及生产权和定价权逐步过渡到沙特政府手中，沙特的石油权力超越了阿美石油公司。1988年后，沙特阿美成为一家国家石油公司，尽管其国际化、全球化特征明显，且相对独立，但总体还是在沙特政府的控制之下，结构性权力有限。

二、美国和沙特的石油权力总体在上升、阿美石油公司总体在下降

就结构性权力变化趋势而言，二战以来的 70 多年里，美国和沙特的结构性权力总体呈上升态势，而阿美（沙特阿美）石油公司的结构性权力总体呈下降态势。从第四章和第五章的结构性石油权力评价设计和评估论证的情况看，美国的结构性权力指数总体呈上升趋势，主要原因在于：一是美国长期以来一直是全球最大的石油生产国、消费国和进口国，20 世纪 70 年代后期，其最大生产国地位被沙特和苏联（后来的俄罗斯）所超越，近年来又恢复到全球最大石油和天然气生产国的地位，由于其庞大的体量，一直在全球石油市场上扮演举足轻重的角色。"大不一定强、不大一定不强"，美国的石油权力部分源自其巨大的规模实力。二是美国一直以来将"石油供应安全"视为国家安全的重要组成部分，美国在保障石油安全上的战略资源投入与其石油的对外依存度呈"正相关"关系。从图 6-1 中可以看出，1991 年至 2005 年这一阶段，是美国石油进口量逐步攀升、对外依存度逐步上升的时期，美国在这一时期的结构性权力指数高达 8.6，其背后是美国在安全、生产、通道、金融等方面加大了保障力度。三是二战以来的 70 多年，美国的总体国力呈上升态势，到 20 世纪 90 年代克林顿执政时期，美国的霸权实力达到巅峰，尽管中间有反复和学者们提及的"霸权衰弱"，但美国的总体实力在持续增长，这也支撑了其石油权力的上升。

沙特的结构性石油权力呈上升态势，一是沙特自 1932 年立国之后，经过半个多世纪的发展，逐步从阿拉伯半岛一个实力靠后的小国，发展成为中东地区大国和阿拉伯世界里数一数二的国家。2011 年"阿拉伯之春"之后，沙特逐步代替埃及，成为阿拉伯世界的领头羊，国家总体实力的提升在相当程度上决定了其石油权力的上升。二是沙特在全球石油市场和世界石油体系供给侧的地位在逐步提升，其生产能力和知识能力在逐步提升。三是沙特在 20 世纪 70 年代后期以来，其在石油美元体系中的地位逐步提升，其作为"机动生产商"的作用越来越大，并掌握了一定的定价权。

阿美（沙特阿美）石油公司的结构性权力总体呈下降态势。一是作为跨国公司的行为体，相对于主权国家行为体而言，阿美（沙特阿美）石油公司处于弱势地位；二是作为国际石油公司和外国投资者，阿美（沙特阿美）石油公司在沙特的生产权力、定价权力和知识权力均逐步让渡给沙特政府，这三方面的权力下降导致其综合石油权力下降；三是阿美石油公司转变为沙特阿美后，其权力进一步下降。

三、三个行为体本身的结构性权力指数呈波浪式变化

就美国而言，其在"三角关系"中结构性权力的变化，经历了20世纪60年代中期以前的上升期，此后是差不多10年左右的下降期；20世纪70年代中期以后，美国的结构性权力持续上升，一直到21世纪初；近十多年来，美国的结构性权力呈下降态势，但随着特朗普上台，下降态势得以扭转。影响美国石油权力转换的关键因素：一是美国国家安全战略及其对外政策的调整；二是其在全球金融和知识（软实力）影响力的高低；三是其在全球石油市场中生产和消费地位的变化；四是重大地缘政治事件的出现、领导人的变更及领导风格的变化。

就沙特而言，其在"三角关系"中结构性权力的变化，经历了20世纪70年代中期以前的持续且显著上升期，该上升期大约有30年之久；沙特的结构性石油权力在费萨尔国王当政的20世纪70年代中期达到高峰，随后进入相对平稳的"平台期"，这一时期也有30年之久；21世纪初，随着阿卜杜拉国王当政，伴以国际油价的上升，沙特的石油权力得以回升；但萨勒曼2015年担任国王以来，特别是王储穆罕默德·本·萨勒曼的一系列"莽撞"行为，导致沙特的结构性权力指数有所下降。影响沙特石油权力转换的关键因素是：中东地区的地缘政治和安全态势的变化，沙特国王的更替和领导力的变化，沙特在全球石油市场中生产能力和定价能力的变化。

就阿美石油公司和后来的沙特阿美而言，其在"三角关系"中结构性权力的变化，经历了20世纪70年代中期以前的持续快速下降期，后进入缓慢

下降期，直至 20 世纪末 21 世纪初，沙特阿美的石油权力有所上升。影响阿美石油权力转换的关键因素是公司性质的变化，以及石油技术、资金和管理权力的变化。

四、"三角关系"结构性权力变化的总体趋势

从美国和沙特结构性权力指数的折线图演变可以看出，美国的结构性权力的上升意味着沙特结构性权力的下降，反之亦然。这是由美国和沙特分别作为全球最大消费国、进口国和生产国、出口国的"结构性矛盾"决定的。这从现实主义国际关系理论中可以得到论证，属于"零和博弈"。这一特征在第四和第七次级阶段表现得尤为明显。1973 年"石油禁运"期间，美国的石油权力跌入低谷，沙特的石油权力处于高点；2003 年前后，美国的石油权力处于高点，而沙特则跌入低谷。

于沙特和阿美（沙特阿美）石油公司而言，两者的结构性权力指数演变在 20 世纪 90 年代之前呈负相关关系，道理很简单，1988 年正式成为沙特阿美之前的阿美石油公司，实际上是一家美国石油公司，代表的是国际石油公司和美国的利益。两者在 20 世纪 90 年代之后呈正相关关系，是因为经过几次国有化赎买和身份转变后，阿美石油公司已经转变为沙特的石油公司，总体上代表的是沙特的利益。

还可以看出，20 世纪 70 年代中期以前的阿美石油公司，其结构性权力的变化与美国的变化基本一致；而此后的沙特阿美，其结构性权力变化与沙特的变化基本一致。个中的道理是显而易见的，国有化启动之前的阿美石油公司本质上是一家美国公司，而国有化之后的沙特阿美本质上是一家沙特公司。

第二节　结构性权力指数的应用价值

一、结构性权力指数可以用来预测美沙关系的变化

美沙在结构性权力指数上有显著差距时，往往是美沙关系的"蜜月期"，比如伊本·沙特—富兰克林·罗斯福时期（第一次级阶段），以及法赫德—老布什时期（第七次级阶段）；反之，美沙在结构性权力指数上比较接近的时期，往往是美沙关系的"动荡期""冷淡期"，比如费萨尔—尼克松时期（第四次级阶段），以及阿卜杜拉—奥巴马时期（第八次级阶段）。

二、结构性权力指数可以用来印证国际油价的走势

如图 6-2 所示，于美国而言，其结构性权力指数的变化趋势与国际油价的变化趋势基本上呈负相关关系，特别是其全球消费大国、进口大国身份明显的时候；于沙特而言，其结构性权力指数的变化趋势与国际油价走势基本上呈正相关关系。其背后的道理是明显的，油价的上升增加了作为消费大国美国的消费成本，因而在一定程度上侵蚀其结构性石油权力；与之相反的是，油价的上升增加了作为生产出口大国沙特的石油财富，在一定程度上提升了其结构性石油权力。

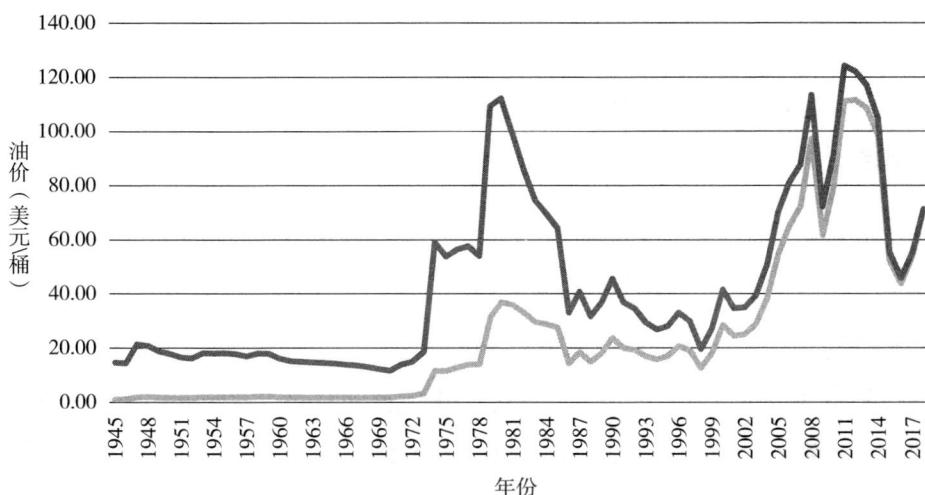

图 6-2 二战以来国际油价变化走势图

三、结构性权力指数可以用来解释消费国和产油国谁更脆弱的问题

在石油政治里，到底是产油国更脆弱，还是消费国更脆弱？在过去至少20年，我们总认为消费国更脆弱，因而总是担心能源安全的问题，总是为"亚洲溢价"所困，总是付出更多代价去进口油气。然而，从历史和现实中看，实际上是生产国更脆弱，消费国更强大。一个明显的例子是，过去和当前的大多数石油制裁，都是发达的消费国对产油国施加的，比如美国对俄罗斯、伊朗和委内瑞拉施加的制裁。

这种现象可以从结构性权力指数得到很好的解释。核心原因就是，发达消费国的结构性权力指数一直是显著高于产油国和出口国的。正如前文所述，美国等发达消费国在安全、市场、金融、知识、运输、定价等因子上均拥有比产油国更多的石油权力。石油消费大国，基本都是国家地域广阔、经济发展能力强、国家武装力量强大、科技水平高的国家。这决定了消费国在国际治理秩序、经济发展弹性方面都处于较好的状态。产油国大部分属于发展中国家，这是由于资源禀赋与"荷兰病"① 所致，所以从这个意义上看，消费国的结构性石油权力更强大。

四、结构性权力指数可以运用到"消费国—产油国—国际石油公司"三角组合关系中

世界石油体系中类似美国、沙特、阿美（沙特阿美）石油公司"三角关系"的关系还有很多，比如欧洲消费国—中东产油国—欧洲石油公司"三角关系"，日本—沙特—日本国际石油财团"三角关系"，以及中国—沙特—中国跨国石油央企"三角关系"，等等，都可以建立与本书相似的分析框架和评价模型，来解释三个行为体在结构性石油权力上的互动关系。

---

① 荷兰病（the Dutch disease），是指一国（特别是指中小国家）经济的某一初级产品部门异常繁荣而导致其他部门衰落的现象。20 世纪 60 年代，已是制成品出口主要国家的荷兰发现大量石油和天然气，荷兰政府大力发展石油、天然气业，出口剧增，国际收支出现顺差，经济显现繁荣景象。可是，蓬勃发展的天然气业却严重打击了荷兰的农业和其他工业部门，削弱了出口行业的国际竞争力，到 20 世纪 80 年代初期，荷兰遭受通货膨胀上升、制成品出口下降、收入增长率降低、失业率增加的困扰，国际上称之为"荷兰病"。

第三节 对中国和中国跨国石油公司的启示

2019 年，中国石油进口量首次达到 5 亿吨，对外依存度首次超过 70%，已经超过美国曾经 67% 的对外依存度峰值；进口天然气（含 LNG）1373 亿立方米，对外依存度超过 45%。中国已稳居全球第一大石油进口国和第一大天然气进口国。这带来了一系列问题，包括"到底以多大力度开展能源外交""是否要让渡国家利益来保障能源安全""中国需要和沙特、俄罗斯等重点出口大国达成什么样的双边关系""中国在世界石油体系中的地位怎样""如何参与国际能源治理"等。这些问题均和消费国—产油国—消费国跨国石油公司的"三角关系"和结构性权力指数有关。

一、中国如何实质性提升其结构性权力

从本书前面几章的分析可以看出，中国要实质性提升结构性石油权力和结构性指数，需要全面提升七个因子的影响力。

一是提升"安全"权力，中国要尽快构建保障石油进口的安全体系，包括在全球关键通道、关键水域军事力量的投射；构建海外利益保护体系，为中国石油企业在海外的投资与运营提供安全保护；当前可优先考虑在"一带一路"沿线国家逐步构建安全保护体系。

二是提升"生产"权力，应继续保障中国作为全球生产制造中心的角色，特别是高端制造能力，以及逐步提升中国在国内、国外的油气生产能力，在全球油气市场的供给侧发挥更大作用。

三是提升"金融"权力，通过国家开发银行、中国进出口银行的信贷优势，通过企业的资金优势，逐步构建"石油＋金融"的海外资源开发模式；同时，稳健推动"人民币国际化"，在合适的地区和市场，以"石油人民币"取代"石

油美元"。

四是提升"知识"权力，要把石油科技和管理创新放在重中之重的位置，在国家和企业两个层面，集中力量解决油气深水（深海）勘探开发、非常规（含页岩油气）、新能源等领域的"卡脖子"技术，同时进行商业模式的创新，巩固中国和中国石油企业在世界石油体系中的"技术利器"和管理软实力。

五是提升"市场"权力，继续发挥中国作为全球最大油气进口国的市场地位，建立公平公正的市场竞争机制，多元化引进境外油气资源的市场渠道。

六是提升"运输"权力，确保目前已构建的跨越我国西北、东部、西南和东部海上四大油气进口通道的安全运营，建立健全跨国管道沿线国家的"安全共保"机制和应急处理机制；构建新的运输通道，降低运输成本。

七是提升"定价"能力，充分发挥中国石油天然气期货平台、交易平台的作用，通过市场化机制形成基于东亚和中国市场的"石油天然气标杆价格"，提升中国对国际油气定价的影响力；联合印度、日本和韩国等亚洲油气消费大国，建立类似"亚洲油气消费者联盟"的国际组织，增强进口方在油气定价上的话语权。

二、中国跨国石油公司与母国政府需要保持的关系

笔者认为应将中国跨国石油公司（例如中国石油这样的石油央企）与中国政府之间的关系塑造成阿美石油公司与美国政府之间的关系，即企业在先、国家在后。阿美石油公司的母公司——加利福尼亚标准石油公司早在1933年便开始在沙特投资勘探石油，1938年获得了商业性发现。随着后续几年沙特的石油产量引起时任美国总统罗斯福的关注，他认为二战之后石油将成为一种战略物资。于是，1945年美国开始从政府层面加强与沙特的关系。这是先有经济关系、后有政治关系的典型案例。

类似的案例还有当年BP石油公司在伊朗，先是BP石油公司在伊朗有大量的投资与石油利益，且该利益逐步上升为英国的国家利益，使得英国在20世纪50年代不断出面保护BP石油公司的利益免遭伊朗国有化运动的损

失（尽管后来未成功）。

于中国及中国跨国石油公司而言，需要学习美国政府与阿美石油公司的互动模式，以及英国政府与BP石油公司的互动模式。一方面是企业先行、政府跟进，企业以当地投资与经营，重塑母国与本地区的地缘经济和地缘政治关系，为提升母国的国际影响力做出贡献；另一方面是企业在产油国做大做强后，需要母国政府对企业在产油国的可持续发展提供政治和政策支持。

三、中国跨国石油公司和东道国政府建立怎样的关系

自1993年中国成为石油净进口国后，在中国政府提倡的利用"两种资源、两国市场"的渠道下，以中国石油、中国石化和中国海油为代表的中国国有石油公司开始"走出去"，实施国际化经营。经过20多年的发展，目前，在海外业务规模实力方面，中国三大国有石油公司已初步成为具有跨国公司特性的国家石油公司，在资产规模、全球布局、发展战略等方面已经和国际石油公司比较相近。以中国石油为例，截至2019年底，已在全球近80个国家开展油气投资、贸易与工程服务业务，构建起了中亚—俄罗斯、中东、非洲、美洲和亚太"五大油气合作区"，其跨国经营能力已位居中国企业之首。那么，于中国跨国石油公司而言，应该与东道国政府构建怎样的一种关系？阿美石油公司与沙特政府70多年合作与博弈的历史，给了我们一些启示。

一是必须拥有显著高于东道国（产油国）当地的技术、管理和资金实力，这是国际石油公司和中国跨国石油公司在东道国能够保持相对优势的前提。过去及未来一个时期，有着自身作为国家石油公司的信用，中国跨国石油公司在资金和融资方面能力较强；但在技术和管理方面，除了在非洲和拉美等欠发达和不发达的东道国拥有一定的比较优势外，在发达市场和一些油气合作经验较为丰富的市场，技术和管理能力一直是我们的短板。

二是必须正视东道国也是主权国家这个事实，一旦发生纠纷和冲突，最好通过谈判去解决，避免激化矛盾和动辄诉诸法律或通过国际仲裁的方式解决问题。若发生中方资产可能被东道国政府征用或国有化的风险，要提前介

入，通过谈判延迟"国有化"进程，力争达成双方共识，避免"双输"。

三是要设计好项目退出的路径，打消在东道国"永续经营"的奢望。从本书可以看出，即便阿美石油公司和沙特政府形成了持续相互依赖的关系，但沙特政府最终还是通过某种方式收回了阿美石油公司的资产。

四是不要介入东道国的政治纷争。阿美石油公司从未出现参与影响沙特政局走向的行为，而是试图与每一任沙特国王都保持良好关系，同时始终保持相对独立，并深入研判东道国政治经济形势，动态调整政策以做好应对。

附　录

APPENDIX

第一节　基本概念界定

中东是全球石油天然气储量和产量的"心脏地带"。鉴于中东地区在地理、历史、文明和宗教等方面的特殊和重要地位，中东也是大国博弈和地缘政治的焦点地区。中东地区兼具石油和政治的双重属性，使得该地区的石油政治特征浓厚。20世纪70年代中后期和80年代是石油政治、中东政治、中东石油政治、国际石油公司研究的"黄金时代"。1973年阿拉伯国家对美国和其他西方国家的"石油禁运"，伊斯兰极端分子1979年攻击沙特宗教圣地麦加，伊朗1979年发生伊斯兰革命，1979年苏联入侵阿富汗导致中东数个产油大国与苏联交恶，1980年"两伊战争"打响，20世纪80年代中后期沙特对其石油工业完全实现国有化——沙特阿美诞生等，一系列具有全球影响且与中东石油密切相关的重大政治事件和冲突轮番上演。石油对全球政治经济的影响被推到一个无与伦比的高度。当时，美国和欧洲一批著名的国际政治学者和智库人士研究石油政治的问题。毫无疑问，目前依然占据重要位置的石油政治经典著作、重要概念、重要范式和模型基本上都是那一时期提出的，现在依然经久不衰。下面，围绕消费国、产油国和国际石油公司的"三角关系"，对本书用到的重要概念进行界定。

第一，美国和沙特同盟关系的确立。1945年2月14日，美国总统富兰克林·罗斯福利用其去苏联参加雅尔塔会议的机会，于回程途中，在停靠在埃及地中海的美国军舰上，与沙特国王伊本·沙特举行会谈并达成协议。协议的主要内容是，美国将对沙特的安全提供保护，作为回报，沙特在当时已经于沙特从事油田投资与开发的美国石油财团的帮助下，源源不断地向美国提供石油。此外，两国元首还探讨了以色列在中东巴勒斯坦建国和战后中东秩序等问题。以此次双方会面为标志，美国和沙特的同盟关系正式确立。此后的 70 多年中，美国和沙特的关系尽管受中东局势、国际石油市场供需情况，以及沙特政体等因素影响而起起伏伏，但总体而言一直在同盟的"轨道"上运行着。

第二，石油政治的核心是石油权力。什么是"石油政治"？根据国际石油经济学者 Qystein Noreng 在《20 世纪 80 年代的石油政治——国际合作的范式》（Oil Politics in the 1980s, Patterns of International Cooperation）一书中的解释，石油在全球能源体系中的特殊地位和石油的不可再生性、分布的不均衡性，赋予了石油经济、战略和政治属性。石油价格波动和对石油供应的控制则可能导致潜在的政治冲突。而且，石油的特殊属性导致其往往会和其他因素直接或间接地挂钩。二战以来，最普遍的现象是，大多数国家是石油净进口国，因而石油价格涨落和对石油供应链的控制与否对这些国家的经济、外交政策和行为自由度产生了直接影响。石油往往与一个国家的经济增长速度、就业水平、通货膨胀率、贸易政策，乃至总体的外交政策倾向密切相关。自从 20 世纪初中东石油大发现[①]后，石油工业在世界经济政治和外交中扮演了更加重要的角色，石油的政治属性变得越来越强。世界范围内石油政治的典型例子有石油生产的配额制、因石油而起的国际冲突、"石油峰值论"、中亚里海地区的石油管道外交[②]、石油国有化及其政治影响、石油货币的地缘政治特征等。

可以看出，石油政治的核心和本质就是"石油权力"。石油之所以能形

---

① 1908 年 5 月 26 日，英国人达西的勘探队在伊朗和伊拉克交界处，打出了伊朗现代史上的第一口油井，发现了马斯喀特苏莱曼油田。沙特的比较晚，是经过 5 年的勘探于 1938 年 3 月 8 日在达曼发现的，钻到 1380 米深，这口井被命名为 7 号井。1927 年伊拉克的基尔库克油田出油，这是中东发现的第一个大油田。20 世纪 30 年代，巴林、沙特、科威特相继发现石油。

② 长距离跨国油气输送设施（管道）往往能够实质性改变区域性地缘政治格局。这方面最为典型的案例非 BTC 管线莫属。BTC 管线系从阿塞拜疆的巴库经过格鲁吉亚首都第比利斯到土耳其杰伊汉港口的一条原油运输和出口通道，这条管线绕过俄罗斯，直接把阿塞拜疆位于里海 ACG 油田的原油经过格鲁吉亚运抵土耳其，再通过油轮运至欧洲消费市场。它的建成和运营，一定程度上改变了俄罗斯、阿塞拜疆、格鲁吉亚和土耳其的地缘政治格局，使得俄罗斯失掉了对里海油区"出口阀门"的控制地位，可谓是美欧西方国家联手"遏制"俄罗斯长期以来霸占里海石油出口垄断地位的一场"翻身仗"。

成"权力"，是因为石油发挥作用的不可替代性，除了石油，尚没有一种能源能够称得上"工业的血液"；还因为石油的不可再生性、石油储量分布的不均衡性、石油资源的稀缺性，以及石油的大宗商品属性，如果产量和交易量不够大，石油也不会有这么大的影响力。后来，随着金融市场的发达和金融衍生品的诞生，石油又具备了金融属性。石油的上述特点，使得它与众不同，常常为拥有它的国家、群体和个人所利用，成为实现利益的工具。石油自从与利益挂钩后，便具备了"权力"。

第三，中东石油政治的主要特点表现为四个方面。中东地区一直是全球最重要的油气储量地区、生产地区和出口地区。截至 2018 年年底，中东地区石油探明可采储量 1132 亿吨（8361 亿桶），天然气探明可采储量 79.1 万亿立方米，分别占全球石油和天然气总储量的 48.3% 和 40.9%；2018 年，中东地区的石油产量和出口量分别为 14.90 亿吨和 12.17 亿吨，分别占全球生产总量和出口总量的 33.3% 和 34.8%；同年，中东地区的天然气产量和出口量分别为 6873 亿立方米和 1339 亿立方米，分别占全球天然气生产总量和出口总量的 17.8% 和 14.2%。可见，中东地区石油天然气储量、产量和出口量在全球油气市场上的中流砥柱地位。

与此同时，中东地区有着全世界最为复杂的宗教关系和民族矛盾，以及全球最为严重的地缘政治冲突，域外大国长期盘踞中东地区。中东地区极其复杂的民族、宗教、政治和文化关系，加上中东地区是全球最重要油气富集地，使得该地区成为全球石油政治特征最普遍、最显著的地区。中东地区的石油政治主要表现为：

一是石油往往与地区冲突联系在一起。有国际政治学者对中东地区国家间冲突和战争研究过后发现这样一个现象，拥有油气资源的国家往往容易发起战争或者成为战争受害者。比如伊拉克 20 世纪 80 年代初对伊朗的入侵（两伊战争）以及在 90 年代初对科威特的入侵；作为世界第一油气储量（当量）大国的伊朗近 40 年来一直遭受着美国和西方国家的制裁；2003 年美国对伊拉克发动的第二次战争，这些冲突无不与石油有密切的关联。有学者统计发现，就全球范围内而言，富油国家极易成为别国攻击的靶子，资源型国家的战争爆发率是常态国家战争爆发率的 2.5 倍。

二是中东地区几个主要的产油国发起成立了石油输出国组织（OPEC），成为由本地区主导并能够影响全球政治经济格局的为数不多的国际组织之一。1960 年在巴格达由沙特阿拉伯、委内瑞拉、伊拉克、科威特等几个中东和拉美地区重点产油国石油部长们发起成立的 OPEC，是继 20 世纪初美国得克萨斯铁路局后，全球最具影响力的石油卡特尔。OPEC 的成立和运行打破了此前长期以来由"石油七姊妹"控制全球石油市场和价格走势的局面。半个多世纪以来，OPEC 一直是全球最重要的能源国际组织之一，对全球油气市场乃至世界政治经济格局发挥着巨大影响。特别是 21 世纪以来，沙特成为 OPEC 的领头羊，OPEC 的"中东化"倾向不断加强。

三是中东地区此起彼伏的石油国有化运动。国有化运动使得石油被看成是国家主权的象征，因而具备了浓厚的政治色彩，石油国有化运动背后是资源国政府和外国投资者（及投资者的母国政府）之间的博弈，很容易上升为国家间矛盾乃至冲突。全球第一波石油国有化运动发生在 20 世纪 20 年代末拉丁美洲的阿根廷，接着 20 世纪 40 年代初在墨西哥也发生了石油国有化运动；委内瑞拉的第一波石油国有化运动发生在 1976 年，第二波石油国有化运动发生在 2005 年前后。

中东地区石油国有化运动集中发生在 20 世纪 50—70 年代，伴随着全球的政治觉醒和民族解放运动。其中以摩萨台时期的伊朗石油国有化运动最为著名。二战结束后，美国、苏联、英国三国的争斗使伊朗卷入国际政治的旋涡之中，并成为战后美苏冷战的前沿阵地。随着伊朗政府财政收入对石油分红的依赖，英伊石油公司（现在的 BP 石油公司）便通过石油控制了伊朗的经济命脉。伊朗人民不堪忍受英伊石油公司的掠夺，要求废除其租让权。1949 年，伊朗民族民主运动领导人穆罕默德·摩萨台在议会中提出"石油国有化法案"，得到伊朗各界的广泛支持。1951 年 3 月 14 日，议会通过该项法案，宣布对石油资源实行国有化，取消外国公司在伊朗石油领域的特许权。

同年，伊朗国家石油公司（NOIC）成立。为了对抗伊朗的石油国有化法令，英伊石油公司背后的英国政府对伊朗实行经济封锁，西方国家也拒绝购买伊朗石油。伊朗失去大量的石油收入和外援，国家财政因此陷入危机，政局出现动荡，经济形势的恶化使摩萨台失去了民众的支持。1953年，美国中央情报局趁机策划并推翻了摩萨台政府，帮助穆罕默德·礼萨·巴列维国王巩固了王权，并取代了英国和苏联在伊朗的主导性地位，由此获得政治和经济利益的双丰收。

四是中东石油政治一直受到域外因素的影响，因而使其更具国际政治的特征。首先，中东石油政治中的"大国博弈因素"主要表现为英法集团、美国和苏联（现在的俄罗斯）等域外大国对中东石油的争夺。历史上，中东石油的第一波域外控制者是英国和法国，特别表现为20世纪50年代之前英国对伊朗石油的控制。第二波域外控制者或介入者是美国，特别表现为美国和沙特在二战以后建立起来的同盟关系，沙特的石油产量是美国维系其"石油美元"霸主地位的根基。第三波域外控制者是苏联和后来的俄罗斯，突出表现为苏联于20世纪70年代末入侵阿富汗，与美国争夺中东地区的油气资源和地区主导权。

其次，中东石油政治的"欧美因素"主要表现为欧美国际石油公司对中东地区的石油投资和贸易。第一阶段是20世纪60年代以前，"石油七姊妹"对中东地区的石油投资，美欧跨国石油巨头和中东地区各产油国政府之间的博弈是中东石油政治的重要组成部分。第二阶段是20世纪40—80年代，阿美石油公司（Aramco）在沙特的投资，阿美石油公司基本上控制了沙特的石油工业。第三阶段是20世纪90年代以来，美欧和亚洲的石油企业在中东地区的石油投资，特别是自2008年伊拉克战后对外开放其石油市场，欧美石油企业联合亚洲国家石油公司在伊拉克的大规模投资与建设，一定程度上推动了中东石油政治的多元化。

再次，中东石油政治的"亚洲因素"主要表现为中国、日本、韩国和印度等亚洲石油消费大国对中东石油的需求，以及上述四国的石油企业在中东地区的石油投资，对中东石油的巨大需求促使亚洲各重要消费国与中东各大产油国保持着良好的多双边关系，成为中东石油政治的"稳定器"。亚洲石油企业在中东的投资一定程度上提升了中东石油的产量水平，推动提升了中东国家的石油工业现代化水平，提振了中东石油在全球石油市场上的地位，巩固和加强了中东各大产油国的"石油权力"。

第四，跨国公司是国际关系的重要行为体，国际石油公司在产油国的力量尤为强大。一个公认的事实是，随着跨国公司的崛起和综合实力的不断增强，跨国公司已经和主权国家、国际组织一并成为国际关系的三大行为体。二战后，最显著的经济现象之一是跨国公司的出现和发展。跨国公司一般是指在多个不同的国家从事生产和经营活动的企业。许多跨国公司拥有全球性的影响力，它们拥有的资源和销售收入甚至远远超过大多数国家；一些跨国公司所涉足的国土面积和运营范围，比有史以来任何帝国所控制的地域更加广阔；它们通过对外直接投资（FDI）的方式，广泛地把世界经济结合起来，并使世界经济的相互依赖关系从贸易和货币领域扩大到工业生产领域。跨国公司生产的国际化是经济全球化的主要动力，使得民族和国家的概念变得更加模糊；一国所拥有跨国公司的数量、规模和实力已成为衡量该国综合国力的主要标准之一。以 2010 年为例，跨国公司的全球生产带来约 16 万亿美元的增值，约占全球 GDP 的四分之一；其外国子公司的产值约占全球 GDP 的 10% 以上和世界出口总额的三分之一。

跨国公司的存在及其强大实力，深刻影响着世界上很多国家的国内经济和国内政治，也深刻影响着当代国际关系。跨国公司是国民经济发展的支柱、科技进步的强大引擎，在国内和国际政治中扮演着重要角色。跨国公司已经在很大程度上改变了人类社会的生产方式，改变了社会财富的产生模式和分配方式，也改变了权力运行过程和运行结果。

国际石油公司的力量尤为强大，近 20 年来，福布斯杂志每年评选出的世界 500 强企业的前十名榜单上，至少有四位是国际石油公司或国家石油公司，多则达到六位。罗伯特·吉尔平认为，美国跨国公司扩张是美国国家实力扩张的结果，研究美国跨国公司必须考虑国家实力因素。美国第一大石油公司——埃克森美孚石油公司从 1992 年至 2012 年 20 年间全球化经营的案例告诉我们，国际石油公司可谓富可敌国，是一个拥有影响产油国政府和对外合作政策，同时影响美国能源政策的"超级行为体"，其能量甚至超过一个中型民族国家。

第二节 文献综述

结合本书的研究主题，在前文已经论及的研究成果的基础上，现就以下几方面国际国内现有研究成果进行文献综述：一是关于国际政治经济学的研究，二是关于石油政治的研究著作和重要文献，三是关于美国和沙特关系研究的著作和论文，四是关于国际石油公司的重要研究成果，五是其他相关研究成果。需要指出的是，有的文献中有跨国公司与美国霸权、石油投资的政治属性、中东石油政治等与本文提出的"三角关系"类似的概念，在文献回顾中将一并列入，不做区分。

一、关于国际政治经济学的研究

鉴于本书的研究对象——美国、沙特和阿美石油公司"三角关系"，一方面是三者之间的石油供需、石油投资与贸易等经济学问题，但另一方面更为重要的是美沙两国关系、国际政治对经济行为的影响，实际上是一个国际政治经济学问题。这里有必要对国际政治经济学的代表性著作进行介绍。

一是美国学者科恩所著的《国际政治经济学：学科思想史》，主要讲述这一学科不同于其他学科的显著特点，探讨国家在不同国际政治经济学派别和议题中的地位，集中展现了40年来国际政治经济学研究所取得的重要理论成果与开创的研究方法，以及作者科恩对国际政治经济未来发展的思考。

二是美国学者弗雷德里克·波尔逊所著的《国际政治经济学》，介绍了现代国际经济体系的演变与主要特征，以及当前引起争论的问题，以求将国际政治经济学的基本理论与当前的社会政治现状及21世纪的美好蓝图结合起来，寻求它们的关联性。

三是美国著名学者罗伯特·吉尔平所著的《国际关系政治经济学》，该书对政治经济学的性质、政治经济学的三种思想观点（自由主义、经济民族主义、马克思主义）、国际政治经济学的动力、国际货币、国际贸易、跨国公司和国际生产、国际金融等问题进行了全面且系统的阐述，是国际政治经济学领域的"扛鼎之作"。而且，该书着重介绍了跨国公司这一国际行为体对国际政治经济的巨大影响，这使得该书的研究内容与本书的研究方向更加契合。

罗伯特·吉尔平的《国际关系政治经济学》虽然强调了自由主义重视市场效率的重要意义，但亦严肃对待马克思主义关于世界市场及资本主义经济的批评。贯穿全书的重点是现实主义或者经济民族主义关于贸易、金融及投资等关系的看法，以及这些看法与国际政治经济学相应解释的比较。书中强调，自由主义主张市场自由及减少国家干预；民族主义强调国家、国家安全及军事实力在国际体系的组织与运转过程中的首要作用；马克思主义主要是对资本主义的国际经济秩序进行了批判，认为资本主义的好战本性及其政治后果终有一天会导致资本主义的彻底灭亡。

罗伯特·吉尔平在该书中专门拿出一个章节阐述跨国公司和国际生产。在他看来，自二战结束后，国际政治经济中无论哪个方面都未曾像跨国公司的全球性扩张问题那样众说纷纭，莫衷一是。他还强调，尽管跨国公司主宰世界经济的现象在20世纪60年代是确凿无疑的，但是1973年发生的事件（阿拉伯国家对美国、欧洲及日本实施的"石油禁运"）让跨国公司面临重大挑战，并且改变了它们在世界经济中似乎不可战胜的地位。OPEC组织的"石油禁运"和接踵而至的石油价格大幅上涨，证明了民族国家尚未失去反击能力。有意思的是，罗伯特·吉尔平似乎对国际石油公司情有独钟，该书及其另一本巨著《跨国公司与美国霸权》中涉及跨国公司的案例基本上都是列举国际石油公司。

该书更有价值的地方在于，罗伯特·吉尔平各用一小节专门阐述跨国公司与母国（类似前面所提的母国政府与国际石油公司的互动）、跨国公司与东道国（类似前面所提的本地政府与国际石油公司的互动）的关系。关于跨国公司与母国的关系，吉尔平认为，尽管美国公司的利益和美国外交政策的目标在许多情况下是相互抵触的，但美国公司和美国政府之间已存在着利益的互补性。美国公司和政治领袖一般认为，美国公司的对外扩张是为美国的国家利益服务的。美国的政策管理公司向国外扩展，并且往往会对公司加以保护。比如，20世界70年代以前，美国跨国公司基本上一直控制着非共产主义世界对原材料（特别是石油）的获得，这就保证了供应的安全可靠及在发生石油匮乏时，美国能够优先得到供应。美国的政治领袖认为，美国公司的对外直接投资：一是美国得以在世界市场上维持美国控制地位的一个主要手段（尽管对外直接投资意味着美国公司要输出资本和技术，但公司权力的真正核心——金融、研发、管理控制权——仍在美国）。二是美国跨国公司有利于美国的国际收支平衡（跨国公司是外汇的重要赚取者）。三是跨国公司是美国全球经济发展的工具和传播美国自由企业制度思想的途径。四是跨国公司可看作外交工具。但吉尔平也强调，1973年石油危机之后，跨国公司利益和国家利益的密切结合开始削弱。

关于跨国公司与东道国之间的关系，吉尔平指出，历史上跨国公司在东道国的投资有三次浪潮：一是17和18世纪"旧殖民主义"时期，西班牙、荷兰和英国在美洲和亚洲部分地区开矿和建立种植园；二是19世纪末"新帝国主义"时期，欧洲帝国在非洲、东南亚和世界其他一些地方的基础设施和航运设施的投资；三是20世纪60年代，发达国家在欠发达地区制造业和采掘业的投资。总体而言，东道国对跨国公司的评价是负面的。东道国对跨国公司的谴责集中在：一是对外直接投资造成了欠发达国家经济的畸形发展和本地人失业；二是跨国公司牢牢控制最先进技术，不愿意按照合理价格转让给东道国；三是对外直接投资增加了欠发达国家收入分配的不合理性；四是对本地文化和传统产生了较大冲击；五是欠发达国家对外来资本的"依附性"导致东道国容易出现独裁政权，致使跨国公司自身及其母国政府容易干涉东道国的内政。吉尔平进一步指出，以上评价对跨国公司而言，实际上是不公正也不准确的。以上负面影响与其说是跨国公司造成的，不如说是经济发展的必然结果。跨国公司和东道国之间实际上是一种联盟关系，在许多情况下，跨国公司与东道国——自愿或不自愿地——成了伙伴，一起同其他公司和政府争夺世界市场。吉尔平最后指出，跨国公司和欠发达国家之间关系的实质问题是投资条款，投资收益将如何分配的问题必然会使跨国公司与东道国政府发生意见分歧，即便这样，也很少有东道国政府直接宣布跨国公司在本国的投资为非法，并下令驱逐跨国公司。

二、关于石油政治的研究著作和重要文献

关于石油政治特别是中东石油政治的研究，以及关于跨国公司和美国与沙特关系的研究，一直是国外理论界和政策界的长期热点。总体而言，主要包括以下几种理论：一是"权力至上论"，主权国家（主要是大国）将国际关系中的权力延展或转化为石油权力，并在石油使用和收益上确保利益最大化，此类论点主要是基于现实主义或结构性现实主义的论断；二是"权力结构论"，主要是阐述"结构性权力"及石油权力在消费国、产油国和国际石油公司三者之间的权力变化；三是"国际石油机制（规制）论"，此类论点主要是，国际石油供需双方可以通过建立合作机制而保障供需体系的稳定，但机制的变迁主要取决于"均势"的演变；四是"博弈与博弈论"，此类研究主要集中在消费国和产油国之间、各主要消费国之间，以及各主要产油国之间（如 OPEC 内部），核心是对国际油价主导权的争夺；五是"资源至上论"，此类论断主要体现在产油国国有化运动迅猛时期，以及 20 世纪 90 年代末以来的高油价时期，产油国（资源国）将油气资源转化为"石油权力"，"资源为王"的声音不绝于耳。以上每一类研究成果均浩如烟海。这里挂一漏万，主要梳理了以下方面：

（一）权力至上论

这方面的著作和文章最多，以畅销书作家、能源（战地）记者、智库人员和前能源（情报）官员的著作和分析文章居多。它们当中的代表作首推全球著名能源战略学家、剑桥能源研究会（CERA）创始人、现任全球知名能

源数据与金融公司 IHSMarkit 公司副董事长丹尼尔·耶金先生 20 世纪 90 年代初的《石油风云》（又称《石油大博弈》，英文书名直译为《奖赏：有关石油、金钱和权力的史诗般的探求》）。全书以记叙和讲历史的口吻，将自 1859 年现代石油工业开始兴起直至 1990 年海湾战争这一百多年的石油与权力、石油与政治、石油与战争、石油与伟人、石油与狂人讲述得酣畅淋漓，被广泛评价为全球范围内以畅销书作家口吻将枯燥的石油政治讲述得如此精彩的最具影响力的著作。该书的主线实际上就是石油财富和权力是如何互动的，以及权力特别是大国权力是如何控制石油的投资、生产和流向并为国家利益服务的。该书详细地介绍了石油在一战、二战中所发挥的作用，特别是在二战中较大程度上发挥了扭转战局的关键作用。该书兼具可读性与学术性，是后来所有关于石油政治的学术文章、著作中被引用最多的经典著作。

其他有代表性的体现"石油权力论"的著作就是著名经济学家、地缘政治学者威廉·恩道尔的《石油战争》了。该书是作者多年专注于世界石油地缘政治研究的成果。书中描绘了国际金融集团、石油寡头及主要西方国家围绕石油展开的地缘政治斗争的生动场景，揭示了石油和美元之间看似简单、实则深奥的内在联系，解析了石油危机、不结盟运动、马岛战争、《核不扩散条约》、德国统一等重大历史事件背后的真正原因，为我们展现了围绕石油而进行的长达一个多世纪的惊心动魄的斗争历史。其主线依然是石油、财富和权力。正如基辛格在该书扉页所评价的："《石油战争》一书揭示能源危机真相，解读石油、货币、权力三者关系，撩开霸权政治面纱。如果你控制了石油，你就控制了所有国家；如果你控制了粮食，你就控制了所有的人；如果你控制了货币，你就控制了整个世界。"

（二）权力结构论

关于"权力结构"在消费国、产油国和国际石油公司之间建立和转换的研究，首推英国著名国际关系学者苏珊·斯特兰奇的《国家与市场》。书中，斯特兰奇缜密阐述了公司、政府和市场"三角关系"的五个演变阶段。她认为，在石油业的博弈中，政府、公司和市场是三个关键的玩家。大部分时候，在政治经济中通过简略地讨论国家和市场的关系来简化权威机构和市场关系的概念是合理的，当然也很方便。但在石油业中，最重要的权威机构常常不是民族政府所代表的国家，而是有效地操纵着市场的石油公司或者石油公司集团。公司和政府在不同时期和不同程度上支配着市场。

第一阶段（现代石油业诞生至一战）：在石油业发展的初期，市场实际上被美国占领，唯一说话有分量的政府是美国政府、唯一说话有分量的公司是标准石油公司。主要的玩家是英国和美国，主要的公司是标准石油公司、英国 BP 公司和壳牌公司。

第二阶段（一战至 1960 年 OPEC 成立）：国际石油公司左右一切。资源国彼时都很贫穷，缺乏资金、技术、管理和销售渠道，没有力量接管石油产业。彼时，英国和法国作为一战战胜国，正谋划如何在中东分赃；出于同样的考虑，美国共和党人柯立芝（Coolidge）政府在 20 世纪 20 年代后期支持美国石油公司提出的在中东有权分享租让地的要求。二战大大改变了中东各国的均势和域外大国在中东的均势，英国、法国实际上撤出了中东，美国石油公司在中东开始崛起。美国政府和大石油公司暗中达成了交易：只要它们的利润用于开发石油，足以确保石油越来越多的供应，满足欧洲和日本不断增长的需求，那么它们可以继续自由地处理在美国以外地方的相互关系，以及与中东各国的关系。

第三阶段（20 世纪 60 年代）：从第三世界角度看，20 世纪 60 年代的十年，在市场—公司—国家的博弈中似乎是一个新的、截然不同的阶段。期间，OPEC 成立。1973 年 OPEC 虽然占世界石油总产量的 53.5%，但是它左右市场的力量仍然是极小的。只有当 OPEC 的成员国在领土范围内对所发生的事情运用政治权力时，它与公司及与市场的力量平衡才发生巨大变化。

第四阶段（20 世纪 70 年代，特别是 1969—1973 年这几年）：政府、公司和市场（市场主要的代表者是消费国，其标志是国际油价）三方的讨价还价关系开始了。这一阶段主要是产油国占主导地位。这一阶段，公司似乎失去了对市场（价格）的控制，市场则开始听从国家政策的指导。当然，在这个新阶段也不仅仅是 OPEC 成员国的政策起决定性作用，消费国政府同样发挥了作用。其间，美国政府企图建立一个有效的国际石油消费组织与 OPEC 相抗衡，这一组织就是 IEA（国际能源署）。

第五阶段（20 世纪 80 年代至今）：市场发挥举足轻重的作用。虽然回归到基于市场的"自由主义"，但这并不意味着石油公司和政府完全失去了影响。石油公司依然控制着勘探技术、海外生产、原油加工和销售。只要仍然存在着变化无常的世界石油市场，只要主要石油公司名列前 10 个或 20 个跨国企业之中，国家—市场—公司复杂的三角平衡就会以这样或那样的方式继续下去。资源国政府，特别是那些发展中国家的政府，发现它们在与外国石油公司讨价还价时，不得不因为公司对技术（特别是在勘探和产品开发方面）的控制而做出让步。

除了斯特兰奇，法国地缘政治研究所的专属地缘政治学家、国际关系与国家风险评估顾问菲利普·赛比耶–洛佩兹所著的《石油地缘政治》，也涉及石油权力提升中的"结构性"问题。该书指出，OPEC、国际石油公司、非 OPEC 产油国、金融市场和消费国各自的定位。OPEC 虽然不能说是坚如磐石，但它是一个由一些"有各种财富"的国家组成的卡特尔，甚至可以说是托拉斯，也因此受到那些坚持自由主义和市场经济的人们的指责；一些大型的国际石油公司的共同点在于都是凭借自身的资金和技术优势，利用所谓市场经济的规则在运行，但它们有着各自不同的战略和利益，至于金融市场所追求的始终是利润的最大化，而国际石油公司所利用的正是仅有的一点规则；OPEC 以外的产油国在利用现今体制漏洞的同时，又将自己所有的责任统统推给 OPEC；而那些石油消费大国则是从目前这种混乱局势当中获益，直到出现危机的那一天。

（三）国际石油机制（规制）论

在论述国际石油机制及其转换的著作中，首推著名国际关系学者、哈佛大学肯尼迪政府学院前院长约瑟夫·奈的《理解全球冲突与合作——理论与历史》，他认为，国际石油机制发生变化的一个分水岭是 1973 年。如何从深层次进一步解释国际石油机制在 1973 年的重大转变？约瑟夫·奈给出了三个原因：总体的均势（Balance of power）、石油问题上的均势、国际制度本身的变化。总体的均势是基于现实主义的视角，即世界主要石油出口地区（中东为代表）民族主义的兴起和非殖民化在 1973 年实质性改变了这一地区力量的均势，加上美国、苏联两国在中东地区权力均势的变化，是导致国际石油机制发生根本性转折的首要原因。石油问题上的均势也是基于现实主义视角的，表现为美国 1973 年前后在石油问题上"权力"的下降，改变了均势格局，也是导致国际石油机制发生转变的重要原因。国际制度本身的变化则是基于"自由主义者"和"建构主义者"所强调的国际制度视角，即国际石油公司和 OPEC 分别作为跨国行为体，它们各自形成的国际机制在 1973 年前后发生了重大变化，导致国际石油机制相应变化。

另外，美国著名国际关系学者罗伯特·基欧汉和约瑟夫·奈合著的《权力与相互依赖》一书中有几处讲到了权力、相互依赖和国际石油机制的问题。20 世纪 70 年代初期，石油生产国对跨国公司和石油消费国的影响力增加，极大地改变了政策议程。此外，一组问题的议程将因其与权力资源正在变化的另一组问题的联系而发生改变，例如，OPEC 提高石油价格，以及在 1973—1974 年实行"石油禁运"之后，南北贸易关系较为广泛的议程也发生了变化。书中还强调，同金钱一样，权力也是可以转化的，大国也可以将权力资源转用于一切领域，以确保同等的边际收益。当某一问题领域的后果与其他问题领域有巨大差异时，这种转用将使该异常领域的后果与世界军事和经济权力的结构趋于一致。根据这种观点，1973 年以后石油政治的权力与世界政治总权力之间的不一致，就是动荡根源。那一时期，美国及其他工业化国家力图通过相互援助、鼓励开发新的能源供应，甚至动用武力威胁减少这种不一致，维护自身利益。OPEC 所属各石油出口国试图通过如下途径消除紧张状况：通过购买武器加强自身实力；与第三世界国家结盟，共同促进国际经济新秩序的建立；与单个石油消费国打交道；制订宏大的长远发展计划等。按照传统理论的分析，由于双方总体实力悬殊甚大，OPEC 成功的机会甚小（总体权力与部分领域的权力，非对称）。

（四）博弈与博弈论

石油政治著作和文章中涉及博弈论的主要是利益攸关方对国际油价主导权的争夺。从第一个石油卡特尔——得克萨斯铁路委员会，到"石油七姊妹"，再到第二个石油卡特尔——OPEC，从 OPEC 到华尔街金融大鳄、再到近来 OPEC 与非 OPEC 达成的维也纳联盟，个中的主线就是博弈与博弈论。其中的代表作品有美国著名的石油市场和政策专家罗伯特·麦克纳利的《原油波动：繁荣与萧条中油价的历史和未来（全球能源政策系列中心）》，该书作者认为，由于 OPEC 在过去十年中放松了控制，石油市场一直受到价格剧烈波动的影响，而过去八十年来一直没有出现这种情况。从 19 世纪 60 年代熙熙攘攘的宾夕法尼亚州油田到今天充满活力的中东地区，原油价格波动帮助我们揭示了这个繁荣—萧条时代的特征。这种"臭名昭著"的石油价格波动一直被认为是一个祸害，不仅影响石油工业，而且影响更广泛的经济和地缘政治格局。麦克纳利解释了 OPEC 权力下降的后果，揭穿神话并提出建议，包括避免错误，因为我们正面临着不受欢迎的繁荣和萧条油价的回归。

（五）资源至上论

此类著作与文章的观点与苏珊·斯特兰奇《国家与市场》中所论述的"能源权力"类似，实际上就是放大了能源资源的权力效用。特别是进入 21 世纪以来，随着油价的持续高企和产油国综合实力的上升，业界和学界出现了"技术为王、管理为王"向"资源为王"转变的论调，部分油气资源大国雄厚的油气资源，成为撬动大国关系、实现国家利益最大化的"杠杆"。这方面谈论得最多的就是俄罗斯的"天然气霸权"和沙特的"石油资源权力"。

2018 年 5 月，美国政府和"马歇尔欧洲安全研究中心"联合出具的一份报告——《欧洲对俄罗斯天然气的依赖：对普京、政治和俄罗斯天然气工业股份公司、乌克兰、多元化选择、叶利钦和克林顿等的长远战略视角和建议》认为，欧盟必须采取果断行动，使其未来的能源需求多样化，远离俄罗斯的天然气。矛盾的是，欧盟的能源政策在战略上具有前瞻性思维和全球社区意识，而不是任何大国的能源政策；同时，欧盟也陷入了成员国不同观点的狭隘主义之中。该报告义正词严地指出，考虑到俄罗斯未来的不确定性，以及已经证明的事实，欧盟已经系统地将整个欧亚天然气市场从生产到用户，均整合到国家控制的代理商——俄罗斯天然气工业股份公司的本地分销，欧盟期望从这种垄断中获得良性待遇是完全不现实的。这恰恰从侧面反映了俄罗斯超级"天然气权力"的威力。

有关反映资源国及其国家石油公司"资源权力"最著名的文章要数 2007 年英国金融时报发表的一篇《新一代"石油业七姐妹"》的文章。这篇文章的核心是，沙特阿拉伯国家石油公司（ARAMCO）、委内瑞拉国家石油公司（PDVSA）、中国石油（CNPC）、俄罗斯国家天然气工业股份公司（Gazprom）、巴西石油公司（Petrobras）、伊朗国家石油公司（NIOC）和马来西亚国家石油公司（Petronas）这七家著名的国家石油公司，已经成为新时代的"石油七姊妹"。这些企业年净利润均在 100 亿美元以上，对世界油气市场的"全球五巨头"——埃克森美孚（Exxon）石油公司、皇家荷兰壳牌（Shell）石油公司、英国石油公司（BP）、雪佛龙（Chevron）石油公司和道达尔（Total）石油公司形成了巨大挑战。这恰恰反映了这七家国有石油公司背后所掌控的巨量油气资源带来的"权力"。

三、关于美国和沙特关系研究的著作和论文

关于美国和沙特关系研究的著作，首推著名的中东问题专家、美国布鲁金斯学会高级研究员 Bruce Riedel（曾供职于美国国务院和中央情报局）于 2018 年出版的专著《国王们和总统们：罗斯福总统之后的沙特阿拉伯和美国》（Kings and Presidents：Saudi Arabia and the United States since FDR），主要讲述了自 1945 年美国和沙特建立"特殊关系"后的 70 多年来，美国和沙特两个国家互动的六个阶段。一是 1953 年以前的伊本·沙特国王（现代沙特的立国国王）和美国罗斯福、杜鲁门、艾森豪威尔三任总统打交道的阶段。这一阶段，美国和沙特最困难的时期出现在 1948 年犹太

人在中东巴勒斯坦建立国家。书中强调，美国冒着被沙特切断石油供应、断交的危险，承认了以色列，这是沙特坚决反对的。但是，离开了美国这样的安全和经济靠山，沙特"国将不国"，最后还是沙特做出了重大让步，默认美国承认了以色列的主权。这也从侧面反映了，相较于发达的消费国，产油国往往显得更脆弱。这是权力的"结构性"使然。二是从 1953 年至 1975 年，即沙特的费萨尔国王（一开始是王储）和美国的肯尼迪、约翰逊和尼克松三任总统打交道的阶段。这一阶段，书中突出了费萨尔国王对沙特的现代化改造，称他是沙特转型的"总设计师"。彼时，沙特和伊朗是美国在中东的两大支柱。三是从 1975 年至 1982 年，即沙特的哈立德国王和美国卡特总统打交道的阶段。这一阶段是美国和沙特盟友的"考验期"，彼时外部的重大事件接踵而至，伊朗伊斯兰革命、"两伊战争"、苏联入侵阿富汗等，均是在这一时期发生，美国和沙特在重大问题上协调一致，同盟关系得到提升。四是从 1982 年至 1992 年，即沙特的法赫德国王和美国里根、老布什两位总统打交道的阶段。这一阶段，美沙之间需要协调的最大事件就是 1990 年发生的海湾战争。五是从 1993 年到 2008 年，即沙特的阿卜杜拉国王和美国的克林顿、小布什两位总统打交道的阶段。这一阶段，美沙关系历经了中东和平进程重大突破的"蜜月期"，以及"911 事件"、伊拉克战争、阿富汗战争的重大考验。六是 2009 年以来，沙特的阿卜杜拉、萨勒曼两位国王和美国的奥巴马、特朗普两位总统互动的阶段。这一阶段，美沙关系经历了 2011 年开始的"阿拉伯之春"和奥巴马对沙特的"刻意远离"，以及 2017 年特朗普上台后，美沙进一步走近，但也受到"卡舒吉"事件的影响。以上六个阶段，对本书阐述美沙石油关系至关重要，本书第四、第五章对美国、沙特、阿美（沙特阿美）石油公司"三角关系"进行量化分析时，主要是参照了 Bruce Riedel 的上述分阶段分析法。

二是美国宾夕法尼亚大学政治学副教授罗伯特·维塔利斯先生（Robert Vitalis）2009 年 3 月出版的《美国的王国：沙特石油前沿的神秘故事》（America's Kingdom: Mythmaking on the Saudi Oil Frontier）。该书揭穿了现在围绕美国与沙特特殊关系的许多神话，也就是所谓的"石油换安全"协议。该书封面赫然写着"关于美国和沙特关系的致命性批判"。透过此书可以发现，作者是站在美国对沙特政策、美沙盟友关系和两国石油合作的对立面的。该书一方面揭示了阿美石油公司（Aramco）在沙漠中创造奇迹的长期神话，展示了它是如何带领美国政府跟随该公司走向沙特王国的，以及阿美石油公司是如何迅速成为美国最大的、独立的海外石油企业和最大的对外投资私人企业。此书另一方面讲述了从 20 世纪 30 年代阿美石油公司在沙特东部石油"福地"、沙特石油工业中心——达兰石油营地建立"种族隔离系统"（Jim Crow System），一直到 2005 年仍握有重权的法赫德家族（法赫德国王）领导下"美国王国"巩固的 70 年间，美国是如何掌控阿特石油的。该书是对阿美石油公司作为美国对沙特及沙特石油建构"殖民秩序"的精彩缩影。书中，沙特王国被称为"美国的王国"，显示了美国对沙特的绝对掌控能力和"殖民"性质。

三是 Baalke 和 Caitlind 的《美国与沙特阿拉伯关系的政治历史分析：美国与沙特阿拉伯的关系如何影响美国在中东的外交政策》，主要讨论了美国与沙特之间关系的重要性，以及这种关系如何影响和塑造美国在中东的外交政策。这种关系以新古典现实主义的国际关系理论和批判关系的制度理论为基础。通过这个框架，此文进行了历史和政治案例研究，分析了由于经济利益和石油，美沙关系在整个历史中持续存在的对立面。本文还讨论了在美国对中东外交政策中发挥重要作用的其他假设和其他因素，以及在塑造美国与沙特关系中发挥重要作用的因素。

四、关于国际石油公司的重要研究成果

关于跨国公司及跨国石油公司研究的著作，首推美国著名国际关系学者罗伯特·吉尔平先生所著的《跨国公司与美国霸权》（US Power and the Multinational Corporation）。该书虽然是 1975 年出版，但直到现在依然是研究跨国公司与国际政治的经典之作。该书的核心命题是：跨国公司扩张是美

国国家实力扩张的结果，研究美国跨国公司必须考虑国家实力因素。吉尔平认为，美国在欧洲和全球的政治地位为美国的跨国公司向欧洲和全世界扩张奠定了基础，反过来，跨国公司的全球扩张也为巩固美国实力提供了资金和技术的支撑。另外，在跨国石油公司与石油政治上，吉尔平先生也有深入的解读：自二战结束以来，美国的政策一直是鼓励美国石油公司海外扩张。这些跨国公司拥有的资源被用来开发国外的能源。短期来看，这些努力为西方经济体创造了一种充足而又廉价的能源供给，尤其为美国挣回了外国利润。但是长期来看，美国开始尝到苦头了，这一战略基本是一种失误。由于忽视发展国内的替代能源，美国及其盟友面对阿拉伯产油国的抵制时非常脆弱。美国为了应对这类危险，出台了一项迟来的战略——独立能源计划。这一计划在新能源方面投入大规模的研发，以此实现更高的能源自给自足率。由此带来的结果是，美国国内所需的巨额能源投资规模将抑制美国资本的流出。

此外，国内学者也有一些论述跨国石油公司的优秀著作或成果。

一是复旦大学教授黄河所著的《跨国公司与当代国际关系》。书中，黄河指出，跨国石油公司之所以对国际政治产生影响，归纳起来大体有三个主要原因：首先是国际政治与能源安全关系极为密切，在当今国际政治中，油气的作用日益增长，出现了世界主要大国为控制油气而公开对抗的新格局。其次是经营"黑色黄金"生意始终是企业家活动中最有利可图的方式之一，石油投资与贸易对参与"石油外交"所有国家的对外政策均产生重要影响。比如，由于利比亚发现了大油田，才得以从一个落后的部落式国家成为一个在国际舞台上有着相当影响的国家，才敢把世界头号强国美国视为自己对外政策的主要对手。最后是在"石油因素"对国际政治的一系列主要影响方面，"习惯势力"仍然发挥着巨大作用。在世界上能够保持政策连续性的大多数国家中，"石油外交"是政府政策和大石油公司行为两者相结合的产物。在这种情况下，一个国家对外政策的连续性保证了该国一些大石油公司参与政府的决策。

二是华东师范大学国际关系与社会发展研究院孙溯源研究员的《国际石

油公司研究》，该书基本代表了目前国内研究跨国石油公司的最高水平。该书认为，在国家角逐石油权力的背后，始终存在一股无形的力量、一个影响世界石油政治进程的"隐形的巨人"——历史上的石油巨头、当今的国际石油公司。之所以称之"隐形"，是因为在以国家为主要行为体的国际关系领域，石油公司不是正面出场的主角，但就其在国际石油政治中的影响和作用，国际石油公司实在是无所不在和不可替代的"巨人"。该书进一步指出，国际石油公司之所以如此具有可塑性和生命力，关键就在于它们既拥有丰富的物质性权力来源，如资金、技术、管理、营销等，又拥有客观的非物质性权力来源，即它从其母国在国际政治体系、国际金融体系、国际贸易体系和分工体系的优势地位所获得的无形权力资源。

此外，还有关于阿美石油公司及沙特阿美的专著、研究报告和文章。比如欧文·安德森以 1933 年至 1950 年的阿美石油公司为案例，研究了美国对外石油政策的演变，美国政府与商界之间复杂的关系，以及早期美国石油政策的重要研究；James A Baker III 公共政策研究所 2007 年研究出具的《沙特阿美：具有全球责任的国家旗舰》报告，涉及大量石油地缘政治的内容；Chad H·Parker 的"阿美石油公司的先锋故事：阿美石油公司及战后沙特的创新图景"，阐述了 20 世纪 40 年代末和 50 年代，阿美石油公司成为错综复杂的参与沙特油气争端的重要角色，以及阿美石油公司制定了自己的"外交政策"，确保了其作为沙特唯一石油公司的地位。

五、其他

其他涉及石油政治、中东石油政治、能源地缘政治的著作可谓汗牛充栋，大部分是围绕某一重大事件或列举数个重点热点地区或国家逐一进行阐述。

一是美国前驻沙特大使、前助理国防部长、美国中东政策委员会前主席傅立民先生所著的《美国在中东的厄运》，主要讲述从海湾战争到阿富汗、伊拉克战争，美国对伊拉克的战略，美国中东政策的后果，美国解决国际问题的外交和情报手段，以及美国与沙特的关系等几个方面，对美国总体的中东政策进行了深刻反思；同时，作为"沙特通"，作者对沙特这一国家如何将根植于伊斯兰瓦哈比教派的极端保守文化与因石油大开发而带来的现代经济繁荣相结合的现象，做出了自己的解释。

二是美国和平和世界安全问题专家、美国《哈佛杂志》《外交事务杂志》《洛杉矶时报》等媒体专栏作家迈克尔·克莱尔所著的《石油政治学》，主要讲述的是中国和印度及在俄罗斯、里海、非洲和美国的石油政治问题，实际上是石油事件和石油热点问题，未深度探讨石油政治的问题。

三是美国得克萨斯大学奥斯汀分校历史学教授托伊·法罗拉所著的《国际石油政治》。该书阐述了全球石油工业的来龙去脉，通过对伊拉克、墨西哥、尼日利亚、挪威、俄罗斯、沙特及委内瑞拉等七个产油国的介绍，讨论了石油对国际政治、经济的影响及石油工业全球化所带来的冲击，并对产油国面临的挑战进行了分析。

四是中国石油大学（北京）教授庞昌伟先生编著的《国际石油政治学》。该书通过建构国际石油政治学基本理论来展开对中国石油工业"走出去"进行国际化经营和能源资源国、出口国投资环境的基础研究，密切跟踪国际格局演变和能源民族主义在当代的新变化。该书实际上是一本针对本科生和研究生的教材。

五是山西大学政治与公共管理学院教授李若晶的《石油冷战》。该书通过追溯冷战不同发展阶段的历史轨迹，阐释不同时期世界石油工业的垄断状况与冷战国际关系演变之间的宏观规律；同时，又着力从微观角度分析世界石油市场上的重要国家，主要是美国的石油外交政策对冷战形势所产生的影响，探寻一国的石油能力与国家权力之间的关系。试图将宏观、微观两方面的研究在国家石油外交层面结合起来，从国际政治经济学角度研究美国的石油冷战史。

六是武汉工程大学法商学院教授舒先林所著的《美国中东石油战略研究》。该书以历史轨迹和战略措施来分析美国中东石油霸权战略地位演进、确立和维护过程，对美国中东石油战略的实质和发展趋势进行理论分析和概括，最后指出美国中东石油战略发展的诸多困境，以及中美两国石油安全观的巨大差异。

七是中国石油大学（北京）副教授王明野所著的《中间地带的博弈与困境》。该书提出了"中间地带"理论，并对该理论的基本概念、"中间地带"形成的结构性原因，以及"中间地带"的全球性意义进行了详尽的论述，从而构建起了一个较为完整的地缘政治论述体系。在"中间地带"理论视角下，作者着重分析了"9·11"事件之后的乌克兰、科索沃、格鲁吉亚、中亚地区在美国和俄罗斯两大全球性大国的影响下地缘政治的变化和外交战略的选择过程。

六、现有研究的局限性

现有的研究在解释中东石油政治及产油国、消费国、国际石油公司的"三角关系"时，发现有以下缺陷。

一是大多资深国际关系学者包括欧美的学者所著的经典的国际关系、国际政治和国际政治经济学书籍，论述石油政治、国际石油机制或国际石油公司时，往往只是一个章节，一笔带过。很少有像苏珊·斯特兰奇在《国家与市场》那样对石油公司与产油国互动的深入描述，也很少有像罗伯特·吉尔平在其《跨国公司与美国霸权》里那样对国际石油公司有着系统的解读。这主要是欧美国际关系学者缺乏石油行业的专业知识导致的。石油行业是一个专业门槛较高的行业，这限制了许多国际关系学者对石油政治、中东石油政治进行深入解读和量化分析模型的建构。

二是涉及国际石油政治、中东石油政治的经典著作，大部分出现在 20世纪七八十年代，如前文所述，这是时代造成的。而 20 世纪 90 年代后期及 21 世纪前二十年，经典的、在理论上解读过去二十年世界石油政治的发展和变迁的"扛鼎之作"非常少。大多是石油专栏作家、记者和畅销书作家出版的"石油快餐"式书籍。这些书籍对本书提出的中东石油政治及产油国、消费国、国际石油公司"三角关系"的指导意义不大。

三是石油行业内的石油和能源问题专家，特别是中国的石油问题专家，无论是在企业里工作还是在政府中任职，他们不是特别关心石油政治和石油对国际关系影响的理论问题。他们主要关心市场（油价）——一个反复无常和难以预测的市场（价格）——在短期内的前景，以及考虑政府和公司如何做出最恰当的反应。而市场和油价的影响因素太多，截至目前全球范围内尚未有准确预测油价的公式或模型。也就是说，石油政治的理论研究往往只是专业学者的事情，很少有著作能够把国际石油公司、消费国、产油国、过境国等全球石油市场的利益相关者之间的关系建构和解释清楚的。

四是专职从事中国石油问题研究的学者，其专业背景往往是与石油相关或者与经济相关，很少有国际政治或国际关系背景的。这就导致中国学者在研究重大国际石油问题、石油政治、中东石油政治时，缺乏国际关系的视角。而美国和沙特同盟关系下消费国、产油国和国际石油公司的"三角关系"研究，正需要既从石油产业、石油市场的角度进行专业性分析，又要从国际关系、国际政治角度对国际石油机制、石油权力和权力结构进行分析。

参考文献

（一）中文著作

[1] 江红.为石油而战——美国石油霸权的历史透视［M］.上海：东方出版社，2002.

[2] 陆如泉.卓越全球化与周卓越本地化——国际大石油公司运营管理模式研究［M］.北京：石油工业出版社，2015.

[3] 黄河.跨国公司与当代国际关系［M］.上海：上海人民出版社，2008.

[4] 孙溯源.国际石油公司研究［M］.上海：上海人民出版社，2010.

[5] 庞昌伟.国际石油政治学［M］.东营：中国石油大学出版社，2008.

[6] 李若晶.石油冷战：中东石油与冷战中的大国竞争（1945—1990）［M］.北京：世界知识出版社，2016.

[7] 舒先林.美国中东石油战略研究［M］.北京：石油工业出版社，2010.

[8] 王明野.中间地带的博弈与困境［M］.北京：科学出版社，2017.

[9] 江红.石油、美元与霸权［M］.天津：中国社会科学出版社，2019.

[10] 王铁铮，林松业.中东国家通史 – 沙特卷［M］.北京：商务印书馆，2000.

[11] 陆如泉.感悟石油［M］.北京：企业管理出版社，2014.

[12] 刘朝全，姜学峰.2018年国内外油气行业发展报告［M］.北京：石油工业出版社，2019.

（二）中文译著

[1] ［美］小约瑟夫·奈等.理解全球冲突与合作——理论与历史（第九版）张小明，译.上海：上海人民出版社，2012.

[2] ［美］史蒂夫·科尔.石油即政治——埃克森美孚石油公司与美国权力［M］.杨婵宇，译.上海：文汇出版社，2017.

[3] ［英］苏珊·斯特兰奇.国家与市场［M］.杨宇光，译.上海：上海世纪出版集团，2008.

[4] ［美］丹尼尔·耶金.石油大博弈（上）［M］.艾平等，译.北京：中信出版社，2008.

[5] ［美］丹尼尔·耶金.石油大博弈（下）［M］.艾平等，译.北京：中信出版社，2008.

[6]　[美]科恩.国际政治经济学：学科思想史［M］.杨毅，钟飞腾，译.上海：上海人民出版社，2010.

[7]　[美]弗雷德里克·波尔逊.国际政治经济学［M］.杨毅，钟飞腾，苗苗，译.北京：北京大学出版社，2006.

[8]　[美]罗伯特·吉尔平.国际关系政治经济学［M］.杨宇光等，译.上海：上海世纪出版集团，2011.

[9]　[美]威廉·恩道尔.石油战争［M］.赵刚，译.北京：知识产权出版社，2008.

[10]　[法]菲利普·赛比耶–洛佩兹.石油地缘政治［M］.潘革平，译.北京：社会科学文献出版社，2006.

[11]　[美]罗伯特·基欧汉，约瑟夫·奈.权力与相互依赖［M］.门洪华，译.北京：北京大学出版社，2012：25-57.

[12]　[美]罗伯特·吉尔平.跨国公司与美国霸权［M］.钟飞腾，译.上海：东方出版社，2003：10.

[13]　[美]傅立民.美国在中东的厄运［M］.周琪，杨悦，译.北京：社会科学文献出版社，2010.

[14]　[美]迈克尔·克莱尔.石油政治学［M］.孙芳，译.海口：海南出版社，2009.

[15]　[美]托伊·法罗拉.国际石油政治［M］.王大锐，王蠹，译.北京：石油工业出版社，2008.

[16]　[加]罗伯特·杰克逊，[丹]乔格·索伦森.国际关系学理论与方法［M］.吴勇，宋星，译.北京：中国人民大学出版社，2012.

[17]　[瑞典]博·黑恩贝克.石油与安全［M］.俞大畏等，译.北京：商务印书馆，1976.

[18]　[英]安东尼·桑普森.七姊妹——大石油公司及其创造的世界［M］.伍协力，译.上海：上海译文出版社，1979.

[19]　[英]阿兰·鲁格曼.全球化的终结：对全球化及其商业影响的全新激进的分析［M］.常志霄等，译.北京：生活·读书·新知三联书店，2001.

[20]　[英]约翰·斯托普福德，苏珊·斯特兰奇.竞争的国家、竞争的公司［M］.查立友，郑惠群，李向红，译.北京：社会科学文献出版社，2003.

[21]　[美]艾伦·R.沃尔德.沙特公司——沙特阿拉伯的崛起与沙特阿美石油的上市之路［M］.尚晓蕾，译.北京：中信出版社，2019.

[22]　[美]汉斯·摩根索.国家间政治［M］.肯尼斯·汤姆森等，修订.徐昕等，译.北京：北京大学出版社，2005.

[23] [美]理查德·贝利.国际石油作业管理［M］.辛俊和等，译.东营：中国石油大学出版社，2003.

[24] [沙特]阿里·纳伊米.石油先生：阿里·纳伊米自传［M］.陈学斌，刘彤，译.北京：中信出版集团，2018.

[25] [美]马修·西蒙斯.沙漠中的暮光：即将来临的沙特石油危机与世界经济［M］.徐小杰等，译.上海：华东师范大学出版社，2006.

[26] [美]拉塞尔·戈尔德.页岩革命：重塑美国能源，改变世界［M］.欧阳瑾，欧阳勇锋，译.北京：石油工业出版社，2016.

[27] [加]瓦茨拉夫·斯米尔.石油简史——从科技进步到改变世界［M］.李文远，译.北京：石油工业出版社，2020.

（三）中文期刊、论文

[1] 余万里.跨国公司的国际政治经济学［J］.国际经济评论，2003（2）：50-54.

[2] 孙溯源.跨国公司的国际政治经济学研究：反思与重构［J］.国际政治研究，2007（3）：56-71.

[3] 许勤华.中国全球能源战略：从能源实力到能源权力［J］.现代国企研究，2017（9）：62-69.

[4] 陈卫东.七姐妹与俄罗斯石油［J］.中国石油石化，2008（7）：37.

[5] 邢文海，冀开运.石油因素对两伊战争的影响［J］.大庆师范学院学报，2016（1）：119-123.

[6] 顾芸芸.9.11以来世界石油地缘政治新格局与中国的石油安全［D］.上海：上海外国语大学，2005.

[7] 袁新华.普京领导下的俄罗斯能源战略与外交［D］.上海：华东师范大学，2005.

[8] 袁瑛.欧佩克重寻卡特尔盔甲［J］.商务周刊，2007（5）：42-45.

[9] 尹振茂.石油欧元挑动天下反？［J］.中国石油石化，2007（2）：36-37.

[10] 罗国平，黄凯茜，周美霖.沙特阿美前期最大IPO［J］.财新周刊，2019（48）.

[11] 赵庆寺.试论美国对外石油政策的形成（1941-1954）［J］.史林，2010（6）：162-169.

[12] 安维华.阿拉伯-美国石油公司［J］.世界经济，1979（10）：76-77.

[13] 徐振伟.英国在苏伊士运河危机中的决策分析——不对称理论的视角［J］.安徽史学，2019（6）：135-144.

[14] 陈瑾.国内外原油期货价格与我国原油现货价格关系研究［D］.济南：山东大学，2018.

[15] 王楠 . 奥斯陆协议以来的巴以和平进程研究（1993 ~ 2005）［D］. 西安：西北大学，2006.

[16] 刘建 . 国际油价波动冲击的缓冲机制研究［D］. 天津：南开大学，2010.

[17] 苏勇，李辛子 . 石油科技创新的趋势及应对措施［J］. 石油科技论坛，2008（3）：4–9.

[18] 单卫国 . 欧佩克对油价的影响力及其政策取向［J］. 国际石油经济，2000（1）：25–29.

[19] 牛新春 . 美国的中东政策：矛盾与困境［J］. 外交评论：外交学院学报，2011（2）：15–25.

[20] 林森虎，邹才能，袁选俊，杨智 . 美国致密油开发现状及启示［J］. 岩性油气藏，2011（4）：25–30.

[21] 牛新春 . 美国的中东政策：延续与变化［J］. 当代世界，2018（3）：26–29.

[22] 陈卫东 ."千万桶俱乐部"强强博弈："维也纳联盟"替代欧佩克？［J］. 国际石油经济，2019（1）：8–10.

（四）外文原著

[1] Daniel Yergin. Prize: the epic quest for Oil, Money and Power[M]. Free Press, 1990 & 1991.

[2] Bruce Riedel. Kings and Presidents: Saudi Arabia and the United States since FDR (Franklin Delano Roosevelt)[M]. Brookings Institution Press, 2018.

[3] John Browne. Beyond Business: An inspirational memoir from a remarkable leader[M]. Phoenix Press, 2011.

[4] Qystein Noreng. Oil Politics in the 1980s, Patterns of International Cooperation[M]. McGRAW-HILL BOOK COMPANY, 1978.

[5] Ali Al-Naimi. Out of Desert, My Journey from Nomadic Bedouin to the Heart of Global Oil[M]. Penguin, 2016.

[6] Irvine Anderson. Aramco, the United States, and Saudi Arabia, A Study of the Dynamics of Foreign Oil Policy, 1933-1950[M]. Princeton University Press, 2014.

[7] A.M. Jaffe, J. Elass. Saudi Aramco: national flagship with global responsibilities[M]. The James A Baker III Institute for Public Policy, 2007.

[8] Chad H. Parker. Aramco's Frontier Story:The Arabian American Oil Company and Creative Mapping in Postwar Saudi Arabia, Oil Culture[M]. University of Minnesota Press, 2014.

[9] Robert Vitalis. America's Kingdom: Mythmaking on the Saudi Oil Frontier[M]. Verso books, 2009.

[10] Louis Turner. Oil Companies in The International System[M]. George Allen & Unwin (Publishers) Ltd, 1983.

[11] Rachel Bronson. Thicker than Oil: America's Uneasy Partnership with Saudi Arabia[M]. Oxford University Press, 2006.

[12] Ross Barrett, Daniel Worden. "Oil Culture": Aramco's Frontier Story: The Arabian American Oil Company and Creative Mapping in Postwar Saudi Arabia[M]. University of Minnesota press, 2014.

[13] CHAD H. PARKER. Making the Desert Modern: Americans, Arabs, and Oil on the Saudi Frontier (1933–1973)[M]. University of Massachusetts Press, 2015.

[14] Ellen R. Wald, Saudi, Inc..The Arabian Kingdom's Pursuit of Profit and Power[M]. Pegasus Books, 2018.

[15] Robert Vitalis. America's Kingdom_ Mythmaking on the Saudi Oil Frontier, Stanford Studies in Middle Eastern and Islamic Societies and Cultures[M]. Stanford University Press, 2006.

[16] John M. Stopford, Susan Strange, John S. Henley, Rival States, Rival Firms. Competition for World Market Shares[M]. Cambridge University Press, 1991.

[17] Susan Strange. The Retreat of the State: The Diffusion of Power in the World Economy [M]. Cambridge University Press, 1996: Preface.

（五）外文期刊论文

[1] Chih-shian Liou. "Bureaucratic Politics and Overseas Investment by Chinese State-Owned Oil Companies: Illusory Champions"[J]. Asian Survey, 2009, 49(4).

[2] Toby Craig Jones. America, Oil and War in the Middle East[J]. The Journal of American History, 2012.

[3] Frank Church. "The Importance of Oil Companies"[J]. Foreign Policy, 1977, 27.

[4] Burton I. Kaufman. Oil and Antitrust: The Oil Cartel and the Cold War[J]. The Business History Review, 1977, 51(1).

[5] Carola Hoyos. The New Seven Sisters: oil and gas giants dwarf western rivals[J]. Financial Times, 2007.